Henning Köhler
Was haben wir nur falsch gemacht?

Praxis Anthroposophie – Dialoge, Initiativen, Entwürfe. Taschenbücher, die die Welt nicht nur als bestehende erfassen, sondern sie auch vorausdenkend weiterentwickeln möchten.

Über das Buch: Das Bild der vom Kinde gestifteten Schicksalsgemeinschaft mit den Eltern hilft, von der Vorstellung loszukommen, das Kind sei ein Produkt oder Ergebnis unserer Erziehungsbemühungen. In diesem Zusammenhang erscheint auch die Schuldfrage, die heute viele Eltern quält, in einem ganz neuen Licht.

Einer Reduzierung der Erziehungsfrage werden hier Gedanken zur Philosophie der Pädagogik entgegengestellt, die auf das Erfordernis der Neubegründung des pädagogischen Sehens und Denkens der Kindheitsidee hinauslaufen.

Über den Autor: Henning Köhler, geboren 1951, arbeitet als Heilpädagoge in dem von ihm mitbegründeten «Janusz Korczak Institut» in Wolfschlugen bei Stuttgart. Veröffentlichungen: *Jugend im Zwiespalt; Die stille Sehnsucht nach Heimkehr; Vom Rätsel der Angst; Von ängstlichen, traurigen und unruhigen Kindern; «Schwierige» Kinder gibt es nicht; Vom Ursprung der Sehnsucht* und das Kinderbuch *Der Geschichtenkönig und das Sternenkind.*

Henning Köhler

Was haben wir nur falsch gemacht?

Kindernöte, Elternsorgen und die verflixten Schuldgefühle

VERLAG FREIES GEISTESLEBEN

ISBN 3-7725-1260-7
1. Auflage 2000
Verlag Freies Geistesleben
Landhausstraße 82, 70190 Stuttgart
Internet: www.geistesleben.com
©2000 Verlag Freies Geistesleben & Urachhaus GmbH, Stuttgart
Umschlagfoto: Eckard Jonalik, Berlin
Druck: Clausen & Bosse, Leck

Inhalt

Vorbemerkung

Der vorliegende Text, der auf ein 1997 im Janusz-Korczak-Institut veranstaltetes Elternseminar zurückgeht, ist die Frucht eines ungewöhnlich langen, aufwendigen Arbeitsprozesses. Dass die Veröffentlichung mehrfach angekündigt war und dann doch nicht zustande kam, lag allein an mir; ich bitte dafür um Entschuldigung. Es gibt auch in der Schriftstellerei leichte und schwere Geburten. Dies war eine ausgesprochen schwere. Fünfmal glaubte ich, das Manuskript sei fertig, verwarf es aber doch wieder und begann von vorn. Von allen ausformulierten Textseiten übergebe ich nun weniger als ein Drittel meinen Lesern.

Das Buch handelt von Chancen und Grenzen der Erziehung, vom Rätsel des menschlichen Lebenslaufes, von pädagogischer Verantwortung und elterlichen Schuldgefühlen. Es wendet sich ganz besonders, aber nicht nur, an die Mütter und Väter so genannter Problemkinder. Meinen Respekt vor ihnen, der im Laufe der Jahre immer mehr gewachsen ist, will ich dadurch zum Ausdruck bringen, dass ich aus der Phalanx der Sachverständigen ausschere, denen beim Stichwort «verhaltensgestörte Kinder» – man müsste den Begriff abschaffen! – nichts Besseres einfällt, als in immer neuen Variationen die Eltern an den Pranger zu stellen. Wenn ihnen kein offenkundiges erzieherisches Versagen nachzuweisen ist, werden Indizien zusammengetragen, um sie als negative Vorbilder, wandelnde Konfliktherde, verkappte Neurotiker oder – letztes Register – Lieferanten schlechter Gene zu entlarven.

In meinem Berufsstand sind zwei kontraproduktive Klischeevorstellungen sehr verbreitet. Man sucht – erstens – bei kindlichen Entwicklungs- oder Verhaltensauffälligkeiten geradezu automatisch die Gründe im Elternhaus. Man geht – zweitens – wie selbstverständlich davon aus, der Therapeut bzw. Berater sei der «Experte», der die «laienhaften» und noch dazu versagenden Eltern von oben herab zu belehren habe. Beides erweist sich bei näherem Hinsehen als unzulässige Verallgemeinerung. Wer nicht durch irgend eine Ideologie-Brille blickt, sondern auf die Tatsachen schaut, erkennt bald, dass die Eltern «schwieriger» Kinder in der Mehrzahl Großartiges leisten; sie hätten allen Grund, sich die herablassende Behandlung zu verbitten. Gehört doch ihre Aufgabe zu den anspruchsvollsten überhaupt! Wenn sie dennoch Rat und Hilfe suchen, weil das ihnen Aufgegebene zuweilen ihre Kräfte übersteigt, ist das durchaus kein Beweis für Inkompetenz. Im Gegenteil. Auf allen Gebieten des Lebens zeichnen sich die echten Könner dadurch aus, dass sie ihre Grenzen kennen und bereit sind, sich mit dem eigenen Handeln kritisch auseinanderzusetzen. Auch die erfahrene holländische Kindertherapeutin Jeanne Meijs (siehe Literatur) wendet sich gegen die weit verbreitete «unausgesprochene Vorstellung, dass Eltern, die keine Schwierigkeiten mit ihren Kindern haben, erfolgreiche Eltern sind». Vielmehr haben nach ihrer Erfahrung «Kinder, die mit schweren Schicksalsanforderungen zur Welt gekommen sind, sich oft sehr feine Eltern ausgesucht». Allerdings stehen diese Menschen, die Jeanne Meijs als «nett, warmherzig und aufrichtig» charakterisiert, zumeist unter einem starken Druck und fallen hinter ihre Möglichkeiten zurück, weil sie sich mit Selbstvorwürfen quälen und von Versagensgefühlen lähmen lassen. Die dahinterstehende Angst hat, so Jeanne Meijs, mit der Hartnäckigkeit der genannten Vorurteile zu tun. Es bestürzt mich immer wieder, wie schwer gegen diese diffusen Schuldgefühle anzukommen ist. Sie können alles vergiften, zumal dann, wenn sie von Außenstehenden ständig geschürt werden – oder wenn sie Bestätigung zu finden scheinen durch eine Art von entwicklungspsychologischer Literatur, die so viele Möglichkeiten traumatisch nachwirkenden elterlichen Fehlverhaltens aufzählt, dass es nachgerade unmöglich erscheint, ein Kind *nicht* psychisch zu demolieren.

Dieses Buch soll verunsicherte Eltern – oder solche, die sich schon vorsorglich wappnen wollen für den Fall, dass das eine oder andere ihrer Kinder «aus dem Rahmen fällt» – dazu anregen, die pädagogische Beziehung aus einer zwar ungewohnten, aber, wie ich ich meine, klärenden Perspektive zu betrachten. So kann es vielleicht gelingen, diejenigen Schuldgefühle, denen ein prinzipielles Missverständnis in Bezug auf die Entwicklung des Kindes zugrunde liegt, unterscheiden zu lernen von denen, die sachlich begründet sind. Über die Ursachen der letzteren sind wir zumeist gut im Bilde, auch wenn wir es nicht unbedingt zugeben wollen. So genannte Verdrängungen finden viel seltener statt, als immer wieder behauptet wird. In der Regel sind keine psychoanalytischen Tiefenbohrungen nötig, um herauszufinden, dass man sich irgendwann furchtbar ungerecht, nachlässig oder lieblos verhalten hat. Die Erinnerung funktioniert sehr wohl. Es ist eine Frage der Ehrlichkeit und des Mutes. Jeder begeht Fehler, jeder muss sich mit seinem Schatten auseinandersetzen. So und nicht anders vollzieht sich «Lernen am Leben», auch in der Erziehung. Der GAU tritt allerdings ein, wenn die Selbstkritik und damit auch die Motivation erlischt, sich auf selbst gewählte, ethische Ziele hin weiterzuentwickeln, d.h. wenn jene innere Stimme verstummt, die uns ermahnt und anspornt, *es das nächste Mal besser zu machen.*

Sehr oft lassen sich die Probleme der Kinder nicht kurzerhand aus elterlichem Versagen erklären, auch wenn sich das eine oder andere «Delikt» nachweisen lässt. Die erzieherischen Fehler und Versäumnisse, die im Beratungsprozess zutage treten, sind in den meisten Fällen eher harmlos und tragen wenig zum Verständnis der kindlichen Wesenseigentümlichkeiten bei. Ich will versuchen, die Fragwürdigkeit der simplen kausalen Deutungsmuster im Hinblick auf das Schicksalsrätsel aufzuzeigen. Sobald die spirituelle Dimension des Kindheitsereignisses auch nur umrisshaft in die denkende Erfahrung tritt, wird deutlich, dass dem Rätsel der Individuation nicht mit den gewöhnlichen logischen Herleitungen und Verknüpfungen beizukommen ist. Ich rufe den Eltern zu: Unterschätzt nicht das von Anfang an tätige, unabhängige Ich des Kindes, den zukunftserfüllten Eigen-Willen, die «Trotzmacht des Geistes» (Viktor E. Frankl), der *leibhaftig* zur Welt kommt, etwas zu vollbringen, worüber wir Umstehenden uns kein Urteil erlauben können! Macht euch vertraut mit dem Geheimnis der «eingeborenen Souveränität»! Das heißt aber auch: Überschätzt eure erzieherischen Befugnisse und Möglichkeiten nicht! – Indem wir uns klar machen, dass schon das ganz kleine Kind im radikalsten Sinne ein *Anderer* ist, den wir begleiten, beschützen, trösten, ermutigen, fördern können – und sollen –, in dessen Schicksal einzugreifen uns jedoch nicht zusteht, klärt sich manches. Ich hoffe zeigen zu können, dass bei weitem nicht alle Probleme, die in einem Kinderleben auftreten, auf die Eltern zurückzuführen sind, ja, dass es in gewisser Hinsicht eine Geringschätzung der kindlichen Individualität bedeutet, sie ständig als ein «Resultat» mehr oder weniger günstiger Erziehungseinflüsse oder als «Symptomträger» familiärer Konflikte zu betrachten.

Der Mythos vom unauflöslichen, in immer tiefere wechselseitige Schuldverstrickung führenden Abhängigkeitsverhältnis der Blutsverwandtschaft ist eine bewusstseinsgeschichtliche Altlast, die, wenn wir sie nicht bald abwerfen, immer mehr Unheil anrichten wird. Die Menschen haben sich geändert; sie sind keine Gruppenseelenwesen mehr. Es spielt keine Rolle, ob uns das gefällt oder nicht. Die «Instinkt»-Basis bricht weg, auch im Eltern/Kind-Verhältnis. Sie muss durch neu zu erringende Qualitäten ersetzt werden. Viele tragische Missverständnisse resultieren daraus, dass wir uns, mehr oder weniger bewusst, in unseren Erwartungen und Ansprüchen von überlebten Mustern leiten lassen. Ein solches überlebtes Muster ist der Glaube, «natürliche», also biologisch bedingte Zusammengehörigkeiten bildeten ein hinreichendes Fundament für stabile und fruchtbare seelische Beziehungen. Man kann es jetzt schon beobachten (und diese Tendenz wird sich fortsetzen): Seltener als noch vor einigen Jahrzehnten sprießt aus der biologischen Mutter oder Vaterschaft ohne weiteres Zutun «instinktsicher» die aufopferungsvolle Liebe zum Kind hervor. Der «natürliche» Boden muss gedüngt werden mit Liebessubstanz aus ganz anderen Quellen, damit eine starke, verständnisvolle, wertschätzende Beziehung wachsen kann, die auch durch Krisen hindurch Bestand hat, ja gerade in Krisen sich bewährt. Der befreiende Gedanke ist heute derjenige, dass Eltern und Kinder ein «Lebensabschnittsbündnis» eingehen, um aneinander zu lernen und zu wachsen und schließlich – das ist der Sinn – gestärkt einander zu entwachsen. Konflikte, Missverständnisse und Enttäuschungen erscheinen dann in einem anderen Licht. *Echte Kunstwerke müssen errungen werden.* Auch Beziehungskunstwerke!

Wir befinden uns in der Morgendämmerung einer neuen Kultur der Zwischenmenschlichkeit, in der es, wie Rudolf Steiner sagte, ganz besonders darauf ankommen wird, Interesse füreinander zu entwickeln, ein neues, gesteigertes Interesse, das keinen prinzipiellen Unterschied mehr zwischen Bluts- und Wahlverwandtschaft macht.* Beziehungen gleich welcher Art werden nur noch aus dem *Geistselbst* begründet werden können, d.h. aus der Freiheit des Füreinander-Dasein-Wollens. Unübersehbar ist heute schon der Umbruch. Biologische Bindungen allein bieten keine Gewähr mehr für tief empfundene Gemeinsamkeit, es sei denn, sie werden in Be-Freundungen umgewandelt durch gegenseitiges Interesse und aktive Gestaltungen *im mutualen Feld* (Martin Buber). Die blutsverwandtschaftliche Zusammengehörigkeit – auch zwischen Eltern und Kindern – reicht immer weniger als Verstehensgrundlage aus. Einfühlung muss *getan* werden. Und das haben oft diejenigen am besten verstanden, bei denen ein «schwieriges» Kind aufwächst.

Auch an alle diejenigen, die beruflich mit Kindern zu tun haben – in pädagogischen, sozialpflegerischen oder therapeutischen Arbeitsfeldern –, wendet sich dieses Buch. Viele von ihnen haben selbst Kinder. Manche nicht. Das braucht kein Manko zu sein, erfordert aber ein umso größeres Bemühen um Einfühlung in die *wunde* Situation von Eltern, die sich als versagend erleben

* Vgl. Rudolf Steiner: *Interesse für den anderen Menschen.* Hrsg. von Andreas Neider. Verlag Freies Geistesleben, Stuttgart 1999.

bzw. gegen die entsprechende Vorwürfe erhoben werden. Ich gehe jedenfalls davon aus, dass es jeden «Kinderexperten» brennend interessieren müsste, der Frage auf den Grund zu gehen, was eigentlich Erziehung im Kern noch bedeuten kann, wenn man sich einmal klar macht, dass die meisten geläufigen Assoziationen, die dieser Begriff auslöst, in die Irre führen.

Ein Kind kommt zur Welt. Was heißt das? «Ein Schicksal stürmt herein», sagt James Hillman. Ein Schicksal, das die Schicksale der Eltern durchkreuzt und mitreißt. Ein «nie gesehnes Antlitz» (Martin Buber) erscheint, und nichts wird sein, wie es war. Anfangs ist uns der kleine Fremdling auf Gedeih und Verderb ausgeliefert. Oder besser gesagt: *Er liefert sich uns aus.* Wir spüren tief im Innern, dass wir durch diesen höchsten aller möglichen Akte der Hingabe tief in der *Schuld* des Kindes stehen. Mehr oder weniger bewusst und völlig unabhängig von weltanschaulichen Einstellungen nimmt das jede Mutter, aber auch jeder Vater wahr – vorausgesetzt sie lieben ihr Kind. Das Schuldgefühl ist also ein Primärereignis, ein Phänomen eigener Ordnung, das, zunächst, von nichts anderem ableitbar ist als von sich selbst. Es stellt sich schon ein, bevor wir überhaupt Gelegenheit hatten, irgend etwas falsch zu machen. Aus diesem Blickwinkel lautet die Frage der Fragen: Wie können wir uns *erkenntlich* zeigen? Ich wähle diese etwas prosaische Redewendung mit Bedacht. In ihr klingt das Motiv der Dankesschuld an, aber auch dasjenige des *Erkennens*.

*

Wie meine bisherigen Schriften versteht sich auch diese als Beitrag auf dem Weg zu einer Entwicklungspsychologie, die insofern «spirituell» genannt werden kann, als sie über das biologistische und normative Paradigma hinausweist, die Frage nach der übersinnlichen Herkunft des Menschen wieder zulässt und vor dem Hintergrund dieser Frage ihr Hauptaugenmerk auf «jene ich-bildende Situation» lenkt, «die wir im Allgemeinen ‹Konflikt› nennen» (Hans Müller-Wiedemann).

Ich hielt es auch diesmal für richtig, zahlreiche Autoren der Gegenwart und Vergangenheit zu Wort kommen zu lassen und das Buch streckenweise so zu gestalten, dass sich das Für und Wider der aktuellen, aber auch der – vermeintlich – nicht mehr aktuellen pädagogischen Diskussion in ihm spiegelt. Wir sehen uns also aufmerksam in der Gegenwart um, begeben uns aber auch aufmerksam auf die Suche nach Kostbarkeiten, die ganz zu Unrecht ins museale Abseits geraten sind. Rudolf Steiner selbst hat beispielhaft vorgelebt, dass man sich, um Neues in die Welt zu bringen, mitten in die Auseinandersetzungen der Zeit hineinstellen und zugleich mit den besten Köpfen der Vergangenheit Zwiesprache halten muss. Die Autoren, die ich zustimmend anführe – was nicht bedeuten muss, dass ich in allen Punkten ihrer Meinung bin, Leuten wie Gerspach, Bittner und anderen müsste ich, wenn wir in Einzelheiten gehen wolllten, hie und da sogar vehement widersprechen –, haben alle eines gemeinsam: Sie suchen mehr oder weniger beherzt, teils explizit, teils implizit den «dritten Faktor» jenseits von Vererbung und Umwelt, nämlich die Individualität. Sie spüren, dass nur eine Wissenschaft vom Ich dazu in der Lage sein wird, den Begriff der Menschenwürde zu rehabilitieren. Dieser bedarf im Zeitalter der Bewusstseinsseele der gedanklichen Untermauerung, weil er seine Kraft als *Glaubensinhalt* verloren hat. Die Entwicklungspsychologie ist zur Faktenanhäufungswissenschaft ohne *Leitidee* verkommen. Man untersucht mit großem Aufwand den Bedingungsrahmen und die Begleiterscheinungen der Individuation, aber nicht diese selbst. Jeder Mensch entwickelt innerhalb der biologischen und soziokulturellen Gegebenheiten sein unverwechselbares individuelles Profil und verständigt sich zeitlebens mit sich selbst, um diese seine Eigen-Art zu bewahren, zu verteidigen, auszugestalten oder – wenn er den Eindruck hat, sie sei ihm verloren gegangen – zurückzugewinnen. Wer führt hier Regie? Das ist die große Frage der Zukunft.

Führen die Gene Regie? Die Gene tun überhaupt nichts. Sie bilden die physiologische Ausgangssituation der Individuation. Nicht mehr und nicht weniger. Sie sind, wie der Physiker Frederick Turner kürzlich schrieb, «Schleusen», durch die der Entwicklunsprozess, von «seltsamen Attraktoren» aus der Zukunft gezogen, seiner Vollendung «entgegenjagt». Führt also die Erziehung Regie? Ein Ammenmärchen! Erziehung arbeitet entweder mit dem Zögling zusammen, oder sie behindert ihn.. Im zweiten Fall kann man nur noch hoffen, dass sich die Individualität gegen Erziehungseinflüsse *behaupten* wird – was öfter geschieht, als man gemeinhin annimmt. Nur bei einem Kind, dessen Persönlichkeit bzw. Eigenwillen man gebrochen hätte, könnten die pädagogischen «Maßnahmen» (allein dieses Wort!) rein theoretisch entwicklungsbestimmend werden. In der Praxis allerdings würden sie dann nichts mehr fruchten, denn ein paralysiertes Ich kommuniziert nicht mehr, und Erziehung ohne Kommunikation ist unmöglich. Also führt die Umwelt im Ganzen Regie? Wohl kaum. Wenn wir wirklich wären, was die Verhältnisse aus uns machen, käme z.B. niemand auf die Idee, dieselben zu erforschen, sie ohne existenzielle Not verlassen, kritisieren oder gar verändern zu wollen. Also führen die Gene, die Erziehung und die große Umwelt zusammen Regie? Dreimal keine Regie addiert sich zur Regie? Eine merkwürdige Rechnung. Die richtige Frage lautet: Mit wem kommuniziert Erziehung? Es ist offenbar jene geheimnisvollle, ominöse Instanz, die sich schon in der allerersten Lebenszeit als «Ich» zu erkennen gibt und nach deren (hirn-)organischem Substrat man bisher vergebens gesucht hat. Ihr auf die Spur zu kommen ist das eigentliche Thema meiner Bücher. Unternehmen wir also einen weiteren Anlauf!

Im Sommer 2000   *Henning Köhler*

Kindheitswissenschaft
ohne Perspektive?

Das Ereignis der Kindheit ist und bleibt ein Mysterium, ein großes ungelöstes Rätsel.

Am Anfang der materialistischen Ära stand das *ignoramus et ignorabimus:* Man könne über die höheren Welten nichts wissen und somit auch nichts über die Herkunft der Seele und den Sinn des Daseins. – Bald wurde aus der Bescheidung eine Anmaßung. Die «höheren Welten» seien nur Hirngespinste aus vorwissenschaftlicher, unaufgeklärter Zeit.

An diesem Punkt stehen wir heute auch in der Kindheitsforschung. Man begnügt sich nicht mehr mit der Feststellung, mögliche übersinnliche Hintergründe des Empfängnis- und Geburtsgeschehens seien unerforschbar, sondern behauptet kategorisch: Solche Hintergründe gibt es nicht! «In bestimmten intellektuellen Milieus ist es sehr schwierig, über das ‹Spirituelle› zu reden, ohne sofort Verdacht zu erwecken», bemerkt die Filmemacherin und Philosophin Trinh T. Minh-has, die durch ihre Arbeiten zeigen will, «was Unsichtbarkeit … ist und was über die bloße Sichtbarkeit hinausgeht».[1] Zu den angesprochenen «intellektuellen Milieus» gehört auch das erziehungswissenschaftliche.

Aber das ist nur ein Zwischenspiel. In Zukunft werden mehr und mehr Menschen über die bloße Beschreibung der biologischen und neurologischen Prozesse hinausfragen. Sie werden zeitgemäße Erkenntniswege suchen, um das Kindheitsereignis in seiner spirituellen Dimension zu erfassen, und damit an eine lange, gute Tradition anknüpfen. Es sei «gar nicht anders möglich», sagte Rudolf Steiner, «als mit wirklicher Verehrung zu hängen» an den großen Pionieren der Pädagogik.

Viele vergessene und unvergessene Denker und Forscher, Dichter und Visionäre, Gottsucher und Gründergestalten haben im Laufe der Jahrhunderte dem «Geheimnis des Kindes» (Maria Montessori) nachgespürt und dabei erlebt – und geäußert –, dass es wohl keine andere Frage gibt, die uns, während wir sie gedanklich zu fassen suchen, so unweigerlich auch im Herzen berührt. «Und nun stehe ich, obschon reich an erfahrener Einsicht in die Macht der Naturgesetze … vor einer unbekannten Größe: dem Kind» (Janusz Korczak). Es ist eine Illusion zu glauben, man vermöchte sich dem Kindheitsrätsel allein durch Anhäufung empirischen und statistischen Faktenmaterials verstehend nähern. Das braucht man *auch,* aber nur als Hilfsmittel. «Große Herzen und reine Gedanken» (Fritz Blättner) zog das KIND zu allen Zeiten auf sich. Man muss nur bereit sein, den Habitus des großartigen Sachverständigen abzulegen und sich wieder in Erstaunen versetzen zu lassen. Comenius, Rousseau, Pestalozzi, Herder, Humboldt, Fröbel, Herbart, Steiner, Key, Korczak, Montessori, Buber, Neill – sie alle stehen für das Phänomen, dass es nahezu unmöglich ist, über das Kindheitsthema, sofern man sich wirklich davon berühren lässt, aus einer materialistisch vermauerten Position zu sprechen. Gewiss frönten die Pioniere der Pädagogik teilweise einem «Gymnasial-Humanismus», der heute reichlich verstaubt wirkt. Dennoch spricht aus ihren Schriften durchgängig das Bemühen, auf einen Aspekt des Rätselhaften, tief Anrührenden, Verzaubernden im Umgang mit Kindern aufmerksam zu machen, an den das gewöhnliche logische Denken nicht heranreicht.

Bis in die Mitte des 20. Jahrhunderts trugen Persönlichkeiten wie Montessori, Korczak, Buber und andere diesen Geist weiter. Inzwischen sucht man ihn nahezu vergebens. Es scheint in Vergessenheit geraten zu sein, dass sich aus dem materialistisch-naturwissenschaftlichen Paradigma kein Begriffsfundament für die Pädagogik als Seelenkunde, sondern lediglich für ihren äußerlichsten Aspekt, die Entwicklungsbiologie, gewinnen lässt.

Drei Obsessionen markieren und begrenzen das Spektrum, innerhalb dessen heute überwiegend gedacht, geforscht, diskutiert und projektiert wird: die Maschine, der Markt und die Biologisierung bzw. Sexualisierung aller menschlichen Belange. Das ist die heilige Dreifaltigkeit der Spätmoderne. In ihrem Bann leisten die Human- und Sozialwissenschaften ihren spirituellen Offenbarungseid und bringen dies untrüglich dadurch zum Ausdruck, dass sie sich von der Frage aller Fragen verabschieden: Wie kommt in den Zellklumpen, der sich zur Menschengestalt formt, der von Anfang an darin wirkende Geist hinein? Wie die Selbsterkenntnisfähigkeit, die aktive Liebefähigkeit, der Freiheitsdrang? Als hätte uns der Götze der Zweckmäßigkeit den Eid abgepresst, «das größte Rätsel» (Janusz Korczak) auf sich beruhen zu lassen, begnügen wir uns mit akribischen Faktensammlungen und taktischen Planspielen, die mit dem Etikett Kindheitswissenschaft versehen werden, obwohl die kindheitswissenschaftlichen Kernfragen gar nicht mehr in ihnen vorkommen. «Aufgeklärt ohne Gnade» (Dorothee Sölle) behandeln wir die Kindheitsangelegenheiten, um mit Neil Postman zu sprechen, nur noch als «technisches», nicht mehr als «metaphysisches Problem», und so beraten wir zwar unentwegt darüber, wie man Kindern dies und jenes möglichst geschickt «einprägt», wie man am besten mit ihnen umgeht, sprich: sie zum Funktionieren bringt; aber allenfalls noch ganz am Rande und rein theoretisch interessiert uns das Wunder, dass aus dem Irgendwo oder Nirgendwo ein Schicksal hereinstürmt, welches das unsrige durchkreuzt, mitreißt, vor die schwersten Prüfungen stellt – und doch segnet. Es scheint, als hätten wir den Sinn für die ehrfurchtgebietende Dimension dessen verloren, was mitten im gewöhnlichen Leben geschieht, wenn ein Kind, noch sprachlos, uns verwundert ansieht, sein Begrüßungslächeln lächelt, sich zu uns aufrichtet, Nähe sucht, endlich Worte findet, Ich-erkennend «Du» spricht – oder Du-erkennend «Ich» spricht? –, sich mitteilt …

Wir lassen uns nicht mehr berühren, geschweige denn erschüttern vom Ereignis des «Erscheinens der Einzigkeit» (Martin Buber): Mit jeder Geburt wendet sich ein unverstelltes, reines Menschenantlitz fragend, staunend zu uns hin, und in diesem Fragen, in diesem Staunen strahlt – *ex nihilo?* – ein Geist auf, der seit Menschengedenken keinen Vergleich kennt: ein geheimnisvolles Wesen, das – wie Richard Wisser in seinem großartigen Buch *Kein Mensch ist einerlei* schreibt – «weder wie das Tier noch wie Gott ist», ja überhaupt «nicht einfach ‹ist›», sondern von Anfang an «sein Sein leistet», dessen zu leistendes Sein «nicht Gabe, sondern Aufgabe ist und das … deshalb auch … sich selbst preisgeben kann.» In jeder Sekunde wird irgendwo auf der Welt DER MENSCH neu erschaffen. In jeder Sekunde kommt irgendwo ein «roi dépossédé» (Blaise Pascal), ein entthronter König an, der den Ort, aus dem er «gefallen ist, … ruhelos sucht und … doch nicht wiederfinden kann».

Die durch das Wunder der Geburt ausgelöste und immer wieder dorthin sich zurückwendende Frage nach der «anthropologischen Grundsituation» (Wisser) hat in der Philosophie des Abendlandes, aber auch in der Religion und in den Künsten eine lange Tradition. Sie richtete sich, ehe man sie im Banne von Apparaturen, Tests und Tabellen vergaß, an den verborgenen bildnerischen Ursprungsort, aus dem sich die «Gestaltwerdung der Menschenperson (als) Schöpfungsbegebnis» (Martin Buber) vollzieht. Noch George Bernhard Shaw (1856–1950), gewiss kein Esoteriker, war von dieser Frage berührt: «Ich glaube, dass jede Empfängnis unbefleckt ist.»[2] Das eigentliche Thema vorwissenschaftlicher (?) pädagogischer Entwürfe war *kalos kai agathos,* der «schön-gute» Mensch, *wie Gott ihn gemeint hat.* Die meisten Kinder hatten in früheren Zeiten wahrlich kein beneidenswertes Leben. Gleichwohl finden wir eindrucksvolle Zeugnisse des Nachsinnens über ein pädagogisches Beziehungsideal, das man im neueren pädagogischen Schrifttum meist vergeblich sucht. Während wir uns heute auf ein grobschlächtiges «Ausbildungs»-Prinzip zurückgezogen haben – bestenfalls soll der «ganze Mensch ausgebildet» werden: zu einem intellektuellen, moralisch-charakterlichen und willensmäßigen Kraftpaket; mehr oder weniger bewusst verhandeln wir über Kindheit wie über einen per «Ausbildung» schleunigst zu überwindenden Schwächezustand –, war einst der Blick mit einer gewissen Wehmut viel mehr auf die Zerbrechlichkeit und Zartheit des Anfangs gerichtet. Vielen dämmerte, dass der Zauber, der diesem Anfang innewohnt, mehr über das Menschenrätsel aussagt als jedes Opus Magnum der Theologie. Es ging um die Seinsweise der Kindhaftigkeit: Das leibhaftige Kind als Aufforderung der geistigen Welt, uns auf uns selbst, auf die vergessene ‹unschuldige› Weltoffenheit und Du-Zugewandtheit zu besinnen und aus dieser Haltung am Kinde den geistigen Hebammendienst – die sokratische *Mäeutik* – zu leisten. Insofern gab es keine Pädagogik ohne Metaphysik. Noch im 19., ja bis in die Anfänge des

23

20. Jahrhunderts war der erziehungswissenschaftliche Diskurs «pädosophisch» untermalt: Die Verwunderung über das «Wesen, in dem Gott Wohnung genommen hat» (Janusz Korczak), klang stets mit. Wir haben viel erreicht und viel verloren. Das Erreichte zu bewahren und auszubauen, das Verlorene wiederzugewinnen und neu zu fassen für die Zukunft, darauf käme es an.

Zum Verweilen

«In dem Maße, als die Substanz fraglich wird, formalisiert sich die Erziehung.

Sie wird unsicher und zersplittert. Sie bringt die Kinder nicht mehr an die Größe eines allumfassenden Ganzen heran, sondern vermittelt vielerlei.

Eine *Unruhe* bemächtigt sich der Welt; ins Bodenlose gleitend fühlt man, dass alles daran liege, was aus kommenden Generationen werde. –

Aber die Erziehung verfällt, wenn die geschichtlich überkommene Substanz in den Menschen, welche in ihrer Reife die Verantwortung tragen, zerbröckelt.»

Karl Jaspers

Die Zukunft gehört einer ganz auf Interesse und Aufmerksamkeit gegründeten Erziehungsgesinnung: Achtsamkeit auf die individuellen Entwicklungskeime, auf den Ruf aus der Ferne des Noch-zu-Verwirklichenden. Wir können aber die Kindheitsidee nur dann in die Zukunft hinein weiterentwickeln, wenn wir uns zurückwenden zu den Kostbarkeiten ihrer Entstehungsgeschichte.

«Verrückte» Kinder brauchen «verrückte» Erzieher

Heute ist «unsere pädagogische Rede ... Rhetorik. Rede aus der Position dessen, der seinen Nächsten überlistet» (Emmanuel Lévinas). Ich füge hinzu: Unsere pädagogische Rede ist *Politik* aus der Position dessen, der seinen Nächsten – das Kind – verplant. «An Stelle des Hineinwachsens in ein substanzielles Ganzes tritt bloßes Lernen von Dingen, die nützlich sein können. Die Ehrfurcht wird künstlich hochgehalten ... durch Forderung persönlicher Autorität. – Symptom der Unruhe unserer Zeit um die Erziehung ist die Intensität pädagogischen Bemühens ohne Einheit einer Idee» (Karl Jaspers).

Die Angehörigen des Kindervölkchens, das umgekehrt proportional zu seinem quantitativen Schwund immer renitenter wird und demzufolge immer mehr öffentliches Aufsehen erregt, sollen erziehungstechnisch hineinorganisiert werden in eine Zukunft, in der gerade ihresgleichen nicht mehr – oder nur noch ganz am Rande – vorgesehen sind. Schon aus diesen Sätzen, die noch gar nicht Partei ergreifen, sondern nur das Offenkundige benennen, springt die Paradoxie der gegenwärtigen Situation hervor. Wenn wir heute «unübersehbar und massenhaft mit sozialen und psychischen Problemen (im Kindesalter) konfrontiert» sind, die sich im Grunde genommen der pädagogischen oder therapeutischen Beeinflussung entziehen und allenfalls «zudeckend ‹behandelt› werden können», so hat dies laut Volkmar

Sigusch den ebenso einfachen wie beklemmenden Grund, dass «eine Gesellschaft keine Krankheit und folglich jeder Therapie entzogen ist». Davon ist bis auf weiteres leider auszugehen. Um den Faktor «Gesellschaft» nicht im Ungefähren zu belassen – nach dem Motto: Was soll man machen, wenn die Verhältnisse schuld sind? –, muss allerdings hinzugefügt werden: «Gesellschaft» ist – innerhalb der politischen und ökonomischen Rahmenbedingungen – überall, wo Erwachsene und Kinder zusammenkommen, um miteinander zu leben, zu lernen, zu arbeiten, ein Stück Welt zu gestalten. An den Orten der pädagogischen Begegnung, die den «Verhältnissen» nicht völlig unterworfen sein *müssen,* wird gesellschaftliche Zukunft vorbereitet – oder vermasselt. *Hier* ist das sprichwörtliche «gute Leben im schlechten» bis zu einem gewissen Grad realisierbar, vorausgesetzt, wir lassen uns von den Kindern in puncto Widersetzlichkeit belehren; vorausgesetzt also, wir bringen unsererseits den Mut zu deviantem, also abweichendem *Denken* und Handeln auf. Damit will ich ganz konkret sagen, dass wir in einem pädagogischen Lebenszusammenhang, einer Schule z.B., die «verrückte» Wege einschlüge – indem sie z.B. Ernst machte mit der radikalvernünftigen Forderung «Raus aus den Klassenzimmern» –, augenblicklich sehr viel weniger «verrückte» Kinder hätten!

Immer mehr Erzieherinnen und Lehrerinnen «erleben sich … ohnmächtig … und in ihrem Handlungsspielraum über Gebühr eingegrenzt» (Manfred Gerspach). Sie gleichen, wie es Werner Kuhfuß einmal sinngemäß ausgedrückt hat, entmachteten bzw. um ihre Macht fürchtenden Königen, die sich eingestehen müssen, dass sie ihre Untertanen irgendwie nicht mehr erreichen mit dem, was sie unter Menschenführung verstehen.

Aber was soll man anderes erwarten? Ein vitales, quirliges,

eigensinniges, empfindsames und anspruchsvolles Völkchen wie dasjenige der Kinder wird sich auf Dauer immer heftiger den Bildungsplänen und Erziehungsvorstellungen einer Obrigkeit widersetzen, die keine Ahnung von seiner Herkunft, seinem Wesen und seinen Träumen hat und auch gar nicht danach fragt. Wenn die «Obrigkeit» – wir alle, Eltern, Erzieher, Lehrer, Heil- und Sozialpädagogen, Kindertherapeuten, Kinderärzte, gehören dazu – keinen Kurswechsel vollzieht, wird sich das bisher praktizierte Modell der «Ausgrenzung» und «Entsorgung (von) Störern» (Gerspach) selbst ad absurdum führen. Genau genommen sind wir schon so weit. Man kann nicht dreißig, vierzig Prozent der Kinder (manche Autoren beziffern die durchschnittliche Anzahl von «Verhaltensgestörten» in einer Grundschulklasse bereits so hoch!) als dysfunktionale Individuen stigmatisieren und alle möglichen therapeutischen Tricks an ihnen ausprobieren.

Und wenn schließlich – ein unausrottbares Vorurteil! – all die Kinder, bei denen «das normale Handlungsmuster nicht mehr greift» (Gerspach), auch noch als *erziehungsgeschädigt* eingestuft und die Eltern als inkompetent, egoistisch, nachlässig oder was auch immer an den Pranger gestellt werden, nimmt die Sache vollends gespenstische Züge an. Das sind die beiden Erklärungsmuster, zwischen denen man heute schwankt: genetisch bedingte Hirnfunktionsstörungen und/oder Elternversagen. Ich behaupte: In den meisten Fällen ist das eine wie das andere – Quatsch.

Zum Verweilen

Die großen Fragen, die uns in *dieser Welt*
bewegen, sind Erinnerungen an die
Beweggründe, *jene Welt* zu verlassen.

Die großen Ängste und Unsicherheiten,
die uns in dieser Welt quälen,
sind unterlegt von Erinnerungen
an die großen, leuchtenden Ziele,
die wir, mutvoll *und* erschrocken,
in jener Welt geschaut.

Die Ungeborenheit denken

Die Annäherungsversuche an das Geheimnis des Kindes lassen sich zurückverfolgen bis ins Altertum. In gewisser Hinsicht war das sokratische Ideal der immer wieder zum Ausgangspunkt des reinen Erstaunens zurückkehrenden, suchenden Seele eine Vorwegnahme dessen, was im Christentum als begnadeter Seinsmodus der Kindhaftigkeit verklärt wurde. Auch in Platons Lehre des Zur-Welt-Kommens mit einem inneren Bild des gewählten Lebens («paradeigma») kann ein Ursprung späterer Vorstellungen der Nähe zwischen Kind und Engel (Gesandter des Himmels) gesehen werden. Die pädagogische, ja überhaupt die Seelenwissenschaft wird sich früher oder später auf die Idee des entelechischen Selbstentwurfs – der vorgeburtlichen *Wahl* des biografischen Richtungsimpulses oder Grundrisses der späteren Lebensweise – besinnen müssen, um überhaupt noch eine Perspektive zu haben. Natürlich kann man die platonische Diktion nicht einfach übernehmen, schon allein deshalb nicht, weil der Grundsatz der Gleichrangigkeit aller Menschen nie wieder zur Disposition stehen darf.[3] Aber es wird keinen Ausweg aus der pädagogischen Orientierungslosigkeit der Gegenwart geben, solange man daran festhält, die Imagination des *kairos* – des entscheidenden Augenblicks, in welchem sich die Seele entschließt, einer bestimmten Berufung folgend ihren Erdenweg anzutreten – sei ein antikes Ammenmärchen. Dessen eingedenk, hob

Rudolf Steiner zur gleichen Zeit, da die geistleugnenden Schulen der Entwicklungspsychologie ihre Dynastie begründeten, diese große, zeitlos gültige Erzählung aus der Vergessenheit und aktualisierte sie, unter dem Freiheitsgesichtspunkt, so, dass sie wegweisend werden könnte für die Kindheitsforschung der Zukunft – vorausgesetzt, man verabschiedet sich wieder von der absurden Annahme, der naturwissenschaftliche Reduktionismus sei das definitive Endergebnis der abendländischen Geistesgeschichte; er ist wohl eher der definitive Tiefpunkt.

Obwohl also einige Vorgaben der hellenischen Denker bis heute von hohem Interesse sind, ja vielleicht jetzt erst die Zeit reif ist, sie zu verstehen, blieb das Kindheitsmotiv im vorchristlichen Altertum eher blass. Die übersinnliche Herkunft des Menschen war ein Thema, seine sittliche Bildung ebenfalls, aber weniger die Grundbefindlichkeit und Bewusstseinslage des Kindes im fundamentalen Unterschied zum Erwachsenen, weniger auch die sakrale Erfahrung der im Geburtsgeschehen zur Welt kommenden himmlischen Substanz und die Frage nach ihrer Bewahrung. Erst das Christentum gesteht dem «geheiligten Kind» eine zentrale Rolle zu. Es wird zur Ikone, zur Verheißung. Die Erzählung von Bethlehem prägt sich in die archetypische Grundstruktur des abendländischen Geisteslebens ein. Sie beeinflusst bis in die jüngste Vergangenheit direkt oder indirekt alle pädagogischen Entwürfe, in denen, wie Michael-Sebastian Honig (1999) im Tonfall jovialer Herablassung anmerkt, «das individuelle Kind zum Kind überhaupt, zur Majestät und zum moralischen Vorbild des Erwachsenen» erkoren wird, kann aber nie wirklich konkurrieren mit der Erzählung von Golgatha. Das Bild der Geburt verblasst hinter dem Bild des Todes. Vielleicht besteht ein Zusammenhang zwischen den Verzerrungen des Christentums und dieser Rangfolge der mythischen Schlüsselszenen. Auch das Auferstehungswunder erlangte ja nie die Bedeutung der Kreuzigungstragödie. Rudolf Steiner hat verschiedentlich zum Ausdruck gebracht, dass, um der Eskalation des materialistisch-egoistischen («ahrimanischen») Prinzips die Spitze zu nehmen, das Hauptaugenmerk nicht weiterhin dem Tod bzw. dem Nachtodlichen gelten dürfe – Was kommt danach? Wohin geht die Seele? –, sondern das spirituelle Interesse mehr und mehr auf das Empfängnisgeschehen gerichtet werden müsse, auf die Kindgeburt als Schöpfung aus dem gestaltenden Grund – *causa formalis –,* auf das «Denken der Ungeborenheit».[4]

Zum Verweilen

Die Frage aller Fragen, die das Kind stellt, lautet:
«Wer bist du?»
Dies mit ganzem Wesen fragend,
kommt es zu sich:
«Du?»
Im Widerklang:
«Ich!»

Alles Sinnen und Trachten des kleinen Kindes ist darauf gerichtet, sich zu erheben. Und Sich-Erheben heißt, von Angesicht zu Angesicht aufrecht gegenüber sein: an-fragend, an-sprechend, mit-teilend. Du? Du! Ich zu Dir hin.
Zu-sich-kommen ist Zuwendung.
Individuation geschieht durch Liebe.

«Der Mensch war in der geistigen Welt, bevor er … heruntergestiegen ist in die physische Welt. Da oben muss es also gewesen sein, dass er sein jeweiliges Ziel nicht mehr gefunden hat. Die geistige Welt muss ihm das nicht mehr gegeben haben, was die Seele anstrebt. Und aus der geistigen Welt heraus muss sich der Drang ergeben haben …, in der physischen Welt zu suchen, was nicht mehr in der geistigen Welt gesucht werden konnte.»

Rudolf Steiner, GA 296

Im Angesicht von Kindern

Ab dem 17. Jahrhundert – welches man als das Jahrhundert des endgültigen Sturzes der alten Ordnungen und des Aufkommens humanistischer Wertorientierungen im heute geläufigen Sinne, aber auch als das Jahrhundert des Einsetzens einer bis heute anhaltenden spirituellen Orientierungslosigkeit bezeichnen kann[5] – gewann die Kindheitsverehrung eine neue Bedeutung, die bis weit ins 20. Jahrhundert hinein «eine Schlüsselrolle in der pädagogischen Diskussion» spielte (Oelkers 1992). Viele bedeutende Geister waren vom Zauber der Kindlichkeit in einem nur noch bedingt theologischen Sinne tief berührt, und da die Poesie – das «Sentimentalische» – noch nicht als Erzfeind des rationalen Diskurses galt, sondern die Verschwisterung beider als hohes Ideal angesehen wurde, regte sich ein vom Bild des Kindes her inspirierter *wissenschaftlicher* Pioniergeist. Kein Motiv schien seinen Repräsentanten besser geeignet, in der Götterdämmerung der Aufklärung ein Herz und Verstand gleichermaßen erhellendes Fanal zu setzen, inmitten der sozialen Wirren einen weltanschauungsübergreifenden ethischen Konsens anzubieten. Sie ahnten oder wussten, dass etwas unerhört Befreiendes zum Vorschein kommen würde, wenn es gelänge, das Ereignis der Kindheit in seiner spirituellen Dimension zu enträtseln; dass hier irgendwie der Schlüssel zu finden sein müsse, um die Pforten zur übersinnlichen Welt, von der nur noch Reliquien, sinnentleerte

34

Bräuche und sprachlos gewordene Bilder zeugten, eines Tages wieder aufzustoßen, oder anders gesagt: um zu einem künftigen, von dogmatischen Altlasten befreiten, mit dem Geist der Aufklärung verträglichen und zugleich über ihn hinausweisenden Christentum vorzudringen.

«Ich verzichte auf alle Weisheit, die nicht weinen, auf alle Philosophie, die nicht lachen, auf alle Größe, die sich nicht beugen kann … im Angesicht von Kindern.» Dieser Satz von Kahlil Gibran (1883–1931) drückt den Geist der Kindheitsverehrung aus, der sich in der Epoche Descartes, Galileis, Bacons schon zu regen begann – nicht im Widerspruch zur aufkommenden Naturwissenschaft, aber doch mit einem gewissen Vorbehalt ihr gegenüber. Das Bild des Kindes mäßigte die Euphorie der neuen Diesseitsorientierung, relativierte ihren Machtanspruch, ohne dass es nötig gewesen wäre, lauthals darüber zu verhandeln. Man konnte einfach nicht so über Kinder sprechen, wie man über Astronomie, Physik, Botanik und so weiter zu sprechen begann (*dieses* Kunststück vollbringt erst die akademische Welt des 20. Jahrhunderts). Die Geschichte der neuzeitlichen pädagogischen Wissenschaft beginnt mit einem starken pädosophischen – kindheitsphilosophischen – Grundzug, in welchem sich Frömmigkeit, Poesie und aufgeklärte Vernunft in manchmal großartiger Weise gegenseitig stützten und bewahrheiteten. Richtungsweisend war Comenius (1592–1670). Hochmodern für seine Zeit, erkannte er im Zur-Welt-Kommen des Kindes das Wunder einer – wie es Martin Buber dreihundert Jahre später ausdrücken sollte – «urgewaltigen Potentia», das «Erscheinen der Einzigkeit, (die) mehr ist als nur Zeugung und Geburt» (1998). Nichts, so Comenius, «kann von außen hineingetragen werden, sondern was (das Kind) in sich selbst zusammengefaltet besitzt, das muss entwickelt und entfaltet werden». Hier spricht der Philosoph, Platon steht im Hintergrund. Und sogleich ergänzt der fromme Christ, der Comenius auch war, Erziehung finde im Auftrag Gottes statt, um «die durch Christum ... an Kindes statt Angenommenen ... zu guten Werken (zu) erwecken». Vorsicht! Die altertümliche Diktion kann uns verleiten, den wahren Kern solcher Aussagen zu verkennen, die sich etwa im Lichte der Darlegungen Rudolf Steiners über den «Christus-Impuls» als unerwartet plausibel erweisen. Ich habe mich dazu in meinem Buch *«Schwierige» Kinder gibt es nicht* an mehreren Stellen geäußert.[6]

Werfen wir noch einen Blick auf den zitierten Satz von Kahlil Gibran. Begreifend, was ein Kind ist, erinnert sich der Weise an seine ungeweinten Tränen, erkennt der Philosoph – erheitert –, wie kümmerlich seine großen Worte sind, kniet der Mächtige nieder. Von welchem Ereignis ist hier die Rede? Zweifellos nicht von der onto- und soziogenetischen Kategorie Kindheit, die in heutigen Lehrbüchern mit bewundernswerter Detailgenauigkeit, aber ohne jeden Tiefgang dokumentiert und analysiert wird. Es scheint, als habe Gibran versucht, die Begegnung mit einer lichten Erscheinung in Worte zu fassen, die uns auffordert, die Masken abzunehmen und zum Wesentlichen zu kommen. Es geht um jenes tiefe Beeindrucktsein von der KINDLICHKEIT, die, *mich* ansprechend aus dem Antlitz des leibhaftigen Kindes, keine Ausflucht zulässt: «Wer bist du?» Das Kind in seiner frappierenden Daseins-Unerfahrenheit – was zugleich bedeutet: in seiner noch unbeschädigten Hoffnungsgestalt – gemahnt den Daseinserfahrenen, so er sich darauf einzulassen vermag, nicht nur im lapidaren Sinne an die eigene Kindheit, sondern an das Wunder des geistigen Zur-Welt-Kommens. Emmanuel Lévinas, der große Philosoph des Füreinander-Daseins, beschreibt (1993) dieses «epiphanische» Geschehnis als dasjenige, durch das man sich «in der Gestalt eines Ich ereignet, das immer am Ursprung ist». Der Augenblick, in welchem «die Zukunft des Kindes aus dem Jenseits des Möglichen, aus dem Jenseits der Entwürfe, ankommt», ist zeitlebens nie wirklich ‹vergangen›, sondern stets gegenwärtig, obschon vom Vergessen bedroht. «Sich von innen erfassen, sich als Ich ereignen … heißt (aber) nichts anderes, als sich durch eben die Geste (zu) erfassen, die sich schon nach außen wendet … um verantwortlich zu sein für das, was sie ergreift» (1993). Sehen wir den Kindern beim Spielen zu, sehen wir aufmerksam (!) zu; beobachten wir die Du-Gerichtetheit, den Einvernehmlichkeitswunsch (mag er sich noch so ungeschickt äußern), die Mitteilsamkeit, das «Anbieten» – Geben, Hingeben, Schenken – als «erste ethische Geste (und) Perspektive des Sinnvollen» (Lévinas), das Sich-befreunden-Wollen mit der Welt in allen spielerischen kindlichen Wesensäußerungen – und wir werden sehen, dass das Sich-als-Ich-Ereignen im Ursprung schon ein Sich-Zueignen ist.

Hier kommt sie uns an, die Stimmung, von der Gibran verwundert erzählt: Weisheit, die nicht weinen, Welterfahrenheit, die nicht lachen, Größe, die sich nicht beugen kann – wie jämmerlich, wie absolut verzichtbar erscheint dies alles, wenn wir Zeugen des spielenden Sich-von-innen-Erfassens und zugleich – es ist dieselbe Geste! – absichtslosen «Sich-dem-Anderen-Widmens» (Lévinas) sein dürfen. In der kleinkindlichen Seelenverfassung des Gewahrseins der Wesenhaftigkeit aller Erscheinungen sind *der* Andere und *das* Andere noch nicht streng unterschieden; die Dinge, allemal Pflanzen und Tiere, die spielend ins Vertrauen gezogen werden, sind freundschaftstauglich *nahezu* wie Personen. Aber der Ur-Eindruck des Zugeeignetseins – und damit die erste Ahnung von Verantwortlichkeit – verdankt sich dem Hineinträumen des ganz kleinen Kindes in das Antlitz der Mutter, welches das Antlitz der Welt bedeutet,[7] und kein anderes Gegenüber als der nachahmungswürdige, ansprechbare und antwortende Mitmensch erfährt die Geste des Anbietens und Widmens so rückhaltlos, selbst noch im Trotz, durch den ja nur die innere Schatzkammer verteidigt wird, aus der heraus sich *Schenken* ereignen soll.

Selbst John Locke (1632 – 1704), geistiger Vorfahre aller kühlen Rationalisten, war, wenn es um Kinder ging, für seine Verhältnisse geradezu feierlich gestimmt. Einerseits wollte er, ganz Schulmeister, den Zöglingen «Tugend, Weisheit Lebensart und Kenntnisse» beibringen, aber er verteidigte andererseits auch ihr Recht, nach Herzenslust zu spielen und zu träumen, gegen die «lächerliche» Erwartung, dass sie «den Verstand und das Betragen von Staatsräten zeigen», was für die damalige Zeit eine revolutionäre Ansicht war und noch heute im Forderungskatalog eines jeden Streiters wider die Verplanung der Kindheit steht. Später sollte Friedrich Schiller im kindlichen Spiel den höchsten Ausdruck seelischer Schönheit erkennen: die ideale Verbindung von Ernsthaftigkeit, Unbefangenheit und zweckfreier Hingabe als Ursprung der Kunst. «Lass mich ein Kind sein, sei es mit.» Schiller beschreibt den «Spieltrieb» als Synthese und Steigerung im Spannungsfeld zwischen Formprinzip und ungebändigter Kraft. Martin Buber hatte dasselbe Phänomen im Auge, als er mahnte, man solle beim Kinde «die reine Gebärde» beachten, «die nicht Welt sich zurafft, sondern sich ihr äußert … : den *Urhebertrieb* in seiner Selbstständigkeit und Unableitbarkeit». *An ihn* zu appellieren mit «Lauterkeit und Innigkeit, … Liebesmacht und Diskretion», biete die Chance, dass «die Gestaltwerdung der Menschenperson, unzählig oft geträumt und vertan, endlich gelingen» könnte (1998). Das sind unzeitgemäße Sätze, ich weiß, obwohl erst vor einem knappen halben Jahrhundert diktiert. Aber die Sprache der Zeit duckt sich so tief unter die Macht der Maschine, dass, wer dagegenhalten will, keine andere Wahl hat, als die letzten Nachfahren der untergegangenen «poetischen» Wissenschaftsgesinnung zu Hilfe zu rufen. Irgendwo muss man anknüpfen im Bemühen um eine begriffliche Zukunftsperspektive, die es wieder zulässt, seelenvoll über die Seele zu sprechen.

Der «Urheber»- oder «Spieltrieb» (Schiller und Buber scheinen nicht exakt dasselbe zu meinen, aber es ist dasselbe Phänomen, dem sie nachspüren), unverfälscht wirksam im Kinde, geht allen anderen Trieben voraus und ist ihnen übergeordnet.[8] Hinübergerettet in die reiferen Jahre, mit Vernunft durchdrungen und von selbstbestimmten Motiven geführt, kann diese Kraft das «ästhetische» Weltverhältnis begründen, das im Beuys'schen «Jeder Mensch ist ein Künstler» anklingt. Ich würde von der «begütigenden» Grundhaltung sprechen: angeschlossen an das «geistige Wärmeelement» (Beuys über Christus) die eigene Geschichte begreifen als einen auf Gestaltung des zwischenmenschlichen Feldes, letzthin des «sozialen Ganzen» angelegten Selbstgestaltungsprozess.[9] Der Begriff des Begütigenden, wie ich ihn aufgefasst wissen will, ist denkbar weit entfernt von schulterklopfender Nettigkeit. Er definiert sich aus dem Geist der Bergpredigt ebenso wie aus dem «heiligen Zorn» der Tempelreinigung und dem anarchischen Mut, mit dem Jesus die Ehebrecherin vor aggressiver Wohlanständigkeit in Schutz nahm.[10]

Zum Verweilen

Zwei Ur-Intentionen oder unableitbare Motivationen lösen den Individuationsprozess aus und leiten ihn: die *plastisch-bildnerische Grundorientierung* (sie wirkt in aller Gestaltwerdung und Gestaltgebung) und die *fundamentale Du-Gerichtetheit:* der Zuwendungs-Wille, der sich kundtut im An-Blicken, Zu-Lächeln, An-Sprechen, Hin-Gehen zum Anderen, Mitteilen, Geben, Schenken, und, dies alles einschließend, in der Frage: «Wer bist du?»

Alle anderen Antriebe sind sekundär.

Wo diese beiden Elemente zusammentreffen, erhebt sich Geist als «Ich». Das gewöhnliche Ego ist nur das Schattenereignis, notwendig, aber nicht wesentlich.

Geistes-Gegenwart heißt: sich gestaltend zuwenden oder in der Zugewandtheit gestalten. Damit ist der eigentliche Kreativitätsbegriff umrissen.

Hier entspringt die Sehnsucht nach Freiheit und Liebe, die uns geistig am Leben erhält. Obgleich sie in beiden Aspekten unstillbar ist – wohin ich auch gehe: Der Horizont ist immer der Horizont; gäbe es aber den Horizont nicht, könnte ich nirgendwo hingehen –, bedarf sie doch der *Bestätigung,* und je früher und entschiedener sie bestätigt wird, desto kräftiger bildet sich der Sinn für die Sinnhaftigkeit aus, der uns hilft, auch Krisen zu meistern.

Deshalb muss alle Pädagogik auf Kunst und Dialog, Kreativität und Austausch, gegenseitiges Interesse und Zusammen-Spiel gegründet sein: auf Gestaltungen im Zwischen-Uns.

Der lange Schatten von Auschwitz Oder: «Das graue Gesicht der Menschenerde licht machen»

«Ein Kind ist eine sichtbar gewordene Liebe» (Novalis). Hier haben wir die pädosophische Ergriffenheit, die heute als Kindheitskult oder «Messianisierung» (Honig) des Kindes bespöttelt wird. Man spürte, dass das Geheimnis der Kindheit, der Kindgeburt, des In-Erscheinung-Tretens der Seele aus der Ungeborenheit der Schlüssel sei, um – mit Rudolf Steiner gesprochen – «die heutige Tragik der Menschheit wiederum in ein hoffnungsvolleres Fahrwasser nach und nach umzuwandeln» (GA 296). Vor allem die Romantiker erhoben das KIND – den Kindheits-Mythos – zum Leitbild für idealische, meinethalben schwärmerische Weltentwürfe. Bis in die erste Hälfte des 20. Jahrhunderts hinein blieb die Gesinnung der Romantik nirgends so lebendig wie in der pädagogischen Philosophie. Mit dem Zweiten Weltkrieg verschwand dieser Geist praktisch von der Bildfläche.

Man muss kein historischer Schwarzmaler sein, um die Neuzeit als chronisch depressive Periode zu bezeichnen. Das mag beim ersten Hinhören merkwürdig klingen, aber schauen wir uns die Bilanz nüchtern an und bedenken wir dabei: Depression und Manie gehören zusammen. Der Fortschrittsoptimismus hatte stets eine Tendenz zum Fortschritts*wahn* und war insofern nur die Kehrseite der depressiven Grundbefindlichkeit, die sich nicht zuletzt in den Künsten niederschlug als ausgeprägter Hang zur Vorführung des existenziellen Dramas. Es ist mir bekannt, dass schon die attische Tragödie den Menschen ihr Ausgeliefertsein an die Mächte des Schicksals vor Augen führte und damit Erschütterung auslöste. Aber damals lag in der Hinwendung zu den höheren Welten doch *auch* eine starke ehrfurchterweckende und daher vertrauensbildende Kraft. Die großen Werke der Neuzeit hingegen – Ausnahmen bestätigen die Regel – betonten zunehmend die Verstoßenheit und Einsamkeit des Menschen, sein unausweichliches Scheitern, die Unstillbarkeit seiner Sehnsucht, seine Verdammnis zum Tode – der das *Ende* ist. Nicht aufblickend zur «schrecklichen Schönheit» der Götter erschauerten die Menschen, sondern unter dem Eindruck der Gottverlassenheit.

Von Zeit zu Zeit traten Menschen und Menschenzusammenhänge mit frohen Botschaften auf, unmittelbar aus der Sphäre der Liebe inspiriert. Sie beherrschten jedoch nie die Szene, wenngleich sie vor dem dunklen Hintergrund besonders hell und unvergesslich leuchten. Aber auch diejenigen, die die Depression der Epoche bebilderten, intonierten, inszenierten, in Gedanken fassten und teilweise daran zerbrachen, waren im Grundzug ihres Wollens Lichtbringer: prometheische Gestalten, die es – stellvertretend für alle – auf sich nahmen, dasjenige, was im heutigen hedonistischen Affenzirkus nur noch abfällig Weltschmerz genannt wird, bis zur letzten, bitteren Konsequenz zu treiben, bis zu dem Punkt, an dem erst ein Neubeginn möglich wird.[11] Was im Schlüsselsatz des 19. Jahrhunderts – «Gott ist tot» – kulminierte,[12] lastete wie eine dunkle Vorahnung schon über dem Europa der frühen Aufklärung. «Gott ist tot» hieß auch: Wir sind nur winzige Lichtfünkchen in der Unendlichkeit, kurz aufblitzend, um für immer zu verschwinden. Das Verhängnis der Sterblichkeit. Der Mensch im existenziellen Vakuum: *geboren, um zunichte zu werden.*

Es ist also keine Übertreibung, sondern eine Bestandsaufnahme, wenn ich sage: Die letzten fünfhundert Jahre markieren die – trotz aller Errungenschaften – wohl pessimistischste Kulturperiode aller Zeiten, gipfelnd in der bis heute anhaltenden geistigen Agonie, welche der Katastrophe folgte, für die der polnische Ortsname Auschwitz zum Synonym geworden ist. Dass andererseits nach dem kopernikanischen Kulturschock die glänzendsten sozialutopischen Entwürfe formuliert, diskutiert und – im Versuch der praktischen Umsetzung – ruiniert wurden, steht dazu nicht im Widerspruch, sondern bestätigt nur, wie groß die Sehnsucht nach einer besseren Welt war, die sich als *pädagogischer* Utopismus am Beginn des 20. Jahrhunderts noch einmal eindringlich zu Wort meldete. Diese Aufbruchsstimmung, schreibt Andreas Flitner (1996), erscheine «uns Heutigen unglaublich naiv». Falls er «naiv» mit dümmlich gleichsetzt, kann ich ihm nicht folgen, denn im Vergleich zu dem, was heute an der erziehungswissenschaftlichen Front fabriziert wird, strotzten Key, Montessori, Korczak, Otto und wie sie alle hießen geradezu vor Weltklugheit.[13] Sollte mit «naiv» aber ein gewisser kindlicher Grundzug der Intelligenz gemeint sein, stimme ich zu. Wer über Kinder fruchtbar nachdenken will, muss sich – in *diesem* Sinne – eine gehörige Portion Naivität bewahren.

Inzwischen ist auch dieser Elan gebrochen. Die sozialen Zukunftshoffnungen sind ebenso tief erschüttert wie dazumal der Glaube an Gott. «Wenn aber die Substanz des Ganzen, fragwürdig geworden, sich in der Auflösung befindet, so wird Erziehung unsicher und zersplittert» (Jaspers 1999). Die Totalitarismen des 20. Jahrhunderts, allen voran der deutsche Faschismus, haben das bis dahin unausdenkliche Szenario einer vollständigen und unwiderruflichen Zerstörung der ethischen Fundamente des

Zusammenlebens in den Bereich des Vorstellbaren gerückt: Die bedingungslose Kapitulation des *Geistes, der das Gute will und für möglich hält,* ist seither eine reale – und durchaus nicht entlegene – Möglichkeit. Kein gerechter Gott würde einschreiten. Erinnern wir uns an Jean Paul Sartres Diktum des *Verurteiltseins zur Freiheit.* Der moderne Mensch entkommt der Qual der Wahl nicht.[14] Wir sind zur ethischen Richtungsentscheidung aufgefordert, ohne Pardon, jeder Einzelne, die Gesellschaft, letzthin die Menschheit, die längst kein Abstraktum mehr ist, sondern der konkrete Bezugsrahmen aller segmentalen Entwicklungen, ja in gewisser Hinsicht sogar aller persönlichen Lebensplanungen. Eben *weil* das so ist, schreien die intellektuellen Trendsetter dagegen an: Nein! Nein! Alles relativ! Wer kann schon sagen, was gut und böse ist! – Aber auch wer die Wahl verweigert, hat gewählt. Es macht Angst, Farbe bekennen zu müssen. Es macht wütend. Es ist unbequem. Die Konfrontation mit der eigenen Unzulänglichkeit und Feigheit angesichts dessen, was man, wenn man nur will, als richtig erkennen kann – es ist unmöglich, die «ethische Inspiration» (Lévinas 1995) zu vermeiden, aber sehr gut möglich, sie zu verleugnen –, macht keinen Spaß. Man möchte sich lieber hinter einer modischen Eventualitäts-Ethik verschanzen, statt die Konfrontation mit der Kardinalfrage zu riskieren, die wohl in den letzten Jahrzehnten kein anderer so großartig und alle Ausflüchte verbietend formuliert hat wie Lévinas: die Verantwortungsfrage. «Und da entspringt plötzlich, aus dem vom Menschen gelebten Leben – und hier erst beginnt, genau genommen, der Mensch – Sich-dem-Anderen-Widmen» (1995).

In dieser Situation neue Ideen zu entzünden, Wärmeprozesse anzuregen, der Zukunft Breschen zu schlagen, ist der eigentliche, tiefste Impuls, den die Kinderseelen heute in die Welt hereintragen. Sie kamen schon immer mit einer, wie Buber sagt, «lichtspendenden Kraft» zur Erde, aber nie zuvor mit solcher Entschiedenheit, ja ich möchte sagen: Waghalsigkeit. Die Menschheit stand ja auch nie zuvor so fassungslos an der «evolutionären Schwelle», und die «Menschen, (die) auf die Welt kommen, wissen ... das alles schon» (Joseph Beuys). Hier besteht ein Zusammenhang, der beachtet werden muss, mag es auch nicht ins siegreiche Weltbild des «rationalistischen und positivistischen Verstandes» passen, der den «törichten Versuch (unternimmt), den Geist auf das Gehirn zu reduzieren» (Hillman 1998). Wenn wir uns nicht mit der spirituellen Tatsache vertraut machen, dass die «jetzt nahenden Generationen» sich berufen fühlen, «das graue Gesicht der Menschenerde licht (zu) machen» (Buber 1998) – anders als Buber sehe ich darin die *primäre Motivation* und nicht nur ein vages Potenzial, d.h. man muss den Kindern, die sich heute einfinden, den Liebesimpuls nicht einflößen, aber man kann ihn ihnen «kaputt machen» (Beuys) –, dann sind wir pädagogisch nicht urteilsfähig; dann tappen wir, was die Beurteilung all der Symptome betrifft, die uns heute besorgt stimmen, im Dunkeln; dann kann uns auch kein Licht aufgehen in Bezug auf die verflixten Schuldgefühle, die sich so oft zwischen Eltern und Kindern auftürmen, wenn das Leiden der Kinder an der Welt nicht mehr zu übersehen ist.

Zum Verweilen

«So ist denn ... das tiefe Ethos des Erziehers,
den Willen zur eigenen Durchsetzung
auszuschließen.»

Otmar Preuß, 1990

«Dies eben ist die Größe des Geistes, dass er in jedem
Moment seines lebendigen Werdens aus den niemals
im Voraus zu berechnenden Bedingungen und Forderungen heraus sich seine Aufgaben setzt, seine Ziele
erwählt, seine Werke bestimmt ... Verantwortung,
Spannung und Unmittelbarkeit des Lebens wären
unweigerlich zerstört, wenn einer Generation die
Möglichkeit und Vollmacht eröffnet wäre, den Le-
benssinn und die geistige Aufgabe der auf sie folgenden Geschlechter bereits im eigenen Entwurf vorweg-
zunehmen.»

Theodor Litt, 1927

Der Geist der Maschine
und die besonderen Kinder

Rudolf Steiner sagte im Jahre 1919, die Erziehungsfrage sei für das soziale Leben der Zukunft «eine der allerwichtigsten ..., (ja) die gewaltigste». In der westlichen Welt, so erläuterte er, werde die Tendenz, «das ganze Weltengebäude als eine Maschine anzusehen» – fügen wir aktualitätshalber hinzu: über die menschliche Seele und das menschliche Verhalten nur noch in Funktionalitäts- bzw. Dysfunktionalitäts-Kategorien zu denken –, immer stärker und stärker aufkommen. Wir müssten für Kinder Lebens- und Lernzusammenhänge schaffen, auf die eben dieses Maschinendenken, welches «Herz und Seele der Menschen aussaugt», keinen Zugriff hat. In genere – Steiner war einer der letzten großen Utopisten – ging es ihm darum, das Erziehungswesen samt Schulen und Universitäten von staatlicher Bevormundung und ökonomischen Planungsvorgaben zu befreien, d.h. in eine eigene Verwaltung zu stellen, die sich ausschließlich von pädagogischen Gesichtspunkten leiten ließe. Jedenfalls wird man Steiner nicht gerecht, wenn man glaubt, durch ständiges Lamentieren über die Gefahren des Fernsehens oder Computerspielens sei dem Widerstand gegen das Maschinenprinzip Genüge getan. Es geht erstens um einen strukturlibertären Gesellschaftsentwurf («Dreigliederung des sozialen Organismus»), der die Rahmenbedingungen schaffen würde für menschengemäße Erziehung, zweitens um eine Umwandlung des pädagogischen

Denkens dahingehend, dass wir «lernen, abzulauschen dem heranwachsenden Menschen die Offenbarung des Geistig-Seelischen, wie es war vor der … Empfängnis». Darauf, so Steiner, «ist die Hauptaufmerksamkeit zu richten in der Zukunft» (GA 296). Stattdessen beugt man sich – teilweise auch in Waldorfkreisen! – zunehmend dem Hegemonialanspruch einer neurobiologisch orientierten normativen Entwicklungspsychologie, die es sich viel darauf zugute hält, «Kinder in getrennte Kategorien zu sortieren» und die Abweichenden «gemäß einem stillschweigend zugrunde gelegten Defizit- und Defektmodell einer medizinisch-therapeutischen … Betrachtung anheimzugeben» (Gerspach 1998). Die defekt- und defizit-orientierte Persönlichkeitsbeurteilung, vergessen wir das nie, entspricht von der Grundgebärde her jenem Hang, «das Weltengebäude als eine Maschine anzusehen», und sie verstört die Kinder nicht minder als der unkontrollierte TV-Konsum, ganz gleich, in welche Terminologie sie sich kleidet. Der *bewertende* Blick, der darauf abgerichtet ist, Funktionsmängel zu bestimmen, verdunkelt die «moralische Intuition» (Steiner), den Dreh- und Angelpunkt erziehungskünstlerischen Vermögens und kommunikativer Kompetenz.[15] Das ist nicht nur ein pädagogisches Problem, sondern betrifft die soziale Misere im Kern. Mit frappierender Selbstverständlichkeit und – vor allem – *Lüsternheit* pflegen wir einander zu taxieren, wie man Gebrauchtwagen beim technischen Überwachungsdienst taxiert. Kindern gegenüber scheint das besonders viel Spaß zu machen. Aufrichtiges, warmes Interesse ohne Hintergedanken? Andacht und Aufmerksamkeit im Bemühen, den Anderen zu *verstehen,* gerade dann, wenn er mir Rätsel aufgibt, wenn mich sein Verhalten befremdet? Fehlanzeige. Lévinas (1993) nennt das taxierende Verhältnis «psychagogisch»

(keine Anspielung auf den gleichnamigen Beruf) und «demago-
gisch». Man spricht «den Anderen nicht von Angesicht zu Angesicht an, sondern von der Seite». Die psychagogische Haltung,
die im Grunde nach der *Brauchbarkeit* des Menschen fragt, nach
seinem Rang in der funktionalen Bewertungsskala resp. Wert-
steigerungsprognose, bedeutet – wie immer das Urteil ausfällt –
ihrem Wesen nach Ungerechtigkeit. Was sie hervorbringt, kann
niemals wahr sein, denn «Wahrheit» enthüllt sich nur in der
«irreduziblen Beziehung … von Angesicht zu Angesicht», welche
in einem ganz und gar unjuristischen Sinne «Gerechtigkeit ist»
(1993).

Als Rudolf Steiner davon sprach, in der von Materialismus
erfüllten Welt habe die Intelligenz den «Hang zum Bösen», wollte er nicht vor blitzgescheiten Räubern warnen, sondern auf eine
bestimmte Geisteshaltung hinweisen, die sich auch – und nicht
zuletzt – in jener «demagogischen» Versessenheit widerspiegelt,
den Mitmenschen zu überprüfen wie ein Gerät, statt ihn *anzusehen* und – um auf Lévinas zurückzukommen – *für ihn da zu sein.*
Der Fähigkeit und des Bedürfnisses solchen anteilnehmenden,
auf die «Offenbarung des Geistig-Seelischen» im Anderen «lau-
schenden» Interesses ermangelt es uns heute so eklatant, dass die
normale Seelenverfassung, von dieser Seite her betrachtet, als
Zustand einer schweren Wahrnehmungsbeeinträchtigung zu bezeichnen ist. Unter dieser Behinderung krankt das soziale Leben,
krankt die Pädagogik, kranken die Humanwissenschaften. Gewalt und Krieg, Umweltzerstörung, Habgier, Machtstreben und
jene kalte Wissenschaftlichkeit, die die Dinge und Wesen, deren
sie sich bemächtigt, aus ihrem Lebens- und Sinnzusammenhang
reißt, sind Folgen dieser spezifischen Art von Seelenblindheit,[16]
die schon da beginnt, wo wir einem besonderen Kinde gegen-

über nicht fragen: Was kann ich tun, um besser zu verstehen; welches – vielleicht sehr berechtigte – Anliegen will sich da aussprechen?, sondern: Wie kann das irritierende Verhalten abgestellt werden? So zu fragen ist angebracht, wenn der Fernseher flimmert oder der Automotor stottert. Aber nicht, wenn zwischen mir und einem Kind ein Beziehungsproblem (!) auftritt.

Diese Zusammenhänge sind den Kindern in ihrem tiefsten Inneren bekannt. Sie wissen um jenen «bösen» Zug der Intelligenz und haben deshalb «vor ihrer Geburt eine gewisse Furcht und Angst, in die Welt einzutreten» (Steiner, GA 296). Aber sie treten trotzdem ein, um *sich einzubringen.* Damit aber *setzen sie sich auch aus.* Indem sie durch ihr anstößiges – Anstöße gebendes – *Verhalten* unsere Aufmerksamkeit auf die Widersprüche lenken, in denen wir uns verfangen haben, gehen sie ein enormes Risiko ein! Risiko deshalb, weil wir furchtbar missverstehen könnten! Und ich fürchte, dieses Missverstehen greift gegenwärtig auf gespenstische Weise um sich.

Die ungewöhnlichen Kinder sind fleischgewordene Aufforderungen, von Lebenseinstellungen und Denkgewohnheiten Abschied zu nehmen, durch die wir zu unfreiwilligen Dienern eines Geistes werden, der auf die Entseelung des Menschen und die Ertötung der sozialen – Du-empfänglichen – Wahrnehmungsfähigkeiten zusteuert. Dieser Tendenz Einhalt zu gebieten, kann nur beginnen mit einer Verwandlung des Denkens. Die Schlüsselfrage ist die Kindheitsfrage.

Zum Verweilen

Nur ein Teil des menschlichen Wesens stellt sich in die Erdenverhältnisse hinein und durchläuft den Weg von der Geburt bis zum Tod. Ein anderer Teil des Menschenwesens macht diesen Prozess nicht mit, sondern bleibt an der Schwelle zurück. – Man darf sich nicht vorstellen, dass einfach das geistig-seelische Wesen im Fortgang der Zeit von der Geburt bis zum Tod immer älter werde. Es handelt sich um ein viel komplexeres Geschehen. Wir können es imaginativ erfassen, wenn wir vor uns hinstellen das Bild, dass sich der Mensch gewissermaßen spaltet im Geburtsgeschehen. Ein Teil seines Wesens tritt den Erdenweg an mit allen Belastungen, mit allen Hindernissen, mit allen Irrungen und Wirrungen. Ein anderer Teil bleibt an der Schwelle zurück in der Obhut des Engels und geht diesen Weg nicht mit.

Dieser Teil bleibt aber nicht untätig. Wir können uns vorstellen, wie aus dem Refugium, in dem der Mensch als Ungeborener zurückbleibt, ein Licht hereinströmt in das Erdengeschehen. Wir alle kennen dieses Licht. Wir bezeichnen es als Sehnsucht oder Hoffnung. Dasjenige, was immer wieder als Hoffnungskraft, als Sehnsuchtskraft aufstrahlt, noch bevor es sich an irgendein Objekt oder konkretes Ziel bindet, und den Gestaltenden, den Künstler – denjenigen, der handeln will aus Liebe zum Handeln selbst, der seine Sache gut machen will – in uns weckt, das strahlt herein aus dem Raum der Ungeborenheit. Und im Grunde genommen wendet sich recht verstandene Pädagogik, wahre Erziehungskunst stets an den *ungeborenen* Wesensanteil des Kindes, indem sie ihrerseits aus dem Raum der Ungeborenheit, des Immer-wieder-neu-Beginnens schöpft: «Liebe zur Erziehungstat selbst» (Rudolf Steiner).

Erziehungstat aber *ist* Beziehungstat. Im Beziehungsraum ist «jede echte Haltung ... Einsicht und Substanzsicherheit; sie trägt das Ziel in sich selber. Wer einem Ziel nachlaufen muss, ist diesem Ziel verfallen, also unfrei. (...) Wer das Ziel in sich trägt, dem wenden sich die Dinge und Geschehnisse zu; seine Haltung gibt auch den Dingen und Geschehnissen Halt» (Jean Gebser). Erziehungsabsichten sind knechtende Ziele. Das eingesehene Ziel der echten (erzieherischen) Haltung kann nur *das Kind selbst* sein. Jedesmal, wenn wir in reiner, absichtslos-hingegebener Aufmerksamkeit *uns dem Kinde widmen, sind* wir am Ziel. Theodor Litt formulierte als Motto der Erziehungskunst: «Euch dienend», Kinder, «helfe ich einer Form des lebendigen Geistes zu Dasein empor, von der ich nichts weiß, nichts wissen kann, weil sie euer Werk, euer Wesen sein wird.»

Kindheitsweltvergiftung

«Die kindheitszerstörenden Kräfte werden immer bedrohlicher», konstatieren Peter Lang und Susanne Pühler (1999). Umweltvergiftung ist seit den siebziger Jahren ein großes Thema. Aber wer spricht von Kindheitsweltvergiftung?

Beides hängt eng zusammen. Die Umweltvergiftung ist das Ergebnis einer vergifteten Einstellung zum Leben, eines vergifteten *Denkens,* dessen Hauptantriebe Inbesitznahme, Ausplünderung und Verfügbarmachung sind und das auch dort «von einem heimlichen aggressiven Impuls umfangen» ist (Gerspach 1998), wo es sich auf Fragen der Erziehung und Ausbildung wirft. Die öffentliche Auseinandersetzung über den richtigen Umgang mit Kindern ist im Grundtenor eine Strategiedebatte. Es geht um mehr oder weniger autoritäre Konzepte der Kolonialisierung einer unkultivierten Minderheit, der man einerseits ihre traditionelle Lebenswelt zerstört, während sie andererseits dem System, das ihnen nicht einmal mehr Reservate zugesteht, mit allen Kräften dienen soll.

Die strukturelle Kindheitsvernachlässigung, also der stillschweigende Konsens, die soziale Zukunft an den Kindern vorbei zu organisieren, entspringt demselben normalen Irrsinn wie die schleichende ökologische Katastrophe. Das Verhältnis der hochtechnisierten Gesellschaften zu den Naturreichen ist hochgradig schizophren. Man lässt sie gnadenlos verkommen und empört sich zugleich über eine Welt, in der so etwas möglich ist. Auch Naturnostalgiker können sich im Glauben an die wohltätige Allmacht der Maschine aufgehoben fühlen. Lieber träumt man davon, dass die Technik perfekt nachgebildete Illusionslandschaften liefern wird, als für den Schutz der echten einzutreten. Die vorgefundene – göttliche – Schöpfung muss dem von Todesfurcht und Todes-(sehn)sucht zugleich angetriebenen neuen Schöpfungsprojekt der Unkenntlichmachung des Ursprünglichen weichen.[17]

Die widerwärtige Vision einer von Flora und Fauna bereinigten weltumspannenden Großstadt mit synthetischen Vergnügungslandschaften und Naherholungsgebieten im Cyberspace, wo die Kinder überwiegend mit Maschinen kommunizieren, ihre Körper am Eingang zu virtuellen Gärten parken und dort auf illusionierte Bäume klettern, ist gar nicht mehr so weit von der Wirklichkeit entfernt. Für viele scheint das eine verlockende Perspektive zu sein. In meinen Augen ist es ein Horrorszenario, selbst wenn ich mir vorstelle, es herrschte Frieden und ich gehörte zu den Privilegierten. Dabei war die Zurück-zur-Natur-Eiferei noch nie meine Sache. Aber mich überfällt das blanke Entsetzen, wenn ich mir klarmache: In dieser *brave new world* käme das Schönste, Ermutigendste, dem man begegnen kann, nicht mehr vor: ein frohes Kindergesicht. In den rückständigen Weltgegenden, die man, falls sich nichts ändert, vollends ausplündern und ansonsten ihren Erdbeben, Überschwemmungen, Dürren und Seuchen überlassen wird, hätten die Kinder noch weniger Überlebenschancen als heute. Im globalen High-tech-Menschenpark hingegen müsste man sie alle unter Drogen setzen, weil sie sich andernfalls aus dem nächstbesten Hochhausfenster stürzen würden.

Schwarzmalerei? Ich erlaube mir lediglich festzustellen, in welche Richtung sich die Dinge entwickeln werden, wenn wir den Kräften das Feld überlassen, die seit einigen Jahrzehnten unangefochten den Ton angeben und denen die letzten Reste von gesundem Menschenverstand abhanden gekommen sind. Man muss zu Ende denken, was sich abzeichnet, auch wenn es wenig erbaulich ist. Und zum Thema «Kinder auf Drogen» will ich im Augenblick nur festhalten, dass wir jetzt schon an einem Punkt angelangt sind, an dem sich nicht nur immer mehr Jugendliche aus einem unbestimmten Gefühl der sinnlich-emotionalen Entbehrung zunehmend in die Sucht verirren, sondern mit Hunderttausenden von Kindern anscheinend nur noch ein Zusammenleben möglich ist, wenn man ihnen stimmungsverändernde Medikamente verabreicht.

Ich gehöre nicht zu denen, die von einem Rollback in «gute alte Zeiten» träumen. Das führt zu nichts. Aber aus der Sicht des Kindes kann und muss ganz ohne kulturpessimistische Koketterie gesagt werden: Es ist genug! Genug Maschinen. Genug Geschwindigkeit. Genug Beton. Genug sinnebetrügendes, Leben und Bewegung vortäuschendes Bildgeflimmer. Genug Dinge, die sich anfühlen wie – nichts. Die durchmaschinisierte, bildüberladene, zubetonierte, plastiküberzogene, brüllende, geschwindigkeitssüchtige Alltagswelt, deren desorientierende Wucht nur diejenigen verharmlosen können, die den Grad von Abstumpfung, den sie erreicht haben, auch bei Kindern voraussetzen, ist in Bezug auf die frühen Entwicklungsschritte der Daseinsvergewisserung, und das heißt auch: in Bezug auf die Fundamente des Selbstvertrauens ein Desaster. Die negativen Folgen für die Sinnes- und Bewegungsentwicklung werden heute nur noch von einzelnen notorischen Abwieglern bestritten. Aber noch etwas anderes ist zu bedenken: Die kleinen Kinder werden durch die Bedingungen, unter denen sie heute aufwachsen, der Möglichkeit beraubt, mit den Wesen und Erscheinungen zu kommunizieren, die ihnen anfänglich viel näher sind als alles Menschengeschaffene; die ihnen ein Stück *Erinnerung* bedeuten, ein tröstliches Déjà-vu: Rückverbindung zur Sphäre der gestaltenden Urkräfte, die sie verlassen mussten.

Ich will das an einem Beispiel verdeutlichen, welches bewusst so gewählt ist, dass ein verkitschtes Motiv in seine Würde zurückversetzt wird. Wenn wir Erwachsenen von der Seele eines alten Baumes sprechen, von seiner stoischen Weisheit und seinem tiefen, verschwiegenen Innesein des Schicksals von Erde und Menschheit, so ist das für uns ein Gleichnis. Poesie. Vielleicht Rührseligkeit. Für die kindliche Seelenverfassung ist es jedoch Erlebnisrealität. Nicht dass die entsprechenden Empfindungen eine metaphorische Deutung erführen. Ihre bildhaft-begriffliche Verfügbarkeit hängt davon ab, ob sie in entsprechende Erzählungen – Fabeln, Märchen – bestätigend wiedererscheinen. Der Baum – bzw. die innere Resonanz, die er auslöst – ist für das kleine Kind Heimat, in einem ganz anderen Sinne als das Zuhausesein an irgendeinem Ort. Es spürt, dass es der «Baumweisheit» teilhaftig war, bevor es den Becher des Vergessens trank, um auf *dieser* Seite der Wirklichkeit ganz von vorn zu beginnen. Diese magischen Erlebnisräume der Kindheit werden verwüstet. Der Zauber des Gesprächs zwischen Kind und Baum entfaltet sich am besten unter den Bedingungen eines Geheimtreffens, bei dem sie sich ungestört austauschen können. Es ist kein Problem, wenn Erwachsene solche Geheimtreffen arrangieren und aus gebührendem Abstand überwachen, und es ist sogar nützlich, wenn sie sich anschließend Zeit nehmen, um zur erzählerischen, szenischen, bildnerischen Verarbeitung anzuregen. Aber man glaube nur ja nicht, ein abgebildeter oder abgefilmter Baum könne einen sinnlich gegenwärtigen ersetzen.

«Ökologische Politik», vor dreißig Jahren noch ein Unbegriff, ist heute in aller Munde. Zwar ist es skandalös, wie wenig getan wird, *obwohl* die Gefahren bekannt sind und gut durchdachte Konzepte auf dem Tisch liegen, doch immerhin, man kann die Probleme nicht mehr ignorieren. Jeder Politiker und Wirtschaftsmagnat muss sich zumindest den Anschein ökologischen Verantwortungsbewusstseins geben und gelegentlich sogar beweisen, dass er nicht nur redet. Anderenfalls wäre der Rhein längst ein toter Fluss. Für die nächsten dreißig Jahre steht, während die ökologischen Forderungen nicht verstummen dürfen, das Projekt an, dafür zu sorgen, dass man ebenso selbstverständlich von «pädagogischer Politik» (Gesellschaftsgestaltung im Dienste des Kindes) wird sprechen können. Das wäre ein erster, wichtiger Schritt. Natürlich schwadronieren alle politischen Lager vom Wohle des Kindes und der Familie, aber ein programmatischer Faktor, von dem unter Umständen Wahlen abhängen, ist die pädagogische Thematik noch lange nicht; die mit Greenpeace vergleichbare Childrens-Peace-Organisation muss erst gegründet werden (vielleicht ist die von der Internationalen Vereinigung der Waldorfkindergärten gegründete *Alliance for Childhood* ein Anfang), von einer parlamentarischen Interessenvertretung für Kinder ganz zu schweigen. Ökologische und pädagogische Kernanliegen sind nahe benachbart. Letztere unterstreichen die Forderung, der Umweltzerstörung entgegenzutreten und die zunehmende Verdrängung der natürlichen Schöpfung durch Menschenwerk aufzuhalten. Beuys' große Baumpflanzaktion war in gewisser Hinsicht ein pädagogisches Fanal.[18] Man kann die Entwicklung nicht zurückdrehen, aber man kann begreifen, dass der Gesellschaft, den Schulen und Kindergärten, der freien Jugendarbeit und natürlich auch den Eltern objektiv eine neue Aufgabe zugewachsen ist, nämlich den Kindern zurückzugeben, was ihnen zusteht: die elementaren Erlebnisfelder. Damit sage ich nichts Neues.[19] Aber man kann es gar nicht oft genug sagen. In dieser Richtung voranzuschreiten, wird nicht nur Mut zum Experimentieren und zum Verlassen eingefahrener Geleise innerhalb bestehender Gestaltungsräume, sondern auch einen bildungspolitischen Kurswechsel und, last but not least, Geldmittel erfordern. Darum muss gekämpft werden.

Der tragische Zusammenstoß
mit der Welt

Erziehung, sagt Günther Bittner (1996), soll «Kinder zur Welt verlocken». Er setzt, Bezug nehmend auf Janusz Korczak, den Urkonflikt ins Bild, den «tragischen Zusammenstoß mit der Welt». Diesen gelte es im Sinne einer «Pädagogik des Zur-Welt-Bringens» abzumildern zur *Begegnung,* schließlich *Beziehung,* um heimisch zu werden, was Bittner jedoch nicht im banalen Sinne als Eingliederung verstanden wissen will, sondern als Bejahung der Aufgabe, «auf sich selbst und andere Acht zu haben». Rudolf Steiner sah das ähnlich. Ihm zufolge beginnt das *Befremden* schon damit, dass sich das Kind «erst hineinfinden muss in das äußere Naturhafte» der physischen Existenz. Über den Zusammenstoß mit den Zeitverhältnissen äußert er sich an vielen Stellen deutlich.[20] «Das Kind muss in eine Welt hinein, in die es … durchaus nicht hineinpasst.» Das ist eine «Tragik» (GA 311). Die «Rettung» besteht darin, «den Christus-Impuls … zu finden, … nicht (in der) Dogmatik irgendeiner Religionsgemeinschaft», sondern «in sich» (GA 296), vorzudringen also – wie es Beuys in Anlehnung an Steiner ausdrückte – zur «Ich-Erkenntnis der christlichen Substanz». Es ist die vornehmste Aufgabe des Erziehers, dabei *Mäeutik* zu leisten.[21] Dies weist zurück auf Pestalozzis (1746 – 1827) Erziehungsideal der «Bildung zu einer sehenden Liebe». *Auf sich selbst und andere Acht haben* bedeutet im geistig-seelischen Sinne: zur Welt kommen. Individuation ist

Achtsamkeit, letzthin: Liebe. Sie entbindet das ursprünglich-*innerste* Wollen: Kümmere dich um deinen Nächsten wie um dich selbst. In der Unachtsamkeit, Lieblosigkeit bin ich nicht der, der ich bin. So konnte Lévinas (1995) feststellen, dass «Individuation *durch* Verantwortung» geschieht.

Im Bild des tragischen Zusammenstoßes bzw. des Ausgesetztseins in der Fremde und der einzig möglichen (Er-)Lösung durch die Erkenntnis, dass der Mensch «sich wählt im Angesicht der Andern» und somit «sich wählend … alle Menschen wählt» (Sartre 1994), klingt ein existenzialistisches Motiv an. Steiner war im Grundzug seines Denkens christlicher Existenzialist, oder besser gesagt: Er hat den Existenzialismus und die christliche Esoterik zusammengeführt.[22] Auch für das anthroposophische Schicksals- und Biografieverständnis ist maßgeblich die «krisische Grundbefindlichkeit» des von Anfang an «in Frage gestellten Menschen» (Wisser 1997), der den einzigen wirklichen Trost in der Entdeckung des «Aufgabencharakters des Lebens» (Frankl 1998) finden kann. Elisabeth Lukas, Frankl-Schülerin, spricht von Sinnfindung wider den «Sog des ‹Zeitgeistes›» (1993). Dies zu thematisieren, gilt in der gegenwärtigen verflachten Diskussionskultur als überholt, aber wir müssen es thematisieren, wenn wir *Kinder verstehen* wollen. «Zur Welt verlocken» heißt nichts anderes, als das Kind daran zu erinnern (!), dass ihm das Leben geschenkt ist als ein zu Gestaltendes: auf einen Sinn hin. Mit anderen Worten: Erziehen heißt Hoffnung wecken, und Hoffnung ohne Liebe gibt es so wenig wie Sterne ohne das Firmament, an dem sie leuchten. «Nichts kann gut für uns sein, ohne es für alle zu sein» (Sartre).

Warum spreche ich von einem Vorgang des In-Erinnerung-Rufens? Man muss, um dies nachvollziehen, ein Phänomen be-

achten, das ich in meinen biografiekundlichen Schriften gründ-
licher beleuchtet habe: Niemand bekommt Hoffnung ‹beige-
bracht›, sondern man entdeckt und aktiviert sie in sich als eine
Art höheres Sinnesorgan. Sie ist die Wahrnehmungskraft, die
durch alle Schichten des ‹Beigebrachten› hindurchsieht auf jenen
geheimnisvollen Punkt, an dem ich, der weit Enteilte, auf mich,
den Nachzügler, warte. Durch sie kann ich die Gegenwart meiner Zukunft, mein in die Ferne ausgeworfenes *immagine del cuor,*
das Bild im Herzen, unterscheiden von allem, was mir das Leben
aufgenötigt hat. Sie erlaubt mir, meine Gebrechen anzunehmen,
ohne mich mit ihnen zu verwechseln. Nur die jeweilige Bebilde-
rung der Hoffnung entstammt der Erfahrenheit, den erworbe-
nen Neigungen, unerfüllten Begehrungen, übernommenen
Wertmaßstäben etc. Sie selbst eignet dem Menschen so ur-
sprunghaft wie Hören und Sehen. Sie ist inneres Gehör und
inneres Gesicht für den Stern, der mich führt.

Das Motiv des «tragischen Zusammenstoßes mit der Welt» lenkt
den Blick auf die «Verhältnisse». Deshalb war die pädagogische
Philosophie der Neuzeit im Grundzug immer schon gesell-
schaftskritisch, und dabei soll es bleiben. Sind die Verhältnisse
so, dass wir Kinder zu ihnen «verlocken» können und wollen?
Ein heikler Punkt. Viele Menschen stehen heute auf dem Standpunkt, es sei besser, kinderlos zu bleiben, denn man könne kaum
guten Gewissens ein Kind in diese Welt setzen. Dem kann man
entgegenhalten: Was hätten denn da die Menschen in früheren,
härteren Zeiten erst sagen sollen? Wir leben doch auf einer Insel
des Wohlstands und der Sicherheit. – Damals stellte sich die
Frage gar nicht, wäre eine mögliche Antwort, die Grundeinstel-
lung zum Leben war fatalistisch; es stand außerhalb jeder Dis-

kussion, dass sich Mann und Frau zusammentun, um Kinder zu zeugen. Verhütung war kein Thema. Den Kindern oblag die Alterssicherung der Eltern, ohne staatliches Rentensystem. Im Übrigen leben wir zwar heute komfortabler, aber das Gefährdungspotenzial war noch nie so groß; die Lebensgrundlagen sind ins Wanken gekommen, die Erde selbst ist bedroht. Die beiden Weltkriege, Auschwitz, der Gulag, Hiroshima und Nagasaki – das alles hat das Vertrauen in die Zukunft nachhaltig erschüttert, und erstmals in der Menschheitsgeschichte kommen Zweifel auf, ob es überhaupt ratsam sei, dieselbe durch Kinder fortzusetzen.

Ob frühere Zeiten, allgemein gesprochen, besser oder schlechter waren, kann offen bleiben. Darüber lässt sich trefflich streiten. Der Vorbehalt, Kinder in die Welt zu setzen, hat jedoch tiefere Gründe. Teilweise sind die kulturpessimistischen Argumente gewiss Ausreden, die nur davon ablenken sollen, dass sich Elternverantwortung schlecht mit den hedonistischen Lebensansprüchen oder mit der Karriereplanung verträgt. Aber oft ist der Verzicht auf Kinder tatsächlich das Ergebnis eines illusionslosen Blickes auf das Zeitgeschehen oder immerhin eines nagenden Angstgefühls nicht nur infolge der zurückliegenden Katastrophen, sondern auch unter dem Eindruck der Schreckensmeldungen, mit denen wir via Medien Tag für Tag bombardiert werden. Ereignisse wie die Kriege am Golf und auf dem Balkan gehen nicht spurlos vorüber. Man weiß oder spürt: Wir sind in diese Ereignisse verwickelt, sie betreffen uns. Es regt sich keine Gegenwehr, wie es während des Vietnam-Krieges geschah, aber gerade in der Wehrlosigkeit verdichtet sich das Gefühl einer dunklen Bedrohung: Bald könnte es vorbei sein mit unserem Wohlstand, unserer Sicherheit, und wir hätten es – vom Standpunkt einer höheren Gerechtigkeit aus betrachtet – sogar verdient.

Darüber hinaus ist jedem bekannt, dass «die Folgen der Mobilität, Globalisierung und Digitalisierung ... mit besonderer Härte die Kinder» treffen und der «Kulturauftrag ..., kindlichen Grundbedürfnissen zur Entfaltung zu verhelfen», zunehmend «in den Hintergrund gedrängt» wird (Lang/Pühler 1999). Der Weltverbesserungsoptimismus der sechziger, siebziger Jahre ist gebrochen, aber durchaus nicht das Einsichtsvermögen in soziale Missstände. Man nimmt sie nur eben hin. Wer nicht realitätsblind ist, weiß, dass sich die Gesellschaft mit hoher Beschleunigung auf einen Zustand zubewegt, der keine andere Wahl lassen wird, als den Kindern das Kindsein zu verbieten oder sie – um nicht ununterbrochen reglementieren zu müssen – mit pädagogisch unvertretbaren, gleichwohl faszinierenden Ersatzangeboten für verloren gegangene Spielwelten ruhigzustellen. Sie geraten nicht nur bevölkerungsstatistisch, sondern auch was die Berücksichtigung ihrer Ansprüche im öffentlichen Leben, in Politik, Wirtschaft und Kultur betrifft, zunehmend in die Rolle einer exotischen Minderheit, über die die Entwicklung hinweg rast – in eine Richtung, die alle möglichen Perspektiven eröffnet, nur keine Perspektive für *Kinder.*

Dem demografischen Schwund der Kindheit[23] entspricht das Verschwinden kindgerechter, d.h. unverstellter, unbebauter, unverwalteter Spiel-, Bewegungs- und Erfahrungsräume. Kinder sind Fremdlinge in der schönen neuen Welt, mag sie sich auch in vieler Hinsicht positiv gegen frühere Zeiten abheben. Auch, ja ganz besonders dort, wo Kindheitsexperten bestellt sind, Kindheit zu definieren und gesellschaftlich zu integrieren, also in den maßgeblichen pädagogischen Denkwerkstätten und Planungsstäben, wird offensichtlich an der «Wirklichkeit Kind» (Buber 1998) konsequent vorbeigedacht und -geplant. Wie anders wäre es – beispielsweise – zu erklären, dass vor dem Hintergrund des kolossalen entwicklungs- und lernpsychologischen Faktenmaterials, das in den vergangenen Jahrzehnten zusammengetragen wurde, dennoch das «Scheitern der Schule» (Gronemeyer 1996) und ihre «elementare Unbekömmlichkeit für den Menschen» (von Hentig 1993) konstatiert werden muss?

Zurückblickend auf ein Jahrhundert, das zum «Jahrhundert des Kindes» (Ellen Key) ausgerufen worden war und stattdessen als Jahrhundert der sozialen Katastrophen in die Geschichte eingehen wird – Katastrophen, zu denen es niemals gekommen wäre, wenn man sich an den Interessen der Kinder orientiert hätte –, bleibt uns eine herbe Bilanz nicht erspart: Zwar sind Errungenschaften hervorzuheben, hinter die wir nie wieder zurückfallen dürfen, so z.B. die allgemeine Schulpflicht (wenngleich ihre staatsdirigistische Auslegung beklagenswert ist), die Ächtung der Prügelstrafe, das Verbot der Kinderarbeit, der eklatante Rückgang der Säuglingssterblichkeit, die öffentliche Kinder- und Jugendhilfe. Aber «nun steht die Kindheitsfrage erneut auf der Tagesordnung» (Honig 1999) als eines der großen uneingelösten Versprechen des 20. Jahrhunderts. Die Probleme sind nicht mehr dieselben wie 1902, als Key ihr Fanal setzte. Aber sind sie geringfügiger? Immer mehr Kinder versagen trotz ausreichender bis überdurchschnittlicher Begabung in der Schule, wirken seelisch angeschlagen, leiden unter psychosomatischen Beschwerden oder gelten als verhaltensgestört. «Kriminelle, sogar mordende Kinder lassen Politiker auf die Idee kommen, spezielle Kindergefängnisse einzurichten.» Man erwägt, «Eltern für ihren Erziehungserfolg haftbar zu machen», und registriert fassungslos «Berichte über in großem Maßstab betriebene Kinderporno-

64

grafie» (Honig). Der Eindruck einer tiefen Krise der soziokulturellen Bedingungen des Kindseins ist unabweisbar. Ich drücke mich mit Bedacht so aus und spreche nicht von Kindern wie von wandelnden Missgeschicken und auch nicht von Elternhäusern wie von Orten der fahrlässigen Kinderverunstaltung. Es fällt mir nicht ein, in *diesem* Chor mitzusingen! Ganz so einfach liegen die Dinge nicht.

Was uns fehlt, ist eine Idee der Kindheit, eine Imagination, die pädagogische Gestaltungen aus der Kraft des *Verstehens* ermöglichen würde – pädagogische Gestaltungen *gegen* den kindheitsfernen Geist der Epoche. Ich spreche vom *Schicksalsverstehen*. Ohne uns mit der «engen Verwandtschaft von Berufung und Schicksal» (Hillman 1996) zu befassen, werden wir die Pädagogik nicht von ihrer Ursünde erlösen können: sich als Wissenschaft und Handwerk zur planmäßigen Menschenverfertigung zu definieren. Wir haben Angst (!) davor, uns mit der Schicksalsfrage ernstlich auseinanderzusetzen, weil wir im Verfolg dieser Frage, bevor sie befreiende Horizonte eröffnet, zunächst mit unserer *Machtlosigkeit* konfrontiert werden. Aber genau das muss sein!

Zum Verweilen

«Jedes Kind hat das Recht auf seinen eigenen Tod.»

Janusz Korczak

«Wie manche ‹Unvollendete› gehört zu den schön-sten Symphonien!»

Viktor E. Frankl

«Erfolglosigkeit bedeutet nicht Sinnlosigkeit.»

Viktor E. Frankl

Menschenformung
oder Freiheitseinübung?

Ein Intermezzo zur Bildungsfrage

«Der Mensch ist wohl beeinflussbar, aber … nicht ‹machbar›. – Die Lernenden (müssen) sich ihrer eigenen Ziele bewusst werden», schreiben René Reichel und Eva Scala (1996) aus der Sicht der *Gestaltpädagogik* – ein bemerkenswerter Ansatz, der von Seiten der Waldorfpädagogik wahrgenommen werden sollte. Was ist hier mit «Zielen» gemeint? Die Autoren lassen es offen. Aus dem Duktus der Darstellung geht jedoch hervor, dass man sich nichts Festlegendes darunter vorzustellen hat. Es geht weder um Selbstverplanung unter dem Diktat starrer Vorsätze noch um irgendeine Art von Prädetermination. So ist an anderer Stelle des erwähnten Buches von «offenen Entwicklungsprozessen» die Rede, die geradezu voraussetzen, dass wir «nicht auf (ein) Ergebnis fixiert sind». Wie aber kann dann das Bewusstwerden *eigener Ziele* als Ideal formuliert werden? Wir betreten hier ein Feld, das hohe denkerische Beweglichkeit verlangt, den Sprung in eine «anthropoetische» (Sloterdijk 2000) Betrachtungsweise. Die Sicht, die ich vorschlage, ist keine finalistische oder teleologische im geläufigen Sinne. Gottfried Spaleck (2000) wählte in einem Vortrag das Bild von der «wartenden Zukunftsgestalt». Sie offenbart sich im unmaskierten Wesensausdruck, erzeugt, wie Hillman (1998) sagt, einen individuellen «Bewegungsstil», löst eine unverwechselbare «innere Dynamik» aus. Ihr verdankt sich das «alltägliche Wunder», dass ein Kind «auf einmal und aus dem Nichts heraus zeigt …, wer es ist.

Lernen ist der lebenslange Prozess des Zu-sich-Kommens, und «Bildung ist nicht Bildung zu irgendeinem Zwecke, sondern sie hat ... ihren Sinn in sich selbst, ... ist überall am Ziel und bleibt doch nirgends rasten» (Hermann Hesse). Es geht um jenes zunächst unfassliche Phänomen der – von Anfang an – bewusstseinsbildenden *antizipatorischen Selbstüberlegenheit:* Ich überrage mich. Und ich gewinne meine Identität oder Authentizität nicht etwa aus dem Einssein mit mir selbst, wie die Fast-Food-Esoteriker predigen, sondern aus dem Gefühl des Zu-mir-Hinaufwachsens. Drücken wir es, der anthropoetischen Sorgfalt halber, noch anders aus: Der mich Überragende, der ich gleichwohl bin, neigt sich zu mir herab und richtet mich auf. «Wir werden mit einem magischen oder überweltlichen Gegenstück geboren, das nicht zu dem Ort und dem Zeitpunkt gehört, an dem wir uns gerade befinden» (Hillman 1998). Wenn die Gefühlsgewissheit, sich selbst voraus zu sein, über sich selbst hinauszuragen, verloren geht, erlischt die Hoffnung – und mit ihr die Lernfähigkeit. Ich spreche nicht von den kurzatmigen Hoffnungen auf diese oder jene Annehmlichkeiten, sondern von der *existenziellen Hoffnung,* jener Empfindung, die uns versichert, dass es immer eine Aussicht auf Besseres, Menschlicheres gibt und dass wir uns jederzeit dorthin *auf den Weg machen können.* Wo wird im erziehungswissenschaftlichen Diskurs schon einmal thematisiert, dass Lernbereitschaft und Lernvermögen zuallererst davon abhängen, ob das Bildungsangebot in Art und Inhalt existenzielle Hoffnung vermittelt? Erst danach kommen, wie man so schön sagt, einige Misthaufen und schließlich, ganz zuletzt, Dinge wie intellektuelle Leistung, Ordnungssinn, Fleiß, Disziplin und so weiter. Ziel der Bildung «ist nicht Steigerung einzelner Fähigkeiten und Leistungen», bemerkt Hesse, «sondern ... unserem Leben einen

Sinn zu geben». (Davon, dass die Aufforderungen des höheren oder vorauseilenden Ich auch als *über*fordernd empfunden werden können, sodass Hoffnung und Tragik oft nahe beieinander liegen, wird noch die Rede sein. Hesse ssah in der Verzweiflung «das Ergebnis jedes ernstlichen Versuches, das Menschenleben zu begreifen», und fügte hinzu: «Diesseits dieser Verzweiflung leben die Kinder, jenseits die Erwachten.» Ich bin mir nicht sicher, ob Letzteres der Wahrheit entspricht, denn ich traue den Erwachten zu, dass sie mit der geschundenen Kreatur unendlich mitleiden und keineswegs in einem Nirvana erleuchteter Geistigkeit weilen.)

Die «Gestalt eines Ich», so Lévinas (1998) in seinen großartigen Betrachtungen über Fruchtbarkeit und Geburt, «ereignet (sich) aus dem Jenseits der Entwürfe» und ist eben deshalb «immer am Ursprung». Zu Jean Gebsers (1986) Kernanliegen gehörte es, Bewusstsein dafür zu wecken, dass «das Verborgene als nachweisbare Gegenwart … der Zukunft» stets wirksam ist. Zu sich kommen, zum Wesentlichen kommen bedeutet «Gegenwärtigung des Ursprungs, (der) die Zukunft schon enthält». Kurz: «Auch das Zukünftige und nicht nur Gestriges und Heutiges bilden und bestimmen uns.» Der Mensch trägt die Ziele seines Werdens in sich, ja, er entspringt diesen Zielen, ist im Kern identisch mit ihnen und doch stets hinter ihnen zurück. Aus dieser Paradoxie, dass «das erst Hervorzubringende die Kraft, durch die es hervorgebracht wird, selbst erzeugt» (Stüttgen 1998), erklärt sich *Zeitigung:* die Wahrnehmung des Lebenslaufes als zusammenhängende *Geschichte.* Wir dürfen die so verstandenen *immanenten Ziele,* wie gesagt, nicht mit *fixierten Zielvorstellungen* verwechseln. Letztere sind gleichsam nur Ausscheidungsprodukte der primären Motivation: geronnene, durch

Fremdeinwirkungen verzerrte, auf das Gegenstandsbewusstsein reduzierte Abbilder, die – wenngleich wir sie zur Etappenorientierung brauchen – immer wieder aufgelöst werden müssen, damit sie die Bewegungs- und Gestaltungsfreiheit auf das *Eigentliche* hin nicht einengen. Im Grunde genommen ist das Wort *Ziel* irreführend. Wir bewegen uns im Geheimnisbezirk der motivierenden, inspirierenden Anwesenheit des Noch-zu-Verwirklichenden nicht wie in der räumlich-gegenständlichen Sphäre, das heißt, was uns berührt im Gewahrwerden der «wartenden Zukunftsgestalt», hat keinen Vorstellungscharakter; es lässt sich am ehesten als etwas *Erklingendes* umschreiben, so als ertönte von fern eine Musik, in der sich der Lauschende erkennt und auf die er zielstrebig zustrebt. Aus dem Erklingenden bestimmte, klar umrissene Vorsätze zu destillieren, ist dann förderlich, ja unentbehrlich, wenn sie dem Durchspielen von Möglichkeiten der provisorischen und improvisatorischen Konkretisierung dienen, hinderlich hingegen, wenn sie zu unverrückbaren Zielvorgaben erstarren, auf die das Leben gleichsam zukanalisiert wird.

Nur weil wir immer uns selbst voraus sind, können wir *lernen* und unser Dasein als Entwicklungsprozess begreifen.

Die wartende Zukunftsgestalt steht nicht in der Ferne als ein dorthin projiziertes oder dort aufgepflanztes Soll, sondern sie leuchtet ein, klingt ein, erfüllt die Gegenwart mit Ferne, manchmal mit Fern*weh*. Sie ist die Option der Freiheit: Ich folge ihr, wenn ich das tue, was *ich* wirklich bejahen kann – auch wenn es nach den Kriterien einer vordergründigen Vernunft abwegig sein sollte. Wohl muss sie sich auch in konkreten Zielvorstellungen manifestieren – wir kommen um *Strategien* letztlich nicht herum –, die Frage ist nur, von welchen Motiven wir uns leiten lassen. Eher selten sind Fälle wie Hermann Hesse, der schon mit dreizehn Jahren, gegen den Rest der Welt, den unverbrüchlichen Entschluss fasste, Dichter zu werden. Oder aber die Zukunftsgestalt weckt bildhafte Vorahnungen einst zu bereisender Erfahrungslandschaften; in manchen Biografien geschieht dies – wachträumend – frappant früh, indem schon Vier-, Fünfjährige Sequenzen ihres späteren Lebensthemas imaginieren (vgl. S. 175 ff.). Auch Bilder, gleich welcher Art, werden jedoch zu Hindernissen, wenn sie nicht in Bewegung bleiben, wenn wir nicht in sie hineingehen, in ihnen leben, sie beeinflussen und abwandeln können, wie es der unvergessliche Straßenmaler Bert in den Mary-Poppins-Büchern konnte.

*

Wir haben alle anderen pädagogischen Absichten zurückzustellen gegenüber der einen, entscheidenden: dem Kind zu helfen, dass es – in der verwirrenden Vielfalt der Optionen, Animationen, Faszinationen, gegenüber den tatsächlichen oder vermeintlichen Forderungen der Realität – seine *eigenen* Interessen und Neigungen entdecke und zur Entfaltung bringe in stetiger, lebendiger, spielerischer, gestalterischer Erprobung an der Wirklichkeit. Unsere Aufmerksamkeit sollte den kindlichen «Hingaben» gelten, von denen Hillman (1986/1988) spricht als von den Vorzeichen der «Berufung» (davon wird im Weiteren noch ausführlich die Rede sein). Der Stern, der voranleuchtet, übt keine Diktatur aus. Deshalb mag eine Herzens-Hingabe, wie etwa die von Teilhard de Chardin (siehe S. 176), zwar zuweilen obsessiv anmuten, wirkt jedoch weder süchtig noch selbsquälerisch zwanghaft. Dem *Klang* zu folgen heißt nicht, das Leben einem Automatismus zu unterwerfen. Die klare, aber niemals knechtende Aufforderung aus dem Geheimnisbezirk lautet: «Sei dir selbst treu! Werde, der du bist! Tu, was *du* willst!» Karl Jaspers schrieb: «Das Entscheidende kommt aus der Zukunft entgegen. (Es ist) wesentlich unberechenbar, (und) als zweckhaft gewollt (wird es) gerade gestört oder zerstört. – Daher die geringe Bedeutung der Schlagworte von Erziehungszielen.»

*

Erziehung ist Elementarkunde der Lebensgestaltung in einer noch fremden und doch seltsam vertrauten Welt. Das Kind ist in diese Welt gerufen worden und hat vergessen, warum. Der *Erinnerungsprozess* an die «eigenen Ziele» ist, wie wir gesehen haben, kein intellektueller Vorgang, sondern eine Art seelisches In-die-Ferne-Lauschen. Das Vernommene drängt nicht danach, Vorstellungsbild zu werden, sondern es will *zum Ausdruck kommen.* Die Betonung liegt auf *Gestaltung.* Mit allen Sinnen hinausspürend, hinausfragend, erlebt das Kind, dass es *Beziehung aufnehmen* und *mitwirken, mitgestalten* kann. Diese Entdeckung ist ein großer Jubel in der Seele. Sie bekräftigt gewissermaßen den Entschluss des Zur-Welt-Kommens. Wie ein Leuchtfeuer, dann wieder wie eine dunkle Wolke der Zurückweisung erleben die Umstehenden das plötzlich ansprechende und ansprechbare «Ich». Der Sucher ist erwacht, der *seinem* Stern folgen will. Nun erlebt das Kind auf einer Bewusstseinsebene, die sich als selbsterkennendes Fühlen charakterisieren lässt, dass ihm «der Geist innewohnt, der schöpferisch tätig ist … und bewirken kann, was ihm nie vorgegeben wurde», wie es Elisabeth Lukas (1998) sehr schön ausdrückt. Es spürt in sich eine Energie, einen Wärmestrom, den man, Martin Buber folgend (vgl. oben), als «Urhe-

72

bertrieb» bezeichnen kann, als Drang, etwas in die Sichtbarkeit zu bringen, was noch nie zuvor jemand sah. (An niederträchtigen Taten hat sich die Welt bis zum Erbrechen sattgesehen; sie sind nicht schöpferisch, sondern folgen den immer gleichen stupiden Mustern. Deshalb sind schöpferische Taten niemals niederträchtig. Man erkennt sie daran, dass sie die Monotonie der Destruktivität aufbrechen. Jede von ihnen ist erst- und einmalig, geboren aus der Hoffnung, dass der Mensch dem Menschen etwas Unersetzliches bedeuten könne. Hier ist das Kleinste oft das Größte. Diesbezüglich hat Buber seine Entdeckung nicht zuende gedacht. Bei ihm erscheint der Urheber- bzw. Kreativitätstrieb als ethisch vakanter Willensrohstoff. Ich halte dagegen, dass er per se die moralisch intuitierte – das Gute anstrebende – Willensqualität ist, das heißt, je mehr von ihr in eine Handlung einfließt, desto weniger wird diese zum Nachteil Anderer ausschlagen. Eine *freie* Intention kann keine destruktive sein. Zerstörungslust ist entstellte Sehnsucht.)

*

«Einübung von Kenntnissen und Fertigkeiten ist noch nicht Bildung» (Jaspers). Das Kind bildet sich im Wesentlichen selbst. Dabei ist es unsere Aufgabe, ihm als kundige Begleiter im Prozess des Sich-Einlebens zur Seite zu stehen – mit hoher Aufmerksamkeit auf die Bedürfnisse, Fragen, Neigungen und Anlagen, die es mitbringt. Dabei sind vor allem zwei Bedingungen zu erfüllen: Kinder brauchen geschützte Erlebnis- und Gestaltungsfreiräume; und sie brauchen Menschen, von denen sie *wahrgenommen* und *bestärkt* werden in ihrem ureigenen Wesensausdruck. Das ist der pädagogische Auftrag. Wir verfehlen ihn, indem wir die Kinder quasi einem Herstellungsprozess unterziehen wollen. Schon im 18. Jahrhundert warnte Georg Christoph Lichtenberg: «Wenn unseren Pädagogen die Absicht gelingt, ich meine, wenn sie es dahin bringen können, dass sich die Kinder ganz unter ihrem Einfluss bilden, so werden wir keinen einzigen recht großen Mann mehr bekommen.» Nicht zufällig klingen die Worte *machen* und *Macht* ähnlich. In unseren pädagogischen Institutionen lebt, notdürftig maskiert, der Geist des Absolutismus fort. Unsere pädagogische Rede gleicht der Rede von Diktatoren. (Man achte einmal auf die Sprachgewohnheiten!) Aber «die Aufgabe der Umgebung ist nicht, das Kind zu formen, sondern ihm zu erlauben, sich zu offenbaren» (Maria Montessori).

Was unter *Bildung* als «biografisch konkretisierbare Perspektive» und «Antithese zum Sozialisationsbegriff» (Bittner 1996) zu verstehen sei, lässt sich schwer definieren und wird entsprechend kontrovers diskutiert. «Nicht Wissenschaft, nicht Information, nicht die Kommunikationsgesellschaft, nicht die moralische Aufrüstung, nicht der Ordnungsstaat» sind maßgeblich, stellt von Hentig (1996) fest. Aber was dann? Moritz (1996) hat aus seiner zwischen Waldorfpädagogik und existenzanalytischem Erziehungsverständnis vermittelnden Position eine, wie ich meine, sehr anregende Formulierung gewonnen: Bildung ist «Selbstwerdung in der Bewährung am Anspruch und Aufruf des mit mir in Beziehung tretenden Du». In der Tat taugen die besten Konzepte und Methoden nichts, wenn sie beziehungslos exekutiert werden. Menze (1970) weist auf die Unmöglichkeit von «Patentlösungen» für allgemeine Bildung hin. Zugleich verteidigt er den tradierten Bildungsbegriff der Aufklärung gegen unsachliche Kritiker, die «den Anspruch des Humanismus bis in sein Gegenteil verkehren», um dann ihre Fälschung als Original auszugeben und an den Pranger zu stellen. Der genannte Anspruch schließt von je her die Forderung ein, dass Bildung die individuelle Persönlichkeitsentfaltung gegen Fremdbestimmung und Anpassungszwänge zu sichern habe. Die unbeschädigte Substanz des humanistischen Erziehungs- bzw. Bildungsverständnisses ist die Achtung vor dem sich selbst entwerfenden Subjekt, dessen *Würde* sich in der Einzigartigkeit und Unverwechselbarkeit seiner geistigen Gestalt manifestiert. Davon ist *kein* menschliches Wesen – ganz gleich, in welcher Verfassung es sich befindet – auszunehmen (dies habe ich im Hinblick auf behinderte Kinder unter anderem in dem unter Anm. 28 angegebenen Essay begründet). «Das Ziel des Lebens ist Selbstentwicklung. Das eigene Wesen völlig zur Entfaltung zu bringen, ist unsere Bestimmung» (Oscar Wilde). Dies versteht nur richtig, wer bedenkt, dass sich Individuation *nicht* in der selbstbezogenen Einkapselung ereignet, sondern urphänomenal dadurch, dass wir *einander wahrnehmen.* Die Entwicklung eines über den banalen Egoismus hinausragenden Selbstbewusstseins hängt von der Fähigkeit und Bereitschaft ab, sich anderen Menschen mit echter innerer Anteilnahme zuzuwenden (vgl. zu diesem Thema mein Buch *Vom Ursprung der Sehnsucht* sowie Lévinas 1988/1995). Der oft behauptete Grundwiderspruch zwischen Individuation und sozialer Kompetenz – was ja nichts anderes heißt als *Liebefähigkeit* – existiert nicht. Überhaupt stiftet die irrtümliche Gleichsetzung von Individualität und Ego fürchterliche Verwirrung.

Selbstverwirklichung als vornehmstes Bildungsziel – die Idee ist keineswegs überholt. Sie muss vielmehr rehabilitiert werden, oder besser gesagt: für die intellektuellen Ansprüche der heutigen Zeit neu gefasst und spirituell vertieft werden. Nur so kann sich die pädagogische Wissenschaft aus der erdrückenden Umarmung der Biologie befreien und zu ihren ureigenen Aufgaben zurückkehren.

Aber wer spricht noch von *Bildung?* Heute dreht sich alles um *Ausbildung.* Ein kleiner Unterschied mit großen Folgen. Schon in den Vorschuljahren soll nach dem Willen vieler Experten gezielt mit der *Ausbildung* der Kinder begonnen werden. Man wird *ausgebildet,* um Kompetenzen zu erwerben, Leistungen zu erbringen, für spezielle Anforderungen tauglich zu sein. Die Seele lässt sich nicht ausbilden. Sie erweist sich, ganz im Gegenteil, als Haupthindernis für effiziente Ausbildungsstrategien. Der *subjektive Störfaktor* müsste unschädlich gemacht werden – Legionen von Therapeuten lassen sich dafür einspannen –, um die Forderungen des Geistes der Maschine optimal zu erfüllen, nämlich «höchstgelernte Arbeiter im Dienst von Zwecken» (Jaspers) zu rekrutieren und den Rest – die weniger gut Funktionierenden – irgendwie ruhigzustellen, damit sie der Allgemeinheit nicht zur Last fallen. Wer solche Bemerkungen für Schwarzmalerei hält, dem sei empfohlen, sich mit den vorherrschenden Trends in der aktuellen Bildungsdebatte bekannt zu machen und daraufhin sein Urteil noch einmal zu überprüfen.

An die Stelle des unerledigt liegengelassenen Bildungsideals ist das – wie man so sagt – «pragmatische» Ausbildungsprinzip getreten. Es kann nur funktionieren unter der Voraussetzung einer weitgehenden Uniformität der Entwicklungsverläufe (stattdessen treten immer mehr Kinder auf, die sich in kein Schema pressen lassen; daher die Katastrophenstimmung im Erziehungssektor!) und ist natürlich in Wahrheit nicht pragmatisch, sondern hochgradig ideologisch, genauer: von bestimmten wirtschaftssoziologischen Vorstellungen geprägt, denen zufolge die Daseinsberechtigung des *Kulturellen* – mithin der Bildung – einzig davon abhängt, ob es sich als Schubkraft für ökonomische Leistungs- und Gewinnmaximierung bewährt. Das Ausbildungsprinzip des zur Handelsware herabgestuften, veräußerlichten Wissens und Könnens – wie es Lyotard (1986) sinngemäß ausdrückt – zielt unverhohlen darauf, den Menschen als nützlichen, das heißt *funktionstüchtigen* Bestandteil in den Apparat einzugliedern, ihn zu *verplanen.* Es steht für Anpassung, Konditionierung, Vergesellschaftung der Individualität, «Maschinisierung des Subjekts» (Pongratz 1986). Gegen diesen Ungeist, insoweit er an den Orten der pädagogischen Begegnung atmosphärisch anwesend ist und die Umgangsformen prägt, setzen sich immer mehr Kinder instinktiv – man müsste genauer sagen: naiv-intuitiv – zur Wehr. Hier liegen, ich habe es oft erläutert, die tieferen Gründe für die epidemische Ausbreitung so genannter Verhaltensstörungen. (Den Hinweis auf die Symbolträchtigkeit der verräterischen Silbe «Aus-» vor der «Bildung» verdanke ich Marianne Gronemeyer; siehe auch das folgende Kapitel.)

Man muss die Erscheinungsformen des manipulativen und interventionistischen, Menschen verplanenden Erziehungsprinzips durchschauen lernen, auch wenn der Wolf im Schafspelz einer Verantwortungsethik daherkommt, die vorgeblich immer nur das Beste für die Kinder will: sie zu erfolgreichen, leistungsstarken, angesehenen Mitgliedern der Gesellschaft formen. Lassen wir uns doch nicht ins Bockshorn jagen: Was gibt den Ausschlag, dass jemand ja zu seinem Leben sagen kann, Krisen, Niederlagen und Entbehrungen eingeschlossen? Nach meiner Erfahrung sind diejenigen, die es können, auffallend oft *keine* Erfolgsmenschen. Eher bescheiden in ihren materiellen Ansprüchen und souverän desinteressiert an gesellschaftlichen Rangordnungen, haben sie sich einen eigenen Interessen- und Beziehungskosmos geschaffen, den sie nicht als Gefängnis von Abhängigkeiten erleben, sondern als gewähltes, jeden Tag neu zu bejahendes Zuständigkeits- und Gestaltungsfeld. Demgegenüber könnte jeder Seelentherapeut, unterläge er nicht der Schweigepflicht, Bücher füllen mit Geschichten von «optimal funktionierenden», erfolgsverwöhnten Menschen, mit denen keiner tauschen wollte, dem ein Blick hinter die Kulissen gestattet wäre. Viele von ihnen sind arme Tröpfe, die unter permanenter, nagender Angst leiden, ohne Alkohol oder Tabletten nicht mehr auskommen, sich nutzlos und leer fühlen und ihre tolle Karriere im Grunde genommen verfluchen. Kurzum: Es sagt überhaupt nichts über die Lebensqualität aus, ob jemand in der Hierarchie der Eitelkeiten weiter oben oder unten rangiert.

Die trügerischen Erziehungsideale nisten sich, wie es Rudolf Steiner auszudrücken pflegte, in unseren «Denk- und Empfindungsgewohnheiten» ein. Reflexartig urteilen und handeln wir – vor allem in schwierigen Situationen – unter dem Einfluss jenes «pragmatischen» Verständnisses von kindlicher Entwicklung, das die Individualität zur Nebensache herabstuft und eine funktionelle Norm zum Maß aller Dinge erhebt. Deshalb ist es so eminent wichtig, dass wir uns als Eltern, Erzieher, Lehrer und Therapeuten über unsere Motive Rechenschaft ablegen. Sind wir darauf aus, die Kinder für den «Apparat» zu konditionieren? Das ist die Falle! Oder ist es uns ernst damit, dass wir in erster Linie ermutigende Hilfe im Prozess der Selbstentfaltung leisten wollen, auch wenn das, wofür wir geistige Hebammendienste leisten, in der heutigen Welt gering bewertet wird, keinen Platz an den vollen Trögen garantiert, vielleicht sogar auf eine komplizierte, strapaziöse, außenseiterische Biografie hinausläuft? Den letztgenannten Standpunkt einzunehmen, ist natürlich nur möglich, wenn man sich so weit von den herrschenden Denkgewohnheiten emanzipiert hat, dass man *Individuation* als lebendigen Begriff zu erfassen vermag. Solange wir nicht fähig sind, den Begriff mit Leben zu füllen, das heißt ihn selbst hervorzubringen, bleibt er eine leere Hülse, eine kraft- und folgenlose Metapher. Dieses Buch ist eine Einladung, den Individuationsbegriff mit Leben zu füllen.

*

Pädagoge heißt übersetzt *Führer des Kindes,* nicht etwa Ausbilder, Trainer oder Designer des Kindes. Reinigen wir den Begriff des *Führens* von negativen Assoziationen, die mit seiner eigentlichen Bedeutung nichts zu tun haben, bezeichnet er eine dienende Aufgabe. Der *Führer* – Scout, Späher, Kundschafter, Wächter – hat denen, die er führen soll, etwas Entscheidendes voraus: die Ortskenntnis. Er ist beauftragt, ihnen aufgrund dieses Privilegs unnötige Irrwege und Strapazen zu ersparen. Insofern erbringt er eine Dienstleistung. Man erkennt den guten Führer daran, dass er keine eigenen Absichten verfolgt. Er will die ihm Anvertrauten sicher geleiten, sonst nichts. Gewiss ist er ermächtigt, ja sogar verpflichtet, in kritischen Situationen beherzt einzugreifen, Warnungen auszusprechen, Hindernisse aus dem Weg zu räumen und so weiter; doch über Sinn und Ziel der Expedition hat er nicht mitzureden. Sein größtes Interesse besteht darin, sich entbehrlich zu machen. Er ist umso kompetenter, je besser er es versteht, Kompetenzen zu übertragen. Deshalb wird er alles daran setzen, das Abhängigkeitsverhältnis in ein Kooperationsverhältnis umzuwandeln, Eigenverantwortung und Eigenmotivation der Schutzbefohlenen zu stärken, sie möglichst umfassend und praxisbezogen mit den Verhältnissen vertraut zu machen. Der *Führungs*auf-trag beinhaltet einen *Bildungs*auftrag, dessen Hauptziel es ist, den Spielraum für autonomes Handeln zu erweitern.

Das *Ausbildungs*prinzip beruht, wie man es auch dreht und wendet, auf dem Gedanken der planmäßigen Beeinflussung, also der Manipulation. Wir wollen *etwas aus den Kindern machen.* Demgegenüber «geschieht Bildung», wie schon J. G. Fichte wusste, «durch Selbsttätigkeit und zielt auf Selbsttätigkeit ab». Nach Carl Jakob Burckhard besteht sie «nicht darin, dass man vieles weiß, sondern dass man vieles liebt».[24] Wer *liebt* – wen oder was auch immer –, hat freilich einen Tribut zu entrichten. Er setzt sich dem Kummer aus. Je weiter und tiefer wir mit den Augen der Liebe sehen, desto größer wird zuweilen unsere Bestürzung sein. Weltliebe schließt das Leiden an und mit der Welt ein, zumindest als Möglichkeit. Dann hängt alles davon ab, ob uns jenes Grundvertrauen in die Gestaltungskraft des begütigenden Willens zugewachsen ist, von die die Rede war (siehe im Kapitel «Im Angesicht von Kindern», S. 39).

Der individualistische Bildungsbegriff, wie er bei Fichte und Burckhard anklingt, ist aktueller denn je. Seine Aktualität besteht darin, dass er, statt auf «Erfahren und Gebrauchen» – so charakterisiert Buber (1997) die Beziehungslosigkeit des faktiven Weltverhältnisses – auf Freiheit und Liebe, also auf Entfaltung der schöpferischen Kräfte abhebt.[25] Dieses pädagogische Leitmotiv gehört zu den großen uneingelösten Versprechen der Neuzeit. Der Kreativitätsbegriff bleibt ein erziehungswissenschaftlicher Schlüsselbegriff, auch wenn er durch pausenlosen Missbrauch in Verruf geraten ist. Wir brauchen freilich – ich sage es wieder und wieder – eine gehörige Portion Skepsis gegenüber dem heutigen Trend zur Idealisierung eines sorgenfreien, genussvollen und bequemen Lebens, der immer groteskere Züge annimmt. Ich bin durchaus der Meinung, dass zwischen der Vergötzung des «Wellness»-Prinzips und der vielbeschworenen Erziehungsmisere ein direkter Zusammenhang besteht. Die Zielvorstellung einer sorglos dahinplätschernden, nie von Konflikten und Krisen heimgesuchten Biografie ist zutiefst unpädagogisch. Eng verschwistert mit der schwarzen Utopie des perfekt sozialisierten – also neutralisierten – Individuums, verspricht sie eine Art von Glück, das nur um den Preis der soziopathischen Erblindung für die Leidensdimension der menschlichen Existenz zu haben wäre. (Soziopathie bezeichnet eine Persönlichkeitsstörung, die mit extremer emotionaler Verarmung einhergeht.) Es ist im Grunde ganz einfach: Immunität gegen seelisches Leid wäre identisch mit Gleichgültigkeit. (Lassen wir jetzt den Weisen, der schon jenseits aller irdischen Belange ist, einmal beiseite.) Gleichgültigkeit ist jedoch das schlimmste aller Leiden. Der Gleichgültige ist ein lebender Toter. Auch wenn er ständig vor sich hin grinst und aller Welt versichert, wie total easy alles sei. Das Lernziel Kreativität – ich darf diese Kurzformel benutzen, nachdem ich in anderen Schriften gründlich dargestellt habe, was ich unter Kreativität verstehe – stellt also keine Leidensfreiheit in Aussicht, aber dafür einen relativen Schutz gegen das schlimmste aller Leiden. Auch bietet es, um ein weiteres trügerisches Ideal aus dem Wege zu räumen, keine Gewähr für charakterliche Tadellosigkeit bzw. krisenfeste Tugendhaftigkeit. Jeder Einzelne muss selbst herausfinden, welche Risiken er im Leben eingehen, welchen Strapazen er sich aussetzen, welchen Idealen er folgen will, oder auch nicht. Pädagogische Gestaltungen, die «zur Welt verlocken» (Bittner 1996), sind die beste vorbeugende Arznei gegen Gleichgültigkeit, Opportunismus und

Fantasieverarmung. Aber ein intensives Leben wird immer ein intensives Leben bleiben, ein Parzivalsweg mitten hindurch.

Deshalb geht es auch nicht so sehr um «ordentliches Benehmen», «schnelles Kapieren» und «gründliches Erledigen», die Spitzenreiter in der Rangfolge der unpädagogischen Redensarten, sondern darum, den Kindern ein Lebensgefühl zu vermitteln, das sich in die Sätze kleiden lässt: «Ich bin *zuständig* für die Welt. Was mir begegnet, ruft mich, braucht mich, fordert mich. Man kann in jeder Situation etwas Sinnvolles tun.» Lernen bedeutet nicht, Informationen zu speichern und Regeln zu verinnerlichen. Lernen bedeutet Sich-Befreunden. Und Sich-Befreunden bedeutet Zuständigsein, Konflikte eingeschlossen. Wenn es ein allgemeines Erziehungsziel gibt, dann würde ich es als Förderung eines *beziehungsintensiven Weltverhältnisses* charakterisieren. Dieses bietet nicht nur keine Garantie gegen charakterliche Gefährdungen, sondern birgt sogar ein spezifisches Gefahrenpotenzial. Es kann z.B. in notorisches Querulantentum, Unbescheidenheit oder autoritäre Anmaßung umschlagen. *Bildung,* die den Namen verdient, ist nun einmal Anstiftung zur engagierten, gegebenenfalls auch *leidenschaftlichen* Teilnahme am Weltgeschehen. (Nur vor diesem Hintergrund kann sich in reiferen Jahren ein ‹positiver Fatalismus› im Sinne von Schicksalsvertrauen einstellen. Aus dem gesunden *Zorn* der Jugend wird im Alter die Kraft, ruhige, segnende Gelassenheit auszustrahlen.) Deshalb stellt *Bildung* weder die Weichen für ein allzeit angenehmes Leben, noch kann es ihr angelegen sein, unkomplizierte, moralisch unanfechtbare Charaktere zu konzipieren. Sie hat ihr Optimum erreicht, wenn interessierte, teilnahmsvolle Persönlichkeiten aus ihr hervorgehen, für die es eine Selbstverständlichkeit ist, sich einzumischen, etwas bewegen zu wollen. Dass solche Persönlichkeiten in der Regel eher zu den unbequemen gehören, ist kein Gegenargument. Mag sein, sie nehmen es mit den Anstandsregeln nicht gar so genau. Es fällt ihnen schwer, den Dingen einfach ihren unwürdigen Lauf zu lassen und dies auch noch höflich zu kommentieren. Vor allem in jungen Jahren neigen sie dazu, sich aufzureiben, unter der Begrenztheit ihrer Einflussmöglichkeiten zu leiden, gesellschaftliche Unvollkommenheiten zu verdammen, menschliche Schwächen – auch ihre eigenen – zu verachten, in Groll zu verfallen. Dass der «schöpferische Mensch», wie ihn z.B. Erich Neumann (1995) recht treffend psychologisch charakterisierte, häufig als schwieriger Zeitgenosse erlebt wird, liegt auf der Hand. Wer die zweifelhafte Zufluchtsstätte der Gleichgültigkeit nicht kennt, ist überaus verletzlich. Es gibt keine seelische Stärke, die nicht von einem komplementären Aspekt der Schwäche immer wieder angefochten würde. Jeder kämpft seinen einsamen Kampf. Jeder wird mit seinem Schatten konfrontiert. Dagegen vermag die beste Erziehung nichts. Und das ist gut so.

Wenn es darum ginge, allzeit ausgeglichene, angepasste, untadelige, mit sich und der Welt zufriedene Menschen in Serie herzustellen, dann müsste man die Methoden der subtilen seelischen Einschläferung und Uniformierung des Geistes perfektionieren. Das hat allerdings mit *Pädagogik* nichts zu tun. Gewiss, wir sehnen uns nach Idyllen. Wer wollte sich da ausnehmen! Wir haben sogar ein Anrecht auf unsere Idyllen, seien sie auch trügerisch. Nur muss man eben wissen: Ungetrübtes Glück ist ein Gnadengeschenk für seltene, kostbare Stunden. Wer es abonnieren will, muss sich auf herbe Enttäuschungen gefasst machen. Im Übrigen: Wie arm, wie grau, wie gespenstisch ereignislos wäre die Welt, sollte die Erziehung eines Tages tatsächlich die Macht besitzen, das *existenzielle Drama,* welches gerade die Unverwechselbarkeit der Individualitäten und die größten schöpferischen Leistungen verbürgt, präventiv abzuwenden! Wie recht haben die jungen Leute, wenn sie, zugeschüttet von wohlmeinenden Belehrungen und Warnungen, ausrufen: «Ich will, ich *muss* meine eigenen Erfahrungen sammeln!» Wer das Tal der Traurigkeit nie durchschritten hat, dem bleibt der Aufstieg zu den Gipfeln der Freude verwehrt. Wer nie unter Einsamkeit litt, kann das Glück der Zusammengehörigkeit nicht ermessen. Nur wer das Scheitern kennt, vermag die Gnade des Gelingens zu würdigen. Was bedeutet schon das «Gute» für den, der von den Verlockungen des Bösen keine Ahnung hat?

Was die pädagogische Zielvorstellung der Formung zum «edlen», zeitgemäßer ausgedrückt, zum moralisch gefestigten Charakter betrifft, sollten wir bedenken, dass wohl keine andere Angelegenheit so radikal in die Freiheit des Einzelnen gestellt ist wie seine ethische Orientierung. Alle Welt redet ja von Moralerziehung. Aber muss nicht jeder selbst herausfinden, was gut und was böse ist? Der freie Geist – ein Erziehungsideal? – schüttelt die autoritative Moral ab und begibt sich auf die Suche nach dem autonomen Gewissen (vgl. S. 158 ff.), jener rätselhaften Instanz, die sich nicht *nachweisen* lässt, weil sie sich bildet, während man sie sucht. Niemand kann mir die Entscheidung abnehmen, wie ich mich in der Ambivalenz zwischen den Faszinosa des Dunklen und des Lichten entscheiden will – mit einer Einschränkung: Es gibt *Vorbilder.* Und die zeichnen sich eben gerade dadurch aus, dass sie es *nicht* auf moralische Unterweisung abgesehen haben, sondern ein unaufdringliches Beispiel geben durch das, was sie *sind.* Völlig unsinnig ist es jedoch, moralische Integrität pädagogisch *planen* und *installieren zu wollen.*

Blicke ich auf mein Leben zurück, besteht kein Zweifel, dass für meine ethischen Grundsatzentscheidungen nicht ein einziger in meiner Kindheit vernommener Imperativ maßgeblich war. Immer hörte ich: Man darf nicht stehlen. Von meinen Eltern und Verwandten hörte ich es, in der Schule hörte ich es, und die vielen Kinderbücher, die ich verschlang, bestätigten das Tabu. Nie vertrat mir gegenüber irgendjemand die Meinung, Diebstahl sei akzeptabel. Dennoch begann ich eines Tages genau dies in Erwägung zu ziehen. Als ich zwölf war, überkam mich die Lust zum Stehlen, und ich probierte es aus. Nachdem ich jedoch zwei-, dreimal überführt worden war, verließ mich der Mut. Keine Rede von grundsätzlichen moralischen Bedenken! Ich hegte Bewunderung für Meisterdiebe, doch fehlte mir ihre Geschicklichkeit und Kühnheit. Offensichtlich war es *klüger,* nicht zu stehlen. Im Halbbewussten, möchte ich sagen, spielte sich freilich noch etwas anderes ab, was ich erst viel später begriff und worauf ich gleich zurückkomme. – Zeitweise beschlich mich in der Pubertät sogar der Verdacht, dass ich fähig wäre, jemanden zu ermorden und danach ohne Gewissensbisse weiterzuleben. Und dies, nachdem ich unter der Obhut der ausnahmslos moralisch untadeligen Menschen aufgewachsen war! Ich erinnere mich, dass mir während der Konfirmationszeit manchmal durch den Kopf ging, ob es nicht angebracht wäre, etwas sehr Verwerfliches zu tun, um dem Pfarrer zu zeigen, was ich von seinem unsäglichen Katechismus hielt. Aber ich hielt mich zurück und beschränkte mich auf bissige Diskussionsbeiträge. Warum? Vordergründig, wie gesagt, entsprangen meine Entscheidungen für den ‹rechten Weg› eher einem realistischen Kalkül denn einer moralischen Grundüberzeugung. Die Gefahr, erwischt zu werden, war angesichts der zu erwartenden Folgen einfach zu groß.

Ich fand es durchaus ärgerlich, einsehen zu müssen, dass ich nie und nimmer die nötige Kaltblütigkeit besitzen würde, um beispielsweise eine Bank auszurauben. Aber war das schon alles? Sind diejenigen, die sich im Großen und Ganzen an den Konsens der Legalität halten, letztlich nur feige? Ab dem 15., 16. Lebensjahr erlebte ich einen radikalen inneren Umbruch. Aus dem eher ängstlichen Buben wurde ein Jüngling mit einem gefährlichen Überschuss an Mut. Ich durchlebte eine Phase, in der ich mich nicht einmal vor dem Teufel gefürchtet hätte. Aus purer Neugier verkehrte ich in kriminellen Kreisen, ließ mich aber seltsamerweise nie dazu verführen mitzumachen, wenn sie wieder einmal ein Ding drehten. Ich gehörte nicht zu ihnen, das war klar. Aber ich interessierte mich brennend für sie. (Böse Menschen waren das meiner Meinung nach nicht, nur entwurzelte Menschen; so sehe ich es auch heute noch.) Die Feigheit stand mir nun nicht mehr im Wege, und sittliche Maximen waren mir immer noch gleichgültig. Der ‹innere Anarchist›, der in mir erwacht war, verabscheute Ge- und Verbote zutiefst. Aber es gab da einen merkwürdigen Umstand: Ich fühlte mich, schlicht gesagt, am wohlsten, am meisten mit mir selber einverstanden, wenn ich mich fair gegenüber meinen Mitmenschen verhielt. Wer oder was schützte und führte mich?

Ich könnte die Erwachsenen beim Namen nennen, die mich in den Kindheits- und Jugendjahren durch ihre unaufdringliche, vorbildhafte Präsenz so tief überzeugten, dass ich mich geschämt hätte, an ihnen – oder besser gesagt: an den Eindrücken von Menschlichkeit, die ich ihnen verdankte – Verrat zu üben. Sie waren beileibe keine Heiligen. Aber ihr stetiges Bemühen um eine geistig unabhängige, unkonventionelle, gerechte, tolerante, auch zur Empörung fähige, bei alledem faire und gütige Lebenseinstellung imponierte mir gewaltig und beeinflusste mein Leitbild von Charakterstärke viel nachhaltiger, als es die Moralprediger, die Halbweltler, mit denen ich verkehrte, und die geckenhaften, kraftmeierischen Idole, die sich ja auch damals schon via Medien aufdrängten, je vermochten. Wie so viele Jugendliche musste auch ich, um diese Vorbilder, zu denen ich zunächst unbewusst aufgeschaut hatte – meine Eltern gehörten dazu –, schließlich *bewusst zu wählen,* durch eine Phase der ethischen Unentschiedenheit hindurch; denn ich konnte den Blick nur freibekommen für meine *eigene* Entscheidung, indem ich den Ballast der *übernommenen* sittlichen Imperative abwarf.

*

Man qualifiziert sich für Bildungs- und Erziehungsaufgaben nur ganz am Rande durch den Erwerb theoretischer Kenntnissse und die Einübung pädagogischer Kunstgriffe. Wenn wir erst einmal begriffen haben, dass es weder unsere Aufgabe noch unser Recht ist, irgendetwas «aus den Kindern zu machen», ihnen dies oder das einzutrichtern, uns auf ihre Kosten als Menschenformer zu profilieren, alle möglichen Methoden an ihnen zu exekutieren, dann werden wir auf uns selbst zurückgeworfen, und es dämmert uns die zunächst ein wenig erschreckende, dann aber – in rechtem Licht betrachtet – erlösende Erkenntnis, dass es im Umgang mit Kindern am wenigsten darauf ankommt, was wir äußerlich vollführen, sondern (fast) alles davon abhängt, wer wir *sind,* wofür wir glühen, wie wir denken und handeln, wohin wir strebend. Inwiefern «erlösend»? Man begreift, dass man sich als Erzieher nicht selbst zu verleugnen braucht, dass es keineswegs darum geht, in einer falsch verstandenen altruistischen Askese zu verharren, den Kindern zuliebe die eigene Entwicklung gleichsam auf Eis zu legen. Das Gegenteil ist richtig: Wir sind dann gute Erzieher, wenn wir uns jeden Tag neu auf den Weg machen: zu uns selbst. Der untadelige, fehlerlose Pädagoge auf dem Sockel ist für Kinder eine wenig vertrauenerweckende Gestalt. Das liegt daran, dass sein Gestus eine Lüge ist. Niemand kann ehrlicherweise für sich in Anspruch nehmen, untadelig und fehlerlos zu sein. Es geht, wenn ich das einmal so lapidar sagen darf, um die innere Bewegungsrichtung auf eine Qualität hin, die man *Herzlichkeit* nennt. Und dazu gehört Bescheidenheit.

Das kindliche Bedürfnis nach *Bildung* – dies sei auch an die Adresse der Schulen gesagt – ist ein Bedürfnis nach gemeinsamer Erforschung der *lebendigen* Welt in einer Atmosphäre herzlich-freundschaftlicher Verbundenheit. *Lust am Lernen* kann nicht entstehen in pragmatisch-zielorientierten, auf starre Formen und Vorschriften festgelegten Wissensvermittlungsanstalten. Es ist aber eine Tragödie, wenn es nicht gelingt, Lust am Lernen zu entzünden. Eine deutliche Mehrheit der deutschen Schüler gibt – Umfragen zufolge – an, der Unterricht sei größtenteils langweilig. Das ist der eigentliche Skandal. Wenn wir im Erziehungssektor noch ein paar Jahre so fortfahren wie bisher, wird sich das kindliche Bedürfnis nach Bildung im oben beschriebenen Sinn zunehmend auf andere Art und Weise Bahn brechen, auf die die Institutionen schon jetzt keine Antwort mehr wissen. Die Kollision zwischen lernbegierigen Kindern – gerade die versagenden sind oft die lernbegierigsten! – und unkindgemäßen Ausbildungsstätten wird immer mehr so genannte Verhaltensauffälligkeiten, Motivationsdefizite, Aufmerksamkeitsstörungen, Schulphobien etc. hervorrufen. «Der Mensch ... kann nicht *nicht* lernen», bemerkt Gronemeyer, alle Kinder, so fährt sie fort, wollen «sich auf ... eigensinnige Weise bilden», aber sie wollen nicht gegen ihren Eigensinn «gebildet werden».

Herunter vom hohen Pädagogen-Ross!

«Von Bildung (ist) immer weniger die Rede, sondern nur noch von Ausbildung, (und) das bedeutet das ‹Aus› für die Bildung» (Gronemeyer 1999). Die zur Ausbildung verkommene Bildung, fügt die Autorin hinzu, muss sich das Kind «verpassen lassen». Sie findet nicht als *Lebensschule* statt, sondern muss nach strengen Regularien (Trainingsprogrammen eben) «veranstaltet werden» für Individuen, in denen man «lernbedürftige Mängelwesen» sieht. In der gesamtgesellschaftlichen Fitness-Center-Atmosphäre, die sich in den letzten 20 Jahren über den Atlantik herübergeschlichen hat,[26] wird über Pädagogik zunehmend im Tonfall der Sportnachrichten diskutiert. *Die kids fit machen für Beruf und Karriere!* Dementsprechend verstehen sich Schulen, ja bereits Kindergärten als eine Art Mental- und Psychotrainings-anstalten, nicht jedoch als freie Werk- und Begegnungsstätten, in denen Kinder unter erfahrener Führung die Welt und sich selbst erkunden könnten. Gibt es überhaupt noch Alternativen? Sind nicht auch diejenigen, die mit echten pädagogischen Ambitionen angetreten waren, so stark den Forderungen des Zeitgeistes unterworfen, dass ihnen gar nichts anderes übrig bleibt, als sich wie Gehirnfitness-Trainer aufzuführen? Wie frei sind freie Schulen, die ja doch staatlich diktierte Leistungsnachweise fordern müssen? Am Ende sind die Schüler dann – je nachdem, wie gut sie den Lernstoff gespeichert haben und auf Abruf wiedergeben können – nach Prüfungsergebnissen sortiert: Winner, ewige Zweite, Mittelmäßige, Loser. Zwar hat sich längst herumgesprochen, dass kreative, erfindungsreiche Persönlichkeiten sehr oft auf eine Schulzeit voller Frust und Niederlagen zurückblicken, also in der Leistungsbilanz zu den Mittelmäßigen oder Losern gehörten, eben weil das intellektuelle Input-output-Prinzip dem freiheitsdurstigen Geist oft früh schon ein Gräuel ist. Für verschiedene, von der IQ-Norm abweichende Begabungsprofile, wie sie z.B. Gardner (1985) oder Largo (1999) beschreiben – etwa als «figural-räumliche Kompetenz», «musikalische Kompetenz», «soziale Kompetenz», «motorisch-kinästhetische Kompetenz» –, sind die heutigen Unterrichtsformen nicht nur ausnahmslos ungeeignet, sondern katastrophal. Man weiß längst um diese Dinge, zieht jedoch keine Konsequenzen daraus. Und wir müssen uns durchaus fragen, wie viel genialisches Potenzial von Jahrzehnt zu Jahrzehnt auf der Strecke bleibt, weil sich die betroffenen jungen Menschen einerseits aus ihrem Innersten heraus gegen das Trainingsprinzip sträuben und andererseits nicht mit dem Loser-Stigma fertigwerden. Wenn es wahr ist, dass Pädagogen – Eltern, Erzieher, Lehrer – keinen *Ausbildungs-* Auftrag haben, also nicht berufen sind, aus den Kindern nach «geheimen Absichten und Drahtziehereien» (Gronemeyer) irgendetwas zu «machen» – wie müssten sie ihre Rolle dann verstehen?

Zuerst muss das Gerede aufhören, wir seien bestellt, Kindern «zur Menschwerdung zu verhelfen». Als ob wir es nicht mit Menschen, sondern mit menschlich veranlagten Rohmassen oder Bausätzen zu tun hätten! «Erzieher wollen mit anderen immer etwas machen», schreibt der in der Lehrerbildung tätige Soziologe und Erziehungswissenschaftler Otmar Preuss (2000), aber «Menschen sind durch Erziehen, Belehren oder Bilden nicht besser, beispielsweise von ihren Egoismen geheilt worden.»

Die spezifische pädagogische Misere, vor der wir heute stehen, gründet, so Gronemeyer, in der irrigen Vorstellung, Kinder müssten – methodisch! – «zu ihrem menschlichen Wesen *emporentwickelt* werden».[27] Dabei geriet in Vergessenheit, «dass Menschen als lernende Wesen, die sie nun einmal sind, in tätigem Weltumgang das ihnen Gemäße und ganz und gar Eigene lernen auf die ihnen eigene Weise».

Ich gebrauche das Bild vom Pädagogen als Scout, als Pfadfinder. Vom hohen Ross des Emporziehers herab lassen sich keine Pfade finden. Einer meiner Freunde, ein Waldorflehrer, pflegt zu sagen: «Wir müssen auf die Knie! Erst dann können wir Erzieher sein!» Scouts sind nicht nur passionierte Fußgänger, sie knien auch oft. Um abgeknickte Grashälmchen zu prüfen. Um verwischte Fußspuren zu lesen. Ihre Wachsamkeit, ihre «Andacht zum Kleinen» (Steiner, GA 317) kann für das Gelingen der Expedition von entscheidender Bedeutung sein. Aber sie sind nicht die Expeditionsleiter. Wir müssen lernen, «Pädagogik als Begleitung …, (als) ein Miteinander» aufzufassen, und das ist nur möglich, wenn wir die «vordergründig nützlich-funktionale Betrachtungsweise» überwinden (Preuss a.a.O.).

Zum Verweilen

Wir brauchen «eine vollkommen neue Sicht der Dinge, um ‹Störungen› in der Kindheit zu betrachten … eine Psychologie der Kindheit, (die) die angeborene Einzigartigkeit bestätigt. – Ich ziehe es vor, … den Begriff ‹krankhaft› gegen ‹ungewöhnlich› einzutauschen und das Ungewöhnliche zu dem Maßstab zu machen, an dem unser gewöhnliches Leben gemessen wird.»

James Hillman

«In der Stille reift das goldene Ei»: Berufenheit und Genius

Ein neugeborenes Kind ist ein Wesen ohne Herkunft. Als bloßes Resultat der biologischen Fortpflanzungsfunktion, geistig-seelisch gestalt- und richtungslos, wird es gleichsam ins Leben gespieen: eine Rohmasse mit spezifischer molekularer Zusammensetzung, an der sich die Umgebung zu schaffen macht, bis allmählich ein biografisches Zufallsmuster entsteht, aus dem irgendwie die Illusion von Identität hervorspringt. Auf diesen ergreifend schlichten Standpunkt hat sich die naturwissenschaftliche Anthropologie in der vermeintlichen Blüte ihrer Geschichte zurückgezogen. Mehr weiß sie über Ursprung und Wesen des Menschen nicht zu sagen. Nun bräuchte man sich über die Geistlosigkeit der herrschenden Wissenschaft nicht weiter aufzuregen – wer so denken will, soll es tun, könnte man sagen –, wenn sie keine Auswirkungen auf das Leben hätte. Sie hat aber Auswirkungen auf das Leben! So ist unter ihrem Einfluss das pädagogische Denken und damit auch die pädagogische Praxis in ein verheerendes Fahrwasser geraten. Preuss (2000) sieht für «Schule und Lehrersein» nur eine Chance, wenn wir begreifen, dass es «um das Aufgeben der reduktionistischen, machtorientierten Menschenbilder (geht), die bisher die Arbeit von Menschen mit Menschen bestimmt haben». Walter Korinek, Schulrektor und Autor des Buches *Schulprofil im Wandel* (2000), beklagt in der Fachzeitschrift *Schulmanagement* (4/2000), dass

man Lernprozesse «analog einem kybernetischen Regelmecha-
nismus» definiert und didaktisch «im Paradigma des Mechanismus» stecken bleibt. «Die Hauptaufgabe des Pädagogen» bestehe
jedoch «in der Gestaltung einer Atmosphäre, in der sich das
Kind entfalten kann, … in der ‹Modellierung von Lernwelten›
im Rahmen einer subjektiven Didaktik.» Korinek resümiert –
Bezug nehmend auf mein Buch *«Schwierige» Kinder gibt es nicht*
–, der «bewertende, defizit-orientierte Blick» müsse überwunden
werden zugunsten des «werterkennenden Blickes», der sich ohne
jede Absicht auf die kindlichen Gebärden der «Selbsterschaf-
fung, der Autopoiese» richte, um diese zu bekräftigen. Dies alles
läuft darauf hinaus, dass die Pädagogik aus der Umklammerung
einerseits des technokratischen, andererseits des biologistischen
Denkens befreit werden muss. Es geht darum, Zugänge zu einer
Weisheit vom Kinde, einer *Pädosophie,* zu eröffnen. Und dies setzt
zu allererst voraus, dass das oben skizzierte klägliche Bild – genau
genommen ist es ein Un-Bild, eine bildlose intellektuelle Be-
helfskonstruktion – des Zur-Welt-Kommens korrigiert wird.

Die neue kindheitswissenschaftliche Prämisse, die man
zumindest als Arbeitshypothese wird gelten lassen müssen, um
aus der pädagogischen Sackgasse herauszufinden – und deren
ungeahntes innovatives Potenzial sich erst zeigt, wenn man eine
gute Weile mit ihr lebt und arbeitet –, lässt sich in aller Einfachheit wie folgt umreißen:

Die Kinder tragen eine tiefe Gewissheit in sich, warum sie
gekommen sind, wohin sie wollen, was sie vorhaben, welche
Schwierigkeiten ihnen bevorstehen.

Jedes einzelne Kind trägt diese Gewissheit in sich.

Es ist ein träumendes Gewahrsein, ein *Gespür,* das ihnen die
Richtung weist, Angst oder Ungeduld (oder beides) in ihnen

auslöst und sie unter Umständen zu heftiger Gegenwehr veranlasst, wenn das, was wir – die «Ausbilder» – von ihnen erwarten, in Widerspruch gerät zu dem, was sie als ihr *ganz und gar Eigenes* empfinden.

Nennen wir das aus der Zukunft lockende, vielleicht gebieterisch rufende Ureigene, dasjenige also, was man als *Berufenheit* oder *biografischen Richtungsimpuls* erfahren kann – wenn man nur bereit ist, entsprechende Erfahrungen zuzulassen – mit James Hillman (1998) den individuellen *Genius*.

Verwechseln wir das, was der *Genius* will, nicht mit den im Medienzeitalter besonders ausgeprägten Träumen von gesellschaftlichem Aufstieg, Karriere, Ansehen, Rang und Namen. Wenn ich im Folgenden öfter Berühmtheiten erwähne, so nur deshalb, weil sich an ihren Biografien einige Phänomene exemplarisch nachzeichnen lassen.

Der Genius ist an eine höhere Weisheit angeschlossen.

Er komponiert das lebendige Bild seines Werdens – dasjenige, was man manchmal etwas unscharf als Schicksalsabsichten bezeichnet – aus Elementen, die einer Sphäre entnommen sind, in der ferne Zukunft und ferne Vergangenheiten ineinander weben.

Er hütet das geheime Wissen, dass das diesmalige Leben nur «ein Ausschnitt aus einem viel, viel größeren Gesamtgeschehen ist, ein Kapitel in einem … lange Zeiträume umspannenden ‹biografischen Epos›».[28]

«In der Stille reift das goldene Ei, der Samen für das nächste Leben in der Frucht dieses Lebens» (Artaud 1991).

In dem Maße, in dem das an die Sinneswelt gebundene Bewusstsein mit der Region des Überbewussten zu kommunizieren beginnt, aus der heraus der Genius seine Impulse sendet, wächst die Bereitschaft und das Vermögen, mit dem Gedanken der *wiederholten Erdenleben* umzugehen. Oder anders gesagt: Das Geheimnis des Genius zu fassen, ist sozusagen das imaginative Vorpraktikum, um sich auf die Reinkarnationsidee in der rechten Weise einzustimmen und ihr gewachsen zu sein. Man ist ihr, nebenbei bemerkt, nicht gewachsen, wenn man sich im unverwandelten Alltagsbewusstsein *eine simple Vorstellung von ihr macht.*[29]

Der *Genius* ist also – ich wiederhole es der Wichtigkeit halber – kein Karrierist. Seine Impulse *können* solche sein, dass der betreffende Mensch mit dem, was er leistet, Aufsehen erregt. Aber das nimmt der Genius nicht wichtig. Das Ego nimmt es wichtig. Wir dürfen uns aber den Genius nicht wie eine Art aufgeblähtes Ego vorstellen. Das Gegenteil ist richtig. Aufblähung des Ego bedeutet Zurückdrängung des Genius.

Was der Einzelne als seine schicksalhafte Berufung empfindet, braucht nicht im vordergründigen Sinne welterschütternd zu sein. Unsere gewöhnlichen Maßstäbe für wichtig und unwichtig sind ohnehin fragwürdig. Ich habe in den rund zehn Jahren meines Lebens, in denen ich mich mit Hilfsarbeiterjobs über Wasser hielt, viele Menschen kennen gelernt, die, obwohl sie alles andere als beschränkt waren, so genannten minderqualifizierten Tätigkeiten nachgingen und dies mit solcher Sorgfalt und Freude taten, dass man spürte: Sie standen an einem Platz, an dem sie sich nicht unterfordert, sondern ganz in ihrem Element fühlten. Die Frage der Entlohnung und der *Arbeitsbedingungen* steht auf einem anderen Blatt;[30] ich spreche jetzt von den Tätigkeiten als solchen. Michael Ende hat dieses Phänomen wunderbar ins Bild gesetzt mit der Figur des Beppo Straßenkehrer in *Momo.*

Anderen hingegen merkte ich sofort an, dass sie sich verirrt hatten. Der einzige Grund, warum sie ihren Job nicht hinschmissen, war die Angst vor Arbeitslosigkeit. Ansonsten träumten sie von einer Chance, zu neuen Ufern aufzubrechen. Es ist tragisch, wenn sich in solchen Fällen keine Gelegenheit zur Neuorientierung bietet oder der Mut fehlt, entsprechende Gelegenheiten zu ergreifen. Ein mit spirituellen Gesichtspunkten vertrauter und (unbedingt!) erfahrener Biografieberater kann hier die Rolle des Stellvertreters oder Anwalts der «höheren Führung» des Ratsuchenden übernehmen, der die Signale seines Genius nicht mehr zu identifizieren vermag oder angstvoll unterdrückt.[31] Es gibt Fälle, in denen man einem Menschen Mut machen kann und muss, *auf sich selbst zu hören* – auch wenn es mit Risiken oder Unannehmlichkeiten verbunden ist. Andererseits besteht kein Zweifel daran, dass individuelle Lebensgestaltung aus innerer Wahrhaftigkeit heute vielfach durch gesellschaftliche Bedingungen vereitelt wird, an denen die beste Beratung scheitert; die Folgen sind Depressionen, Angsterkrankungen, Sucht, Kriminalität. Man würde sich wundern über die Flexibilität, Talentiertheit und (Um-)Lernfähigkeit vieler immer im gleichen Trott vor sich hin lebender und arbeitender Menschen, wenn man ihnen nur die entsprechenden Möglichkeiten böte.

Ich kenne einen sehr klugen Mann, der Lehrer geworden war und in Ausübung dieses Berufes von Krise zu Krise taumelte, nicht weil ihm die Schüler das Leben zur Hölle gemacht hätten (er strahlte jene unangemaßte Autorität aus, die man sich bei Lehrern wünscht), sondern weil ihn das Gefühl nicht losließ, er müsse etwas ganz anderes tun. Eines Tages fasste er Mut und gestand, dass er schon von Jugend an den heimlichen Wunsch hegte, *Hausmeister* zu sein. Wie andere davon träumen, eine glänzende Karriere zu machen, war sein Traum – Hausmeister! Ich bewunderte ihn dafür. Denn es gibt nicht mehr viele Menschen, die genug Größe haben, um den Suggestionen von Aufstieg, Prestige, Geldverdienen und so weiter zu widerstehen.

Also suchte und fand er eine Hausmeisterstelle, und nun plagte ihn jene seltsame Gewissensstimme nicht mehr (vorläufig; Jahre später schlug er wiederum einen ganz anderen Weg ein). Das Ego hatte ihm lange eingeflüstert: Du bist ja verrückt ... das ist ein *Abstieg!* Ein anderer Impuls gewann die Oberhand: Tu, was *du* willst!

Ähnliche Fälle, die ich erlebt habe, waren: ein Jurist mit glänzenden Perspektiven, der sein Glück erst beim Bedienen, Kochen und Mitorganisieren in einer kleinen Kulturgastronomie fand; ein erfolgreicher Geschäftsmann, der seine Bilderbuchkarriere aus freien Stücken abbrach, um einen bescheidenen Naturkostladen zu eröffnen; ein Nuklearphysiker, der sich zunächst ein Jahr Bedenkzeit nahm und mit einem alten VW-Bus auf Weltreise ging, um dann seine akademische Karriere definitiv zu beenden; er wurde Gärtner. Ich könnte noch manche Geschichte dieser Art erzählen.

Kürzlich berichtete ein Fernsehmagazin von einer engagierten Hauptschullehrerin, die es sich zur Aufgabe gemacht hat, Schülerinnen mit miserablen Abgangszeugnissen Lehrstellen zu verschaffen, indem sie sich persönlich für sie verbürgt. Diese Kinder seien oftmals sehr praktisch begabt, zuverlässig und fleißig, erklärte sie. Ein Junge, der durch ihre Vermittlung in einer Bäckerei unterkam, wurde interviewt. «Ich werde ihr *ewig dankbar* sein», erklärte er. «Ohne sie hätte ich meinen *Traumberuf* nicht ergreifen können.» Sprach er von «Traumberuf» und «ewiger

Dankbarkeit», weil er sich vor der Kamera zu großen Worten veranlasst fühlte? Oder weil er spürt, dass sein *Genius* einverstanden ist? Man mache sich klar: Nur die couragierte Lehrerin verhinderte, dass ihm die schlechten Noten in Mathematik, Englisch oder Deutsch seinen «Traumberuf» verbauten! Anderenfalls wäre die Gefahr einer dissozialen Verirrung rapide gestiegen; denn wer schon in jungen Jahren den Eindruck haben muss, zum Ausschuss der Konkurrenzgesellschaft zu gehören, und alle Chancen auf einen Platz im Leben, zu dem der *Genius* ja sagen kann, schwinden sieht, gerät begreiflicherweise in große innere Not. Ein *Aufschrei der verzweifelten Tat* kann davon künden, dass der betreffende Mensch von dem dunklen, quälenden Gefühl befallen wird, er sei zum Verrat an sich selbst, an seinem *Genius* gezwungen. Dann fordert das kleine Ego blindlings – in Unklarheit über seine eigenen Motive – die Rechte des höheren Ich ein, und diese Mischung kann destruktive Energien freisetzen. – Wie wäre es, nebenbei bemerkt, wenn die Jugendgerichtsbarkeit und forensische Jugendpsychiatrie von diesen Zusammenhängen Kenntnis nehmen würden? Dann hätte die schwammige Resozialisierungsidee plötzlich Hand und Fuß. Man würde in vielen Fällen erkennen: Der Delinquent sah keinen anderen Ausweg mehr, als sich in die Lage des sozialen Störfaktors zu bringen, weil er aller Gestaltungsmöglichkeiten beraubt zu werden drohte. Das Gefühl, dass er für eine Zäsur sorgen und seinem Leben eine Wendung geben müsse, war übermächtig geworden, aber er sah keinen *konstruktiven* Ansatzpunkt. Häufig sind Jugendstraftaten Ausdruck eines Flehens im Zustand der biografischen Bewegungsunfähigkeit: «Gebt mir die Chance, von vorn zu beginnen, mich wieder auf den Weg zu machen …!»

Wäre der junge Mann, der glücklicherweise und mit tatkräftiger Hilfe doch noch seinen Traumberuf Bäcker ergreifen konnte, abgerutscht, wie man so sagt, hätte – da bin ich sicher – die auf den Plan tretende psychologische Fachkompetenz keinen Gedanken an den *Genius,* oder wie immer man das Phänomen nennen will, verschwendet, sondern sich zielstrebig auf die Suche nach den unverdaulichen Brocken in der Familien- bzw. Milieusuppe begeben. Emotional unterversorgt oder überversorgt, durch Ehekonflikte verunsichert, mütterlicherseits neurotisiert, vom überdominanten Vater eingeschüchtert, durch chronische Abwesenheit des Vaters der entscheidenden Identifikationsfigur beraubt ... – dergleichen Erklärungen (auf die ich noch näher zu sprechen komme) sind zwar nicht prinzipiell von der Hand zu weisen, aber ihr inflationärer Gebrauch sollte nachdenklich stimmen. Man täte jedenfalls gut daran, sie nicht in die betreffenden Fälle *hineinzutragen.* Aufgrund ihres Mangels an Präzision und ihrer nahezu beliebigen Auslegbarkeit treffen sie irgendwie *immer* zu, wenn es der Untersucher unbedingt will. Ich fürchte jedoch, sie werden oftmals einfach an den Haaren herbeigezogen. Im Übrigen besteht kein Zweifel, dass die Ära zu Ende geht, in der sich die Psychologie auf der bequemen Überzeugung ausruhen konnte, seelische Krisen und soziale Entgleisungen seien prinzipiell erziehungs- und milieubedingt, im Familiensystem begründet und so weiter. Viel häufiger, als man annimmt, handelt es sich hierbei nur um Verlegenheitserklärungen.

Das Elend der Be-Schulung

«Oft richten die Forderungen der Berufung ... Verwüstung in anständigen und ordentlichen Lebensumständen an», konstatiert Hillman (1998) trocken, zum Beispiel an ordentlichen Schulen, wo man unbeirrt die Kinder mit gleichmacherischen Lehrplänen langweilt, obwohl es doch inzwischen fast unmöglich ist, die Augen davor zu verschließen, dass sich die extreme Differenzierung individueller Entwicklungsverläufe mit starren Altersgruppennormen nicht mehr verträgt. Ganz davon abgesehen, dass angesichts der vermauerten, durchorganisierten, Passivität und Langeweile erzwingenden Lebenswelt der «kasernierte» (Gronemeyer) Lernbetrieb alten Stils *pädagogisch* nicht mehr gerechtfertigt ist, denn um Gegengewichte zur gleichermaßen abstumpfenden wie verwirrenden Normalität zu setzen, um also ihren zeitnotwendigen *Erziehungsauftrag* zu erfüllen, müssten Schulen in offene Kultur- und Begegnungszentren umgewandelt werden; in Kreativ- und Experimentier-, Sinneserfahrungs- und Gesprächswerkstätten, kooperierend mit Jugendfarmen oder vergleichbaren Projekten; sie müssten sich gleichsam als Heimathäfen verstehen, von denen aus Erlebnis- und Studienreisen unternommen werden und zu denen man immer wieder zurückkehrt, um das unterwegs Erlebte zu besprechen und gemeinsam zu verarbeiten.[32]

Natürlich gibt es hoffnungsvolle Ansätze. Rudolf Steiner z.B.

hat, seiner Zeit weit voraus, schon Anfang des Jahrhunderts im Waldorflehrplan entsprechende Akzente gesetzt. Aber die Dominanz der herkömmlichen Unterrichtsschule ist im Prinzip ungebrochen. Sie wird wider besseres pädagogisches Wissen bildungspolitisch zementiert – eine Folge der «Indienstnahme des Bildungswesens durch die Ökonomie», wie Gronemeyer (1999) ganz richtig sagt –, und kaum irgendwo sind Lehrerkollegien engagiert genug, um die (zugegeben: geringen) Gestaltungsspielräume im Rahmen des Vorgegebenen auszureizen. Dabei zielt auch die moderate erziehungswissenschaftliche Kritik – die nicht so weit geht wie Gronemeyer mit ihrer «Déformation professionelle»-Diagnose (1996) – heute in Richtung Erlebnisschule. «Es geht ... um den Gedanken der Lernwerkstatt, um Handlungsorientierung, Selbstständigkeit ..., Gesprächsfähigkeit, ... Spiel und Muße .... (und dies) setzt eine andere Lehrerbildung und eine gewandelte Arbeitsplatzbeschreibung für Lehrer voraus ..., einen ganz neuen Lehrertypus» (Struck 1997). «Die Umstände», so Gronemeyer (1999), «in denen ... sich (die Kinder heute) aufhalten müssen, (stehen) ihnen so absolut fertig und unverrückbar gegenüber..., dass sie sich jeder Gestaltung durch sie widersetzen». Soll diese Obermacht des Gegebenen, Unveränderlichen, Unbeeinflussbaren in der Schule besiegelt werden durch jahrelanges, tägliches Verabreichen fertiger Lerninhalte und stures Wiederholen hunderttausendmal durchexerzierter Übungsrituale? Man braucht Schulen nicht abzuschaffen, wie es der streitbare Ivan Illich in den siebziger Jahren forderte[33] und auch heute wieder manchmal geunkt wird, aber es ist Zeit, «die Schule neu (zu) denken» (von Hentig 1993).

An den Genius kann auch in der Gemeinsamkeit geführten Lernens appelliert werden – ja im Prinzip gibt es gar kein gedeihlicheres Umfeld für ihn –, jedoch nur in Gestaltungs- und Erlebnisräumen, «die Imagination beflügeln» und «gemeinsam erst erschaffen werden» (Gronemeyer 1999). Das ist der Kernpunkt unserer Seitenblicke auf die Schulmisere: Wenn wir die Kindheitsidee als Idee einer schicksalsführenden Berufung ernstlich verfolgen wollen, drängt sich die Frage auf, ob wir diesem Anspruch, der ja, wenn überhaupt, nur ganz am Rande thematisiert wird, in der pädagogischen Realität gerecht werden. Sind die Orte der Begegnung zwischen Kindheitswelt und Erwachsenenwelt so gestaltet, dass sie, um noch einmal mit Lévinas zu sprechen, Ich-Ereignung «aus dem Jenseits der Entwürfe» begrüßen, ja, ich möchte sagen: feiern? Oder sind sie so gestaltet, dass das schöpferische «Sich-von-innen-Erfassen» durch sie gestört wird oder nur noch *gegen* sie möglich ist – sei es in still erduldendem, konsequent verweigerndem oder offen aufrührerischem Protest?

Der «Urhebertrieb», auf den Buber aufmerksam macht, braucht Anregungen, Angebote, Freiheiten für urheberische Selbstentfaltung, keine *Veranstaltungs-,* sondern *Gestaltungsräume.* Es geht letztlich darum, das Vertrauen in die Gestaltbarkeit des Daseins zu wecken und zu stärken. Die Kinder haben ein Anrecht darauf, das individuelle Hineinwachsen in den Weltzusammenhang begreifen zu lernen als einen skulpturalen Prozess – und nicht als einen Eingliederungs-Prozess, wie man heute so oft und gerne sagt.

Heimatlosigkeit

«Der menschliche Wille lebt nicht mehr mit Sinn hier auf der Erde», stellte Rudolf Steiner angesichts der schon damals sich abzeichnenden Automatisierung und Mechanisierung aller Lebensbereiche fest (GA 296). Die so genannte westliche Wertegemeinschaft befindet sich an der Jahrtausendschwelle in einer kulturgeschichtlichen Extremsituation (Turbokapitalismus), in der die Geister der Maschine und des Geldes nahezu unangefochten regieren; dass «Geister» hier ganz wörtlich zu nehmen ist, hat Rudolf Steiner häufig betont und begründet (vgl. Kalisch 1998 und Linde 1998). Ich beklage nicht, sondern stelle nur fest, dass es keinen Rekurs auf ehedem sinngebende Traditionen und Konventionen, religiöse Orientierungen, ständische oder völkische Identifikationsmöglichkeiten geben wird. Sie bedeuten nichts mehr, und wer sie in den alten Formen wiederbeleben will, setzt nicht nur auf eine unwiederbringlich verlorene Sache, sondern begibt sich auch auf gefährliches Terrain, denn Nostalgie als Sinnersatz hat bekanntlich eine heftige Tendenz zum Fanatismus. Wo noch Ahnengalerien existieren, sind es tote Porträtsammlungen. Wer interessiert sich für Stammbäume? Nicht einmal die aktuelle Familienzugehörigkeit kann irgendeinen Beitrag leisten zu der großen Frage, der niemand entkommt: Wer bin ich? – Auch die modischen Bestrebungen, Sinn und Würde des menschlichen Daseins wiederum aus der Sippenzugehörigkeit bzw. aus den Blutsbanden zu definieren, können nichts daran ändern, dass wir schon mitten darin stehen in einer Zeit, in der es keine existenziellen Fundamente mehr gibt außer denen, die wir (in) uns selbst schaffen. Dies kann «Morgenröte» (Nietzsche) bedeuten: den «Aufgang des selbstbewussten Willens, welcher sich im Sonnenglanze der freien Person vollendet», wie es Max Stirner, ein großer (verkannter) Visionär des Individualismus und der individualistischen Erziehung, seiner Zeit weit vorausgreifend, schon im 19. Jahrhundert formulierte; es kann aber auch zur epidemischen Ausbreitung von Angst- und Schwermutserkrankungen führen.

Das Zünglein an der Waage wird die Erziehung sein. Sie muss es als ihre Aufgabe be- und ergreifen, in dieser ziellos vorwärtsjagenden, alle herkömmlichen sozialen Bindungen zerfetzenden Zeit zu einer neuen, ermutigenden Erzählung anzusetzen, die mit den Worten beginnt: *Jeder Mensch ist ein Künstler.* Jeder Mensch entwirft sich in die Welt – und entwirft in sich die Welt – aus dem individuellen gestaltenden Grund. Mag es auch paradox klingen: Erziehung muss Wege zeigen, wie gerade die existenzielle Vereinsamung eine unerhörte, nie dagewesene Chance bietet, ganz aus sich selbst heraus die sinngebenden Motive zu schöpfen: in der tätigen Hinwendung zum Du, zuletzt zur *Welt als Du.* Nichts anderes ist Joseph Beuys' «Soziale Plastik»: Welt als Du; Leben als Teilnahme am großen Beziehungsgestaltungswerk. Und dies wiederum verlangt, «der Tyrannei des Exakten zu widerstehen» und «die Kunst als Quelle der Pädagogik» in Kraft zu setzen (Hitsch u.a. 1995).

Zum Verweilen

«Danach frägt man immer wieder und wieder:
Was setzt sich fort, wenn der Mensch stirbt?
Danach aber frägt man wenig: Was setzt sich fort,
wenn der Mensch geboren wird?
Das ist eines der Elemente, die in der
Lehrerbildung ... aufgenommen werden
müssen: hinzuschauen auf den vorgeburtlichen
Menschen (und) zu empfinden ... das Rätsel
der Geburt.»

Rudolf Steiner

Jäger, Poet und Tröster:
unzeitgemäße Begabungstypen

Das Kind gestaltet sich in die Welt hinein.
Das Kind gestaltet Welt in sich hinein.
Wo die eine Gebärde in die andre umschlägt,
am Atemwendepunkt,
ereignet sich
Ich.

«Wir müssen ganz anders fühlen und empfinden (lernen) mit dem kindlich heranwachsenden Menschen» (Steiner, GA 296).

Wir brauchen eine, ich möchte sagen, poetisch-meditative Sprache, die solch ganz anderem Fühlen und Empfinden entspricht. Poesie und Wissenschaft sind auf diesem Gebiete voneinander abhängig. Sie sind – man wird wieder darauf kommen! – überall voneinander abhängig, aber ganz besonders hier.

Das kindliche Seelenwesen ist weder begreifbar noch beschreibbar ohne Poesie.

Die Verbannung des poetischen Sprechens aus dem kindheitswissenschaftlichen Diskurs hat diesen in seine tiefste Krise gestürzt.

Für die nächsten Jahrzehnte besteht die Gefahr, dass das geistige «Phlegma (der) materialistischen Weltauffassung» sich viel stärker noch als im 20. Jahrhundert auswächst zu einer «ungeheuren Gleichgültigkeit … bei dem Erziehenden gegenüber den eigentlichen intimeren Seelenregungen des zu erziehenden Menschen» (Steiner, GA 308). Andererseits besteht die Chance, dass gerade aus der pädagogischen Not eine neue Wärmequalität des Denkens geboren wird: ein exaktes Imaginieren, zu dem sich Herzens- und Verstandeskräfte in gegenseitiger Befruchtung steigern können.[34]

Wir leben in einer Übergangszeit. Während der Geist der Maschine und des Mammons (High-Tech und Big Business als letzte salonfähige Utopien) eine Dynastie von unabsehbarer Dauer zu begründen scheint, regt sich an vielen Orten ein anderer, wärmerer, offenerer, in gewisser Hinsicht kindhafter Pioniergeist, kindhaft deshalb, weil, wie Jean Piaget sagte, Kindheit «die schöpferische Phase par excellence» ist, was im Umkehrschluss heißt, dass überall dort, wo sich eine künstlerische Weltauffassung gegen die materialistischen Denk- und Handlungszwänge erhebt, das KIND anwesend ist. Wie Gewisper im Hintergrund ist der lebendige Geist überall vernehmbar, nicht aufdringlich, nicht lärmend, aber wahrnehmbar für jeden, der ihn sucht. Eckhard Schiffer (1997) spricht von der Entdeckung der «spielerischen Intelligenz». Schon C. G. Jung warnte vor einer Degeneration der Intellektualität, die eintreten werde, wenn sich das Denken nicht mit einer «Lebenstätigkeit» erfülle, «welche den Keimen der seelischen Entwicklung zum Durchbruch verhilft». Es ist nicht neu, wird aber in der sich zuspitzenden spirituellen Orientierungskrise wie eine Neuheit (wieder-)entdeckt, dass «der Blick für das ‹Schöne› dem ‹guten› Handeln vorausgehen» muss und dies nur geschehen kann, wenn wir «aus den Mauern unserer Selbstsicherheit und Starre heraus ... ins Offene» treten und bereit sind, «das bisher Selbstverständliche ... in Frage zu stellen» (Esser und Kothen 1998). Apropos *Blick für das Schöne:* Damit ist nicht das im banalen Sinne ästhetisch Erbauliche gemeint. Ich habe in meinem Buch *Jugend im Zwiespalt* (im Kapitel «Vom Urvertrauen in die Schönheit») einiges über den Zusammenhang von Schönheit und *Heilung* ausgeführt. Wie die Begriffe schön und hässlich für gewöhnlich angewandt werden, «verliert alle Bedeutung», schrieb Rudolf Steiner, wenn man sie aus dem «Sinnessein» heraushebt und als rein geistig-seelische Phänomene auffasst. «Schön» sei dann die Gebärde des Sich-Mitteilens in «rückhaltloser Aufrichtigkeit», die vollständige Unmaskiertheit sozusagen – worin wiederum das Kindheitsmotiv anklingt (GA 16).

Die Krise zu bagatellisieren und mit Zweckoptimismus zu übertünchen, wie es die Illustrierte STERN (52/99) wieder vorgeführt hat in Form einer unerträglich verniedlichenden Jugendstudie – «Realistisch, nüchtern und voller Vertrauen» sähen die meisten Kids der Zukunft entgegen, und das ganze Panikgeschrei über die so genannte mediale Überflutung sei «barer Unsinn» –, dient niemandem. Freilich sind auch die ermutigenden Zeichen unübersehbar. Die geistige Welt schickt Hilfe. Was heißt «geistige Welt»? Man kann sich darüber von Rudolf Steiner belehren lassen – und ‹weiß› es nach zwanzig Jahren GA-Lektüre und daran anknüpfenden eigenen Bemühungen wahrscheinlich immer noch nicht. Es gibt jedoch, von der Kindheitsfrage her betrachtet, verschiedene Wege der Annäherung. Einer davon kommt hier in Betracht. «Geistige Welt» wird fühlbar und in ersten Umrissen gedanklich fassbar, wenn wir uns wieder und wieder in das großartige Bild vertiefen – dazu freilich muss die innere Bereitschaft und Entschlossenheit vorhanden sein –, dass die Menschheitsevolution nur deshalb im Sinne einer Höherentwicklung voranschreiten kann, weil Stunde für Stunde, Tag für Tag, Jahr für Jahr, von Generation zu Generation, Kinderseelen herabkommen, die die Impulse in sich tragen, heilend, auflichtend in den von degenerativen Kräften[35] bedrohten Zivilisationsprozess hineinzuwirken, vor allem dann, wenn die bedrohenden Kräfte sozusagen eine Generaloffensive starten, wie wir es gegenwärtig erleben (vgl. hierzu Rudolf Steiner, GA 193, insbesondere den 9. und 10. Vortrag). Natürlich unterliegen wir alle der Gefahr, dass sich die in diesem Sinne aufzufassenden Kindheitskräfte im Laufe des Lebens verzerren, verbrauchen, dass sie zugeschüttet werden; aber wenn ein Mensch die Erde betritt, strömt «Kindheitskraft (als) Ewigkeitskraft» herein, als «das die Ewigkeit der Menschenseele rettende Prinzip» (Steiner, GA 150).

Das ist nicht irgendwie unverbindlich-rührselig zu verstehen. Es bringt uns nicht weiter, davon zu schwärmen, wie ergreifend unschuldig die Kleinen doch seien, und die unsinnige Idealvorstellung zu kultivieren, alle Menschen müssten so bleiben oder wieder so werden. Vielmehr handelt es sich, viel konkreter, darum, dass mit jedem Kinde ein individualisierter (!), sich auf bestimmte Aufgaben vorbereitender Gestaltungswille zur Welt kommt, den wir, da er im unvergifteten Zustand – als Urheber-, Gebe- und Verständigungs-Drang – radikal auf *das Gute* gerichtet ist,[36] ruhig als Heiler-Willen bezeichnen dürfen. Ergreifend unschuldig sind die Kinder nur bedingt. Natürlich berührt uns ihre Arglosigkeit und Unverstelltheit jenseits von Taktik, Tarnung, Berechnung und Gebotsmoral. Aber sie bringen – die einen mehr, die anderen weniger – auch etwas mit über die Schwelle, was, durch ihre Augen sprechend, davon kündet, dass sie durch einen großen Ernst hindurchgegangen sind und durchaus um die existenzielle Tragik und um die dunklen Dinge, die auf der Erde vorgehen, wissen; das ist in der heutigen Zeit deutlicher denn je.

Nimmt man diesen Blickwinkel ein, vollzieht sich ein Gesinnungswandel, dahingehend, dass man den Kindern – namentlich in Hinsicht auf die ungewöhnlichen Wesenszüge und Verhaltensweisen, die sie mitbringen – einen, wenn ich so sagen darf, Vertrauensvorschuss gibt. Man betrachtet viele Ungewöhnlichkeiten nicht mehr als Defizite oder Fehlentwicklungen – zur Zeit groß in Mode: funktionelle Fehlschaltungen bzw. Fehlbahnungen –, sondern beginnt ihren Appellationscharakter zu verstehen und wertet sie als Zeichen des allmählichen Sich-Hervorarbeitens neuer Begabungsstrukturen, die freilich, indem sie mit überkommenen Urteilsgewohnheiten und Erwartungshaltungen kollidieren, zunächst noch aufschreckend, irritierend, deplatziert wirken. Wir werden uns daran gewöhnen und darauf einstellen müssen.

Die geistige Welt schickt Hilfe in Gestalt von Kindern, die anders sind und in deren Anderssein wir die Botschaft vernehmen müssen; die Aufforderung der Engel zur Zusammenarbeit (ich komme noch darauf zurück). Die so genannten schwierigen Kinder wollen soziale Zukunftswerkstätten stiften. Sie bringen genau die dafür erforderlichen Kompetenzen ein. Heute fällt auf, dass vor allem drei kindliche Begabungstypen – bei aller individuellen Verschiedenheit kann doch von Typen gesprochen werden – immer zahlreicher auftreten, deren zunächst wie Verhaltensstörungen anmutende Wesenseigentümlichkeiten bei genauerer Betrachtung keineswegs defizitär sind, sondern ein Licht auf die *Defizienz der Normalität* werfen:

– erstens die kleinen abenteuerlustigen Wirbelwinde und verkannten Kommunikations-Genies, die wir hyperaktiv zu nennen pflegen;

– zweitens die verträumten Poeten-Seelen mit ihrer unerhört

reichen und tiefen Innenwelt, denen wir, je nachdem, Kontaktstörungen, autistische Züge, Aufmerksamkeitsstörungen ohne Hyperaktivität etc. bescheinigen;

– drittens die zartfühlenden, tief mitleidsfähigen, fürsorglichen, Nähe suchenden, religiös gestimmten Kinder, denen wir das Etikett Angststörungen verpassen, womöglich mit vorwurfsvollem Seitenblick auf die überbehütende Mutter.

Der fachkundig voreingenommene Blick fixiert sich auf die problematischen Begleiterscheinungen der besonderen Begabung, statt vor allem diese selbst zu beachten und gebührend zu bewundern (!). Woran gebricht es uns denn heute? Welche für das soziale und kulturelle Leben unverzichtbaren Qualitäten drohen auszusterben? Welche Menschen mit welchen Fähigkeiten braucht die Zukunft?

«Hunter»-Typen (Jäger) braucht sie, wie Thom Hartmann (1993) die hyperaktiven Kinder und Erwachsenen nennt, Leute, die sich auszeichnen durch «die Bereitschaft, Risiken einzugehen … den unverbrüchlichen Glauben an die eigenen Ziele, das Ertragen von Widersprüchlichkeiten, die Bereitschaft, Hindernisse zu überwinden, den Scharfblick für Zusammenhänge» und, wie ich hinzufügen möchte (Hartmann vernachlässigt diesen Punkt, vielleicht weil er für ihn eine absolute und deshalb gar nicht erwähnungsbedürftige Selbstverständlichkeit ist), die nie nachlassende Freude, sich mitzuteilen und auszutauschen, die Neugier auf andere Menschen.

Zweitens braucht die Zeit das Genie der Poesie. Wir leben, was dies betrifft, in bitterer Armut; nicht einmal die Dichter wagen mehr zu dichten; nur wenn sie sich der plakativen, gehetzten und betont bildarmen journalistischen Schnellfeuergewehrsprache befleißigen, dürfen sie es wagen, die eine oder andere sprachkünstlerische Wendung einzuflechten, ohne befürchten zu müssen, dass die versammelte Literaturexpertenschaft aufjault. Aber das nur am Rande. Das Genie der Poesie ist ja nicht an die Dichtung gebunden. Es muss sich «in jedem Menschen sein Heil selbst schaffen», schrieb John Keats. Grillparzer charakterisierte den «Geist der Poesie» als «zusammengesetzt aus dem Tiefsinn des Philosophen und der Freude des Kindes an bunten Bildern». Wer von ihm geführt wird, ist, wen wundert's, in der heutigen Zeit ein komischer Vogel.

Drittens werden dringend Menschen benötigt, die durch ihre Einfühlsamkeit und Mitleidsfähigkeit, durch ihr zartes Wesen und ihren Drang, die Frierenden zu wärmen und die Bekümmerten zu trösten, dem «Jeder-ist-sich-selbst-der-Nächste»-Zeitgeist stillen Widerstand leisten. Das ist ein hochriskantes Unterfangen, denn wer so dünnhäutig, wie man dafür nun eben einmal sein muss, in den heutigen Zeitverhältnissen steht, macht sich ungeheuer angreifbar und wird, mehr als andere, mit der Anfechtung der Angst zu kämpfen haben (vgl. dazu mein Buch *Vom Rätsel der Angst,* dritte Auflage 2000).

Das ideale Triumvirat, um in der Welt etwas zu bewegen: Jäger, Poet und Tröster. Die drei werden gebraucht und könnten zusammen Berge versetzen. (Ich werde demnächst ein Märchen darüber schreiben. Manche kindheitswissenschaftliche Hypothesen lassen sich nicht anders ins Bild setzen.) Leider landen sie gar zu oft zwecks diagnostischer Abklärung ihrer Störungen beim Psychologen oder Therapeuten – und danach in der entsprechenden Normalisierungsmühle. Denn sie sind oft Schulversager, Eigenbrötler, Sonderlinge, Spätentwickler.

Kindliche Boten des Übergangs: unerwünscht?

Ich stelle nicht in Abrede, dass für die oben genannten Kinder das Leben in den gegebenen Verhältnissen beschwerlich ist; man kann meine diesbezüglichen pädagogischen und therapeutischen Anregungen u.a. in der Schrift *Von ängstlichen, traurigen und unruhigen Kindern* nachlesen; ein Buch speziell zum so genannten Aufmerksamkeits-Defizit-Syndrom wird in Kürze erscheinen. Aber die sekundären (!) Unverträglichkeiten können am besten gelindert werden, wenn wir sie als das betrachten, was sie sind, nämlich Komplikationen auf Nebenschauplätzen. Was in den Hintergrund gehört, kann sich freilich nicht dorthin zurückziehen, solange *wir* es ständig in den Vordergrund zerren. Deshalb treten die problematischen Seiten oftmals viel greller hervor, als es nötig wäre. Das kindliche Verhalten (sorgsam zu unterscheiden vom *Wesen)* ist in hohem Maße davon mitbestimmt, was die Erwachsenen durch ihre Fixationen evozieren. Wie soll ein hyperaktives Kind sein blitzartiges und komplexes situatives Auffassungsvermögen, seinen Erfindungsreichtum, seine in gewisser Hinsicht sehr realitätsbezogene Fantasie und seine unbändige Beziehungslust zur Geltung bringen, wenn diese Eigenschaften – im unausgereiften, noch wildwüchsigen Stadium – erstens überall als störend empfunden werden und zweitens alle Welt nur auf die unliebsamen Symptome wie Unruhe, kurze Konzentrationsspanne, Vergesslichkeit etc. starrt? Esse est percipi – Sein ist Wahrgenommenwerden. Vergessen wir das nie.

Wir können uns verwandeln, können, vom Unwesentlichen zum Wesentlichen kommend, Andere werden dadurch, dass wir die Aufmerksamkeit auf das Zukunftsweisende richten, das im Anderssein der «schwierigen» Kinder liegt. Diese Chance verspielen wir auf tragische Weise, wenn uns nichts Besseres einfällt, als ihnen mit dem psychodiagnostischen Seziermesser und allen möglichen «therapeutischen» Zumutungen einschließlich Drogen zu Leibe zu rücken! Ich wende mich selbstverständlich nicht pauschal gegen Therapie. Manche Leser meines Buches *«Schwierige» Kinder gibt es nicht* haben entsprechende Gerüchte in Umlauf gebracht. Wer aber sich einfach an das hält, was ich geschrieben habe, oder aus persönlicher Erfahrung meine Denk- und Arbeitsweise kennt, weiß, dass ich z.B. die Gefahr einer Desorientierung im basalen Sinnesfeld gerade bei den Kindern mit neuen Begabungsstrukturen sehr ernst nehme. Ich nehme überhaupt die Schwierigkeiten ernst, die daraus erwachsen, dass Kinder – namentlich diejenigen, die starke Zukunftsimpulse in sich tragen – auf die eine oder andere Art nicht recht heimisch werden in der ungastlichen Realität. Unschärfeprobleme in Bezug auf die Grundstrukturen der Selbst- und Weltwahrnehmung in Verbindung mit partiellen Willenshemmungen, Ängsten und Überforderungszuständen sind häufig zu beobachten und verlangen umsichtige nachreifende Hilfestellung. Über die Gründe habe ich oft und auch in den einleitenden Kapiteln dieses Buches gesprochen.[37] Es ist eine Binsenweisheit, dass komplexe Persönlichkeiten oft Grenzgänger sind, bei denen Kreativität und Desorientierung nahe beieinander liegen. Das gibt uns noch lange nicht das Recht, sie kurzerhand für «gestört» zu erklären und in die wahrlich unzumutbare Norm hineinzupressen. Deshalb kritisiere ich jede Form des verdeckt-aggressiven, anpassungs-fixierten, gegen störende *(uns* störende!) Symptome gerichteten, quasi-chirurgischen Vorgehens, das die besonderen Anlagen der betreffenden Kinder nicht vor der Welt und für die Welt retten, sondern ausmerzen will.

Optimistisch geschätzt: In dreißig, vierzig Jahren werden die Experten kopfschüttelnd auf die gegenwärtigen Grobschlächtig-keiten z.B. in der Einschätzung und Behandlung hyperaktiver Kinder zurückblicken. Hinter der Ausrede «Wir wussten es eben nicht besser» wird sich dann niemand verstecken können. Denn genügend warnende Stimmen erheben sich schon heute. Wer sie ignoriert, tut es mit Vorsatz.

Die Suche nach einem zeitgemäßen Zugang zur Kindheitsidee ist zugleich die Suche nach neuen Denkansätzen für das Ver-ständnis von Individuation und Sozialisation, Psychologie und Psychotherapie.[38] Die Schlüsselaufgabe liegt in der Rückbesin-nung auf den geistig-seelischen Aspekt der «anthropologischen Grundsituation» (Wisser 1997) vor dem Hintergrund des impo-nierenden verhaltensbiologischen, neurologischen etc. Fakten-wissens, über das wir heute verfügen. Letzteres zu ignorieren, wäre wiederum ganz falsch. Aber man muss gut unterscheiden zwischen Fakten und materialistisch voreingenommenen Inter-pretationen derselben. Namentlich in der Neurologie wird uns diesbezüglich ein immer heilloseres Mischmasch präsentiert.

Die Kinder, die jetzt unter uns sind und in den nächsten Jahr-zehnten unter uns sein werden, repräsentieren den krisenhaften Übergang.

Sie sind Boten des Übergangs.

Durch sie bricht Wärme als «evolutionärer Auslöser (und) kreatives Urprinzip» (Beuys) wesenhaft herein. Dies löst in erstarrten Strukturen natürlich Turbulenzen aus. So entsteht eine öffnende, nach Neugestaltung drängende Um- und Aufbruchssituation, in der es zwei prinzipielle Reaktionsmöglichkeiten gibt: Entweder man versucht krampfhaft, die Ordnung wieder herzustellen, oder man hält die vorübergehende Instabilität aus, ja begrüßt sie – und setzt sich in Bewegung.

Angst kommt freilich auch dann auf. Es ist nun einmal beunruhigend, wenn man sich nicht mehr auf gewohnte Verhaltensmuster und Urteilskriterien stützen kann. Kreativität heißt Angstverwandlung. Diese kann nur gelingen, wenn wir bereit sind, das aus der Zukunft Hereindrängende nicht weiterhin, nur weil es uns aus unserer Bequemlichkeit aufschreckt, starrsinnig zu blockieren, mit Begriffen aus dem Wörterbuch der Maschine zu beschreiben und mit unnötigem Groll zu befrachten, sondern im Gegenteil willkommen zu heißen: als erziehungskünstlerische Herausforderung.

Über die ersten Schritte des Geist-Verstehens

Jeder Mensch vernimmt den Ruf aus der Zukunft. Kinder vernehmen ihn besonders dringlich, und wir müssen als Pädagogen demgegenüber eine «antizipatorische» (Moritz 1996) Fähigkeit des Verstehens entwickeln. «Der Zögling muss in der gelassenen Offenheit des Erziehenden derart ‹an-wesen› können, dass er zum Verständnis seines eigenen Wesens gelangen kann» (Thorn 1989).

Deshalb kommen wir nicht umhin, ein wenig bei den ‹anatomischen› Merkmalen jener Kategorie des Überbewussten zu verweilen, die wir der Einfachheit halber wie eine unsichtbare Person hinter den Kulissen behandeln und Genius nennen.

Die Liebe, die dem «geliebten Menschen zur Verwirklichung dessen verhilft, was der Liebende vorwegnehmend schaut» (Viktor E. Frankl, zitiert nach Moritz a.a.O.), hat offenbar auch einen Erkenntnisaspekt. Man kann heute nicht mehr sagen: Liebe kommt von Herzen, basta. Die reife, *sehende* Liebe braucht einen Frage-Hintergrund, ein geklärtes Wahrnehmungsfeld. *Wen oder was* «vorwegnehmend zu schauen» ist uns aufgegeben, dem Kinde gegenüber, jedem geliebten Menschen gegenüber? Wie entgeht man der Gefahr, projizierte Wunschbilder mit solchem Geschauten zu verwechseln?

Ein erstes Unterscheidungskriterium ist das folgende:

Verstehen als intuitive, zukunftsempfängliche Kraft der Geistes- und Herzensgegenwart hat keinen Vorstellungs-Charakter.

Nicht indem wir uns über die Zukunft des Kindes ein Bild machen, nicht indem wir sie prognostisch vermessen, öffnen wir den Raum für ihr An-Wesen, sondern indem wir *fragend, lauschend,* mit «Andacht zum Kleinen» (Steiner) *zugegen sind.*

Das aus Seelenuntergründen sich an die Oberfläche arbeitende *ganz und gar Eigene* des Kindes kann, wenn man einen entsprechenden Übungsweg[39] geht, wie eine leise Hintergrundmelodie vernommen, aber nicht wie etwas Fertiges, Vorentschiedenes registriert werden.

Die Melodie klingt aus der tief unbewussten Sphäre der innigen Geistbegegnung in das Tagesbewusstsein herauf. Sie führt diskret unser erzieherisches Handeln, gibt uns das rechte Fingerspitzengefühl und Situationsgespür.

In der Tat ist das intuitive Verstehen, das der Erzieher der Begegnung seines Genius mit dem Engel des Kindes verdankt,[40] im übertragenen Sinne eher ein auditives denn ein visuelles Ereignis. Zwar kommt dem Bemühen hohe Bedeutung zu, mit nicht nachlassendem Interesse das *Augenmerk* auf die Gestalt des Kindes zu richten, auf seine Art, sich zu bewegen, auf sein Mienenspiel, seine Gestik, aber wer das Ereignis des Hindurchscheinens des *immagine del cuor* kennt, weiß, dass es eher ein Hindurch*klingen* ist. Auch die Augen können hören.

«Mit tiefer Demut und Geduld die Stunde der Niederkunft einer neuen Klarheit abwarten: das allein heißt künstlerisch leben: im Verstehen wie im Schaffen» (Rilke). Das «vorwegnehmende Schauen», von dem Frankl spricht, kann geschult werden durch eine Kultur der Andacht, des nichts beabsichtigenden, aufmerksamen Gegenwärtigseins, die uns nach und nach aufschließt für epiphanische Momente der «Niederkunft einer Klarheit».

Geduld, Andacht, Aufmerksamkeit.

Dafür gilt es *Inseln* zu schaffen, Zeitinseln. Die geeignete Art der Andachtspflege war und ist die Zeremonie. In zeremoniellen, ritualisierten Formen die *innere* Ebene der pädagogischen Beziehung eröffnen – darauf kommt es an. Jeder ist dazu in der Lage.

Eine Vorbedingung freilich gibt es: Wir müssen uns von der schlechten Gewohnheit befreien, «alles mit vorgegebenen Interpretationsmustern in den Griff bekommen und sichern zu wollen» (Thorn). Es gibt bekanntlich auch anthroposophische Spielarten der Schlussfolgerungssucht, des analytischen, interpretatorischen Zwangsverhaltens; dieser fürchterliche Lärm im Kopf ist völlig unabhängig von der jeweiligen Terminologie.

Am verkehrtesten ist es, die Unart des vorschnellen Interpretierens und Be-Urteilens prognostisch in die Zukunft hinein zu verlängern und dies mit «antizipatorischer» Offenheit zu verwechseln.

Es geht darum, «einen liebenden, glaubenden und vertrauenden und damit ... zugleich erweckenden und appellierenden Blick (zu) gewinnen für das Existenzielle in seiner Möglichkeit» (Thorn).

Wie aber spricht das «Existenzielle in seiner Möglichkeit» unter den Bedingungen der – ihrem eigenen Anspruch noch nicht gewachsenen – real existierenden Person?

Wie macht sich der Genius bemerkbar, was richtet er an?

Versuchen wir im Folgenden einige Unterscheidungsmerkmale zusammenzutragen.

121

Beethoven und andere.
Zur Psychologie des Genius

Wir dürfen die ‹Interessenlage› des Genius weder mit den allgemeinen Lebensregeln verwechseln, die wir freiwillig oder notgedrungen befolgen, noch mit vordergründigen Wunschbildern – jeder träumt sein Schlaraffenland, sein Wolkenkuckucks-Utopia; die Frage ist nur: wollte man *wirklich* dort sein? –, noch mit gewöhnlichen Sicherheits- oder Vorteilserwägungen. Kurzum: Das Alltagsbewusstsein reicht weder in seinen sympathischen noch in seinen unsympathischen Aspekten an ihn heran; er ist nicht nur von jeder Kleinlichkeit weit entfernt, sondern auch von der gewöhnlichen Lebensklugheit – deren Bedeutung damit in keiner Weise geschmälert werden soll!

Leider – oder zum Glück? – hat der Genius wenig im Sinn mit dem, was man gemeinhin unter Sozialhygiene, Psychohygiene etc. versteht. Sein Maßstab ist nicht die Idylle, nicht die kleinbürgerliche Versicherungsmentalität, nicht die Gartenzaunmoral, nicht das Reformhaus, nicht der Erholungsurlaub, nicht der Hobbyraum, nicht das Jogging – auch nicht das Seelenjogging zwecks ‹innerer Ausgeglichenheit›.

Um Missverständnisse zu vermeiden: Es fällt mir nicht ein, in Abrede zu stellen, dass die Menschen auf ihre körperliche und seelische Gesundheit achten und einen Verhaltenskodex respektieren sollten, der das Zusammenleben in einigermaßen geordneten Bahnen verlaufen lässt. Je nachdem, worauf der Genius von Fall zu Fall seinen utopischen Blick richtet, kann es sein, dass er mit den diversen hygienischen Regeln völlig einverstanden ist. Aber es kann ebenso gut sein, dass er eine – nach Maßgabe dieser Regeln – ganz und gar nicht gefällige Musik spielt.

Denn es gibt auf der Ebene des Genius keine höhere Priorität als diejenige, unter allen Umständen dem *Ruf* zu folgen.

Bei dem Stichwort Musik fällt mir Beethoven ein. Abgesehen davon, dass seine Kompositionen für die damaligen Hörgewohnheiten tatsächlich schräg klangen – für viele Musikfreunde war er sozusagen ein Verhaltensgestörter der symphonischen Kunst –, wird von ihm kolportiert, er habe sich, als er wieder einmal in einer Schaffenskrise steckte, entkleidet, mit Wasser übergossen und in die stürmische Winternacht gestellt. Eine wahrlich nicht weiterzuempfehlende Schock-Selbsttherapie! Warum tat er das? Die Forderungen des Genius waren in diesem Augenblick offenbar stärker als diejenigen der Gesundheitsmoral …

Natürlich benahm sich der Mann unvernünftig, *furchtbar* unvernünftig! Das Beispiel zeigt, was die Präsenz des Genius auslösen *kann,* wenn er sich in Lebens- oder Leibesverhältnissen, in einer personalen Struktur, in einem sozialen Kontext behaupten muss, die ihm aus irgendwelchen Gründen entgegenstehen, ihn behindern oder nicht recht fassen können.

Der «eigentliche» Mensch überfordert den Alltagsmenschen – wovon man bei *Kindern* bis zu einem gewissen Grad immer (!) auszugehen hat.

Ich wiederhole: Es ist nachdrücklich davon abzuraten, sich unnötigen leiblichen oder seelischen Gefahren auszusetzen. Und trotzdem: Wie lächerlich wirkt der erhobene Zeigefinger des «Alles-mit-Maß-und-Ziel»-Predigers in Anbetracht dessen, was ein Beethoven hervorbrachte – und manchmal offenbar nur hervorbringen konnte, indem er rücksichtslos mit sich selbst umging!

Für wen hat er denn komponiert? Für andere Menschen, ja. Vor allem aber für die «unsterbliche Geliebte»: sein Bild des MENSCHEN, überstrahlt von einer Liebe, die nicht mehr nur dieser oder jener leibhaftigen Person galt.

Demgegenüber war ihm alles andere zweitrangig. Und das ist charakteristisch für die schicksalsführende Regie, über die wir jetzt sprechen.

Menschen wie – um Beispiele zu nennen, die mir spontan einfallen – Beethoven, Hölderlin, Trakl, Kafka, Paula Modersohn-Becker, in jüngerer Zeit einige Rockmusiker wie Jimi Hendrix, Janis Joplin, der Regisseur Rainer Werner Faßbinder, der Dichter Uwe Johnson waren Seiltänzer ohne Netz: waghalsige, einsame Geistsucher, denen es, aus welchen Gründen auch immer, nicht beschieden war, unter kundiger Anleitung einen einigermaßen gesicherten grenzüberschreitenden Weg zu gehen.[41] Es steht niemandem zu, darüber zu rechten. Wir können uns nur verneigen. Und es tut der Verehrung keinen Abbruch, festzustellen, dass sie für ihre außerordentlichen schöpferischen Leistungen einen hohen Preis zu entrichten hatten: den Preis einer quälenden inneren Zerrissenheit. Kennzeichnend für diese Verfassung ist die nahezu unüberbrückbare Kluft zwischen demjenigen Anteil der Persönlichkeit, der – dem Ruf des Genius folgend – Gipfel erstürmt, und dem, wenn ich so sagen darf, von Verwahrlosung bedrohten Alltags-Ich, das die Orientierung verliert und sich selbst nicht mehr erträgt, ja sich selbst am liebsten auslöschen würde.

Die Normalität wird zur Marter.

Das ist zunächst kein Wunder und bis zu einem gewissen

Grad – zumindest phasenweise – unvermeidlich bei jemandem, in dessen Schicksal es liegt, sich so intensiv über die Grenzen der Gegenstandswelt, Bestands- und Wiederholungswelt[42] hinaus zu orientieren, dass er geneigt ist, nicht das Gewordene, Verwirklichte, sondern das noch zu Verwirklichende für real zu nehmen und das gewöhnliche Leben für einen – bösen? – Traum. Was ja unter gewissen höheren Gesichtspunkten sogar seine Richtigkeit hat. Als ein bloßes «Spiegelgemälde» erweist sich die Wirklichkeit des kleinen Ich gegenüber der «wahren Wirklichkeit des geistigen Ich», heißt es bei Rudolf Steiner (GA 10). Die Spiegelwelt ist Vergangenheitswelt. In ihr spiegelt sich das Eigentliche, in der Zukunft der Entwürfe Anwesende und von dort her Entwicklung Ermöglichende, aus Ideensubstanz Gewobene nur schattenhaft und mehr oder weniger verzerrt ab. Aber die Umstülpung des Realitätskonzepts darf nicht zu radikal vonstatten gehen. Wer ernst damit machen will, aus dem materialistisch-intellektuellen Bewusstseinskäfig auszubrechen und gelegentlich teilzunehmen an dem, was sich, wie Beuys sagte, «aus der Zukunft heraus bewegt», tut gut daran, die damit verbundene Gefahr der Desorientierung im alltäglichen, praktischen Leben wie auch in Bezug auf die eigene leibliche Existenz nicht zu unterschätzen, sonst können Krankheits- oder tiefe Verzweiflungszustände die Folge sein. Es ist ein unkalkulierbares Risiko, den Engeln nahe zu kommen, ohne mit beiden Beinen fest auf der Erde zu stehen.

Ich will jedoch im Hinblick auf diejenigen Persönlichkeiten, die das Risiko ohne hinreichende Sicherheitsvorkehrungen eingegangen sind, mit Bedacht nicht den pathologischen, sondern den genialischen Aspekt, nicht das Scheitern, sondern das Gelingen hervorheben. «Je höher ein Mensch, desto mehr steht er unter dem

Einfluss der Dämonen, und muss nur immer aufpassen, dass sein leitender Wille nicht auf Abwege gerät» (Goethe). Es ist ja üblich geworden, das Außergewöhnliche, Originelle, von der Durchschnittsnorm Abweichende zu pathologisieren. Ich ziehe es demgegenüber vor, mich der allgemeinen – in diesem Fall psychologischen – «Vorurteilssucht» (Steiner, GA 10) zu verweigern und die Phänomene «reinlich anzuschauen» (GA 317), also mit dem nötigen Respekt und unter strikter Vermeidung jenes Lärms im Kopf. «Behutsamkeit im Bilden und Aussprechen von Urteilen» ist laut Steiner eine unabdingbare Voraussetzung, um zu einem tieferen Verstehen zu gelangen (GA 10).

Viele außergewöhnliche Persönlichkeiten, deren Lebensleistungen kostbare Geschenke an die Mit- und Nachwelt waren bzw. sind und die sich schon als Kinder dementsprechend merkwürdig benahmen – man studiere die Lebensläufe! –, kämen, wenn sie heute lebten, wohl kaum um die therapeutische Mühle herum. Man würde sie «mit großer Wahrscheinlichkeit bereits in den Schuljahren mit dem Medikamentenarsenal der Biopsychiatrie behandeln», stellt Hillman fest und fährt in Hinsicht auf die populären psychologischen Theorien zornig fort: Wer «derartig abwertend mit Inspiration verfährt … tötet den Geist, indem (er) außerordentlichen Menschen und Handlungen ihre einzigartige Authentizität nimmt». Freilich sind die Äußerungen des authentischen, «leitenden» Willens für die Mitwelt nicht immer angenehm, namentlich dann, wenn sich dieser Wille noch im Gärungsstadium befindet; wenn der Genius noch nicht souverän führt, sondern *rumort* – also in der Kindheit.

Auch wenn Trakl, um ihn herauszugreifen, schließlich an dem genannten Konflikt zerbrach, würde es mir nicht einfallen, ihm absprechen zu wollen, dass er den *Engeln* näher war als die meisten wohlgesetzten Erfolgsmenschen. Er eilte mit einem Teil seiner Seele weit voraus, ein anderer blieb zurück. Der Zurückbleibende war den Ansprüchen des Vorausgeeilten nicht gewachsen, und der Vorausgeeilte konnte den Schmerz des Zurückgebliebenen nicht abschütteln.

Andere Geschichten zeigen, wie nach dem Durchgang durch existenzbedrohende Krisen eine große seelische und schöpferische Reife erlangt wird. Die betreffenden Menschen schließen ihr Lebensdrama mit einer Zeit der Ernte ab, in der ihnen schließlich doch noch der Seelenfriede beschieden ist, auf den sie so lange verzichten mussten. Ein Beispiel dafür ist der Blues-Musiker Eric Clapton. Er war alkohol- und drogenabhängig, von Depressionen, Ängsten, Einsamkeits- und Versagensgefühlen gepeinigt, verlor auf tragische Weise sein Kind und wäre an dem Schmerz fast gestorben – und in all den Jahren schwang sich sein musikalischer Genius (es spielt ja jetzt keine Rolle, ob der geneigte Leser diese Musikrichtung liebt oder nicht) immer wieder, selbst noch in den aussichtslosesten Situationen, zu herrlichen Flügen auf. Heute gehört er zu denen, die Rudolf Steiner im Auge hatte, als er schrieb: «Für manche Menschen ist das gewöhnliche Leben selbst schon ein mehr oder weniger unbewusster Einweihungsprozess durch die Feuerprobe. Es sind das diejenigen, welche … Leid, Enttäuschung (und) Misslingen … mit Seelengröße … und in ungebrochener Kraft ertragen lernen» (GA 10).

Das Erste, was wir uns auferlegen müssen, wenn wieder große Erzählungen an die Stelle der kleinkarierten treten sollen, auf die man sich heute so viel zugute hält, ist Ehrerbietung (!) vor der Tragik des außergewöhnlichen, seiner Zeit weit vorauseilenden Menschen – der in jedem von uns schlummert. Und vielleicht irgendwann erwacht und sein Recht fordert.

Sehnsucht

Der Mensch ist «nie ganz bei sich, sondern stets über sich hinaus ... weder in der Natur zu Hause noch im Paradies heimisch», schreibt Richard Wisser (1997). Er steht im «Unheimlichen», geführt von einem Willen, der ihn «aus dem ‹Heimlichen›, d.h. Heimischen, Gewohnten, Geläufigen, Ungefährdeten hinauswirft ... Er ist, wie Goethe den Faust genannt hat, der ‹Unbehauste›, der ... den Kleidern (seiner) Kultur im Hinblick auf ... einen neuen Modus entwächst.» Wisser charakterisiert diesen Zug zur «Selbsttranszendenz der menschlichen Existenz» (Frankl 1994) als «kritisch-krisische Grundbefindlichkeit», wobei er den Begriff «kritisch» so weit wie möglich gefasst wissen will: als das Infragestellen der Welt und des eigenen Seins. Wer bin ich? Bin ich? Was ist der Mensch?

Wir sind, weil uns das nie loslässt, Heimatlose, nur in der Sehnsucht zu Hause. «Wo ein Mensch steht, kann ein Mensch nicht stehen bleiben» (Wisser). Das war schon immer so, denn der Mensch war schon immer der Mensch. Aber es war noch zu keiner Zeit so deutlich. Noch nie sind so viele Menschen von dem Drang, den Kleidern zu entwachsen (oder von dem Gefühl, nicht in sie hineinzupassen), so früh, schon in der Kindheit, und so heftig ergriffen worden.

Es ist der Genius, der uns fortruft.

Immer häufiger haben wir es mit Kindern zu tun, bei denen uns eine im Wesensgrund vorentschiedene Welt-Fremdheit, eine Unbehaustheit beeindruckt und manchmal bestürzt. Wenn ich sage vorentschieden, wird dadurch die oben geäußerte Kritik an den befremdenden Lebensverhältnissen nicht etwa entkräftet, sondern, im Gegenteil, unterstrichen.[43] Man muss eben aufhören, in simplen Entweder-Oder-Kategorien zu denken.

Wir sind nicht darauf vorbereitet, in den Augen der Kinder, kaum sind sie geboren, schon den Ausdruck des Verirrtseins zu finden. Wir halten es nicht für möglich. Deshalb bleibt es bei der kurz aufblitzenden Wahrnehmung, die sogleich beiseite geschoben wird.

Die Mutter hält das Baby im Arm, eine seltsame Stimmung ist im Raum, und wenn es der so genannte gesunde Menschenverstand nicht verböte, würde sie sagen: Ich spüre … wie soll ich es ausdrücken … ich habe das Gefühl, es wünscht sich, dass *alles ganz anders sein möge.*

Oder: Ich glaube, es wollte gar nicht kommen …

Oder: Es hat noch gar nichts erlebt … und doch hat es schon einen Kummer …

Viele Eltern können sich solche Anwandlungen nicht anders erklären, als dass sie auf irgendeine Art unfähig seien, das Kind auf die rechte Art willkommen zu heißen. Sie denken: Diese Stimmung geht nicht vom Kind aus, das ist unmöglich … sie geht *von mir* aus! Ich weise mein Baby unbewusst zurück!

Und schon ist das schlechte Gewissen da.

Aber nach meiner Wahrnehmung – wobei ich mich vor allem an den Schilderungen von Müttern orientiere, die ich gebeten habe, sich so genau wie möglich zu erinnern, ohne etwas hineinzuinterpretieren – ist bei vielen Kindern die Stimmung der «Un-heimlichkeit des In-der-Welt-Seins» (Alois Hicklin) von Anfang an vorhanden. Ein «melancholischer», oft wird berichtet: erschrockener, fragend-ernster «Anflug über den Gesichtern», wie es Rudolf Steiner ausgedrückt hat.

Wir spüren sofort die große, bange Frage: Kann ich hier bleiben?

Ich stand der Mitteilung Steiners, immer mehr Kinder kämen mit einem wahrnehmbaren Inkarnations-Vorbehalt zur Welt, ziemlich skeptisch gegenüber, als ich vor Jahren erstmals darauf stieß. Mein Verdacht war, dass er ein längst bekanntes Phänomen hochstilisierte, nämlich die Greisenhaftigkeit der Kinderantlitze direkt nach der Geburt. Die Empirie hat diesen Verdacht entkräftet: Viele *nicht* weltanschaulich eingefärbte (ich betone das!) Berichte, besonders von Müttern so genannter schwieriger Kinder, über gewisse «irrationale» Erlebnisse in den ersten Stunden, Tagen und Wochen nach der Geburt, bestätigen Steiners Aussagen.

Das Kind lebt sich ein. Es lacht, weint, spielt, tobt, träumt und trotzt. Ein Kind, wie Kinder eben sind. Und doch auch wieder nicht. Denn immer ist jene seltsame Stimmung anwesend: die Sehnsucht, dass *alles ganz anders sein möge.*

Und die Eltern hören nicht auf, sich den Kopf zu zerbrechen: Was ist das nur? Was haben wir nur falsch gemacht?

Aber wenn nun der eigentliche Fehler gerade dieses fruchtlose Kopfzerbrechen wäre?

Je nach Temperament und individueller Wesensart kann sich die Grundstimmung der Un-heimlichkeit, Unbehaustheit, des Sich-Hinsehnens irgendwo anders hin, sehr unterschiedlich äußern. Zum Beispiel als chronische Unzufriedenheit (Immer, immer, immer muss ich, soll ich, darf ich nicht, kann ich nicht!); oder als verträumt-zaghaftes, anklammerndes Verhalten; oder das Kind benimmt sich so, als sei es ununterbrochen, rast- und ruhelos, auf der Suche nach irgendetwas; ein anderes wirkt in sich gekehrt, abweisend, ratlos.

Weder in der Natur zu Hause noch im Paradies heimisch …

Nicht heimisch in einer Welt, die dem Paradies ebenso den Krieg erklärt hat wie der Natur.

Paradies? Das ist dort, wo die großen Imaginationen der Menschheitszukunft aufbewahrt sind; wo sich die Ungeborenen aufhalten, um aus diesen Imaginationen jenen von Goethe ange-sprochenen «leitenden Willen» zu destillieren, den die «Dämo-nen» anfallen werden.

«Wie der Geist geplagt wird von den Dämonen auf der Welt, das merkt man am meisten am Kinde» (Steiner, GA 311). Man kann aber daraus nun leider nicht schließen, dass die Probleme der Kinder irgendwelchen ominösen unsichtbaren Unholden anzulasten seien. Goethe und Steiner waren ja keine Anhänger des mittelalterlichen Dämonenglaubens. Mit jedem Gedanken, der das Kind zum Gegenstand einer Funktionsanalyse degra-diert, produzieren wir die Dämonie, die hier gemeint ist. Sie beginnt mit dem, was man als die Schattenseite des Empfängnis- und Geburtsgeschehens bezeichnen kann: das Hineingebannt-werden des Geistes in die physischen Bedingungen, in die Todes-zone der Materialität, im Grunde genommen «etwas furchtbar Tragisches» (Steiner, GA 311), wogegen sich die «Trotzmacht des Geistes» (Frankl 1994) erheben *muss;* sie findet ihre Fortsetzung und desaströse Steigerung dadurch, dass wir das Geistwesen, Sehnsuchtswesen, das da heruntergestiegen ist, auch dadurch mit dem Todesprinzip konfrontieren, dass wir in den Kategorien der Maschine über die menschliche Seele denken. Die gegenwärtigen neurologischen Fixationen in Pädagogik und Psychologie sind, vom Standpunkt der sich inkarnierenden Geist-Seele, *dämonisch*. Wenn sogar diejenigen, die es eigentlich als ihre Aufgabe im heutigen Kulturleben ansehen, ein spirituelles Menschenbild durchzutragen und hinüberzuretten in eine dafür wieder empfänglichere Zukunft, im Hinblick auf ungewöhnliche Entwicklungsverläufe der Faszination defektologischer Denkansätze erliegen, betreten die Kinderseelen ein wahrlich beklemmendes Szenario.

Verhaltensgestört? Sagen wir lieber: Hochmotiviert, vielleicht übermotiviert, sich selbst überfordernd, zurückprallend, schwankend zwischen Hoffnung und Verzagtheit auf der Suche nach den verlorenen Reichen über uns, unter uns, in uns; zurücklauschend die einen, vorwärtsstürmend die anderen; manche behutsam, zaghaft, mit allzu feinem Gespür, manche voller Hast, hell, offen, aber auch be- und überstürzt … «Das rührt davon her, dass die Seelen heute nicht gern heruntergehen in die von Materialismus erfüllte Welt. Die Seelen haben vor ihrer Geburt eine gewisse Furcht … in die Welt einzutreten» (Steiner, GA 296).

Alles hängt davon ab, dass das Gefühl, alles möge ganz anders sein, sich wandle in den Willen, das ganz Andere zu *schaffen,* im Zeichen der Liebe.

Es ist eine Sehnsucht, die lange nicht weiß, wohin sie sich wenden, wie sie sich erklären soll. Sie gleicht einem Musiker, für den die Instrumente erst noch erfunden werden müssen. Sie versucht sich auszudrücken, tut es oft auf anrührende, großartige Weise – und bringt doch nie etwas hervor, was ihr selbst genügt.

«Überwindung der Erziehung» –
kein Thema mehr?

Die allgemeine Tendenz geht in Richtung einer immer stärkeren Individualisierung und Differenzierung. Namentlich die Kinder stehen immer früher und, ich möchte sagen, rückhaltloser in der existenziellen Dramatik des Sich-selbst-in-Frage-Stellens, im Grundwiderspruch zwischen Anpassung und Selbstgestaltung. Später wird durch den gesellschaftlichen Uniformitätsdruck vieles wieder eingeebnet. Denn in dem Maße, in dem – um das Bild der Graswurzelrevolution aufzugreifen – das Individuelle überall sprießt und mit gewaltloser Macht die erstarrten Strukturen aufbricht, nimmt die allgemeine Hektik des Zubetonierens und Begradigens zu. Trotzdem wird es mehr und mehr Abweichungen von der allgemeinen entwicklungsgesetzlichen Ideallinie geben.

Es hat vielleicht noch nie so viele interessante, originelle, hoch empfindsame, eigenwillig-kreative Kinder gegeben. Sie sind aber zugleich sehr verletzlich, leicht aus dem Konzept zu bringen und starken Stimmungsschwankungen unterworfen. Tiefe, bange Fragen über den Sinn des Lebens, über das Leiden, das Böse und den Tod klopfen verfrüht an die Bewusstseinspforten. Und überall lauert Angst.

Die liebevoll zugewandte, aufmerksame Präsenz eines anfragenden und ansprechenden Gegenüber wird zur wichtigsten Kraftquelle, wichtiger als alle Rahmengestaltungen.

Das sind die tieferen Gründe dafür, dass die egalisierenden pädagogischen Konzepte nichts mehr taugen. So kann der Erziehungswissenschaftler Otmar Preuss (1990) «die Überwindung der Erziehung» fordern, genauer gesagt: die Überwindung des Verständnisses von Erziehung als einer «von einem Subjekt auf ein Objekt gerichteten Tätigkeit mit dem Ziel, dieses Objekt gemäß einer bestimmten Zielvorstellung zu beeinflussen».

«Um die Liebe kommen wir nicht herum» (Hallaschka, *Info 3,* 1/2000). Denn wir können das Kind nicht anders «dahin bringen, im Lauf des Lebens den Christus-Impuls in sich zu finden» – was Rudolf Steiner als die «Rettung» aus dem beschriebenen Dilemma bezeichnete –, als dass wir in unserer pädagogischen Gesinnung eben diesen Impuls wirksam werden lassen. Und nicht das Maschinendenken in (Dys-)Funktionalitäts-Kategorien, durch das wir auf fatale Weise genau die von Steiner beschriebene Ur-Angst der Kinder bestätigen. Kein Monster könnte ihnen einen größeren Schrecken einjagen.

Theodor Litt sah im Erzieher den «Mitgestalter des menschlichen Loses». Als solcher sei er «nur so lange das, was sein Name besagt, wie er nichts weiter ist, nichts weiter sein will als Pfleger und Anwalt der (im Kinde) schlummernden Möglichkeiten».

Lernen heißt:
die eigenen Fragen entdecken

Zwei Grundregeln der Erziehungskunst können für die Zukunft formuliert werden:

A.

Der Mensch neigt umso weniger dazu, sich unter dem Einfluss dessen, was ihn aus der Zukunft ruft, in gefährliche Widersprüche mit den Gegebenheiten zu verstricken, je mehr Bestätigung durch liebevoll zugewandte Aufmerksamkeit sein individuelles, unverwechselbares Profil schon in der Kindheit durch die Mitwelt erfährt. Die bestätigenden Kräfte sind Interesse für und Respekt vor gerade denjenigen Wesensäußerungen des Kindes, die wir uns *nicht* aus den allgemeinen Gesetzen der kindlichen Entwicklung erklären können.

B.

Durch die Phänomene der immer früheren Individualisierung, des tiefen Betroffenseins vom geistigen Klima der Zeit und des Verlustes elementarer Spiel- und Erlebniswelten besteht für heutige Kinder ein erhöhter Vergewisserungsbedarf in Bezug auf die leiblich-seelischen Daseinsfundamente. Dies betrifft vor allem die basale Sinnes- und Bewegungsentwicklung, damit zusammenhängend die Möglichkeiten spielerischer Selbst- und Welterkundung unter Berücksichtigung des Grundbedürfnisses nach

Naturbegegnungen, die bildnerischen Ausdrucksmittel, das Gehaltensein in stabilen Lebensrhythmen und die Gewähr eines vertrauenswürdigen sozialen Bezugsrahmens.

In den seltensten Fällen ist heute die Familie allein dazu in der Lage, diese Bedürfnisse zu erfüllen. Deshalb beinhaltet vor allem die zweite Grundregel eine Aufforderung an Kindergärten, Schulen und Jugendfreizeiteinrichtungen. Ich komme noch einmal darauf zurück.

Die Beachtung dieser pädagogischen Grundsätze ist nicht etwa als vorbeugende Arznei gegen Konflikte und Krisen im späteren Leben aufzufassen. Das wäre ein ganz verfehlter Anspruch. Wir müssen aufhören, uns ideale Biografien als gemütliche Spaziergänge ohne Brüche, Ängste, Leiderfahrungen, Irrwege und Niederlagen vorzustellen. Aber indem wir dem *ganz und gar Eigenen* des Kindes die gebührende Aufmerksamkeit zuteil werden lassen – das ist der Dreh- und Angelpunkt! – und von der anderen Seite her die Fundamente sichern, geben wir ihm das seelische Rüstzeug mit, um später an den Prüfungen, die ihm das Leben – der Genius? – auferlegt, nicht zu zerbrechen, sondern zu wachsen.

Wir können als Erzieher nicht *wissen,* mit welchen biografischen Richtungsimpulsen, mit welchem «leitenden Willen» ein Kind zur Welt gekommen ist, aber wir können durch unsere pädagogischen Haltungen und Rahmengestaltungen dem Kinde helfen, es selbst herauszufinden.

Jedes Kind bringt eine unverwechselbare Komposition von *Fragen* an das Leben und die Zukunft mit auf die Welt. Lernen heißt eigentlich: für diese ureigenen Fragen immer bessere Ausdrucksmöglichkeiten zu finden. Die (Lebens-)Lehrer müssten sich als Frage-Formulierungshelfer anbieten, und zwar ganz konkret so, dass sie dem Kinde geschützte Räume zum Experimentieren, Improvisieren und Ausprobieren zur Verfügung stellen. Anders kann man sich nämlich nicht in der Kunst des Fragens üben. Das verplante, überregulierte Leben und Lernen bedroht den um seine Fragen ringenden kindlichen Genius. Deshalb geht es oft nicht anders, als dass er sich dagegen wehrt.

Das Wichtigste aber ist, dass wir durch *unsere* fragende Aufmerksamkeit das Kind «im Herzen, in der Radix» berühren, schreibt der Heilpädagoge Dieter Lotz (1997). Dadurch geben wir ihm den *inneren* Raum, in den es seine Fragen, sich selbst als Frage-Wesen hineinverwirklichen kann. «Die Frage des Menschen nach sich selbst führt … über ihn hinaus … zum Seinsgrund und zum Seinsziel» (Lotz).

Ungewöhnliche Verhaltensweisen bei Kindern deuten auf eine ungewöhnliche Fragekomposition und sollten uns veranlassen, *unser* fragendes Interesse zu vertiefen, statt, man kann es gar nicht oft genug sagen, durch Defektzuschreibungen die Beziehung abzubrechen. Die Feststellung «gestörtes Kind» ist ein Beziehungsabbruch, definitiv! (Ich habe an anderer Stelle ausgeführt, dass dies auch für im engeren Sinne behinderte Menschen gilt.[44]). Sie wird zumeist ausgerechnet in einer Situation getroffen, in der uns das ganze kindliche Wesen durch eine krisenhafte Zuspitzung signalisiert: Ich brauche den Raum eurer ungeteilten Aufmerksamkeit, um Klarheit über mich, meine Fragen zu finden. Ich kann mich nur ordnen, wenn ich spüre, Ihr nehmt mich ernst. Euch ist es wirklich ein tiefes Herzensanliegen, zu erfahren, wer ich bin.

Kinder «sind sich von Natur aus selbst voraus, selbst dann,

wenn man ihnen schlechte Noten gibt und sie zurückbleiben lässt», schreibt Hillman (1998) im Hinblick auf die Schulproblematik und fährt fort: «Ein möglicher Ausweg für das Kind ist es, vorwärtszustürmen. Ein anderer besteht darin, sich zurückzuziehen.» Die Vorwärtsstürmenden sagen: Die Schule ist langweilig. Sie meinen damit: Was mich interessiert und mit meinem Leben zu tun hat, liegt irgendwo in der Ferne. Warum hält niemand mit mir Ausschau? – Die Sich-Zurückziehenden sagen: Ich kapiere nichts. Sie meinen damit: Ich habe das Gefühl, etwas in mir wird zugeschüttet. Ich muss mein Heiligtum schützen. Für später.

Es gehört selbstverständlich *auch* zum Erziehungsauftrag, die leiblichen und seelischen Hüllen zu pflegen, Strukturen anzulegen, Grenzen zu setzen, Orientierung zu geben und das Kulturerbe zu vermitteln. Die *primäre* Aufgabe jedoch bezieht sich darauf, den individuellen «Bewegungsstil», wie Hillman den Genius einmal charakterisiert, hervorzulocken. Das Lockmittel ist das Interesse an eben diesem «Bewegungsstil». Man kann zum Beispiel ein Tagebuch führen, um das Charakteristische, Unverwechselbare, Einmalige in den Wesensäußerungen, in der Bewegungssprache, in Gestik und Mimik, im Spiel- und Interaktionsverhalten des Kindes zu beschreiben.

Wir haben im Allgemeinen die Angewohnheit, die Unarten und Unfähigkeiten der Mitmenschen besonders scharf ins Augen zu fassen, während alles andere ein bisschen im Nebel bleibt, in einem Entzückensnebel vielleicht, aber eben doch im Nebel. Die Erscheinungen, auf die wir zunächst gefühlsmäßig antipathisch reagieren, machen uns wach.[45] Der pädagogische Künstler aber muss dem antipathischen Weck-Effekt zuvorkommen durch das Erüben hellwachen, grund- und absichtslosen Gegenwärtigseins ohne kritischen Anlass. Die Unarten des Kindes sind nebensächlich! Auf das (wertfrei) Eigentümliche, Staunenswerte müssen wir unser Hauptaugenmerk richten. Denn dasjenige, worauf wir besonders hinschauen, wird bestärkt.

Wenn die strukturbildende, auf Eingliederungsfähigkeit gerichtete pädagogische Begleitmusik zum Selbstzweck wird, revoltiert (oder verkriecht sich) der Genius; und wenn die intellektuelle «Ausbildung» zu viel Raum einnimmt, kann es sein, dass er sie tief zu verabscheuen beginnt. «Erpichtsein auf die Erkenntnis des äußeren Lebens», sagte Steiner, ist bei Kindern zunächst noch wenig ausgeprägt. Das kindliche Interesse richtet sich viel mehr auf das, «was man … sein geistiges Inneres nennen kann» (GA 311). Die Außenwelt ist nur insoweit wichtig, als sich das «geistige Innere» dort sozusagen bestätigt finden kann, und die Kinder haben ein feines Gespür dafür, welche Eindrücke, welche Informationen ihnen bei ihrer Suche nach sich selbst zustatten kommen – oder gegen den Strich gehen.

Der Genius will nicht eingegliedert werden, weder in sittliche noch in intellektuelle Normen, ganz im Gegenteil: Er will sich *ausgliedern* in seiner Einzigkeit und Unverwechselbarkeit! Wir haben als Eltern, Erzieher, Lehrer in *erster* Linie *weder* Charakterbildung *noch* intellektuelle Wissensvermittlung zu leisten. Das sind sekundäre Aufgaben, Sicherheitsvorkehrungen, und was die Charakterbildung betrifft, muss immer wieder gesagt werden: Sie vollzieht sich über die freiwillige (!) Nachahmung, das freiwillige (!) Nacheifern; gebotsmäßig spielt sich da *gar nichts* ab!

Unser vornehmstes Anliegen muss es sein, den Kindern durch die Kraft unserer Aufmerksamkeit dasjenige zu erleichtern, worauf ihr ganzes Sinnen und Trachten gerichtet ist: sich an sich selbst zu erinnern.

Hillman, der das *ganz und gar Eigene* abwechselnd «Genius» oder, auf Platon zurückgreifend, «Daimon» nennt – nicht zu verwechseln mit irgendwelchen bösen Dämonen –, drückt es so aus: Der Erziehungsauftrag besteht darin, «die Welt empfänglich für den Daimon zu machen»; die Dinge so einzurichten, «dass ein Kind nach unten in sie hineinwachsen und mit seinem Daimon leben kann».

Zum Verweilen

«Man muss so erziehen können, dass man für dasjenige, was aus einer göttlichen Weltenordnung neu in jedem Zeitalter in den Kindern in die Welt hereintritt, die physischen und seelischen Hindernisse wegräumt und dem Zögling eine Umgebung schafft, durch die sein Geist in voller Freiheit in das Leben eintreten kann.»

Rudolf Steiner

Das Bewusstsein des heutigen Menschen – beschränken wir uns auf unseren Kulturkreis; im Kulturvergleich gäbe es vieles zu bedenken, was hier den Rahmen sprengen würde – ist aufs Ferne, Mögliche, Zu-Ermöglichende gerichtet. Wenn wir den Indikativ des Seins nicht auf einen Konjunktiv des Werdens ausrichten können, stürzen wir in ein Sinnvakuum, in eine Stimmung der Aussichtslosigkeit.

Dies leugnen oder bekämpfen zu wollen, stiftet nur Verwirrung. Die utopische Grundstruktur unseres Denkens ist so fundamental und steht so wenig zur Debatte wie die Tatsache, dass wir über ein Ich-Bewusstsein verfügen. Es geht darum, diese Anlage *ins Gute zu wenden*. Wenn es so etwas wie epochale Missionen einzelner Kulturkreise gibt, so ist die Mission des Abendlandes die Erlösung – nicht Beseitigung oder Überwindung – des Ich: aus der egoistischen Knechtschaft.

Wir können den Sinn niemals finden in der Zufriedenheit des Einverstandenseins mit uns selbst und der Welt. Wir finden ihn in der *schöpferischen Unzufriedenheit* des Hinstrebens auf Ideale, die uns aus der Zukunft der Entwürfe *ein-leuchten*.

Der Genius ist die aus dem Möglichkeitenreich ansprechende, anmahnende Kraft, die den Menschen – und darum allein geht es – *zu sich selbst* ruft.

Das tut er auch bei Kindern, wenn es sein muss, energisch und gegen den Rest der Welt.

«Auf dem richtigen Weg» — was heißt das?

In jedem Leben gibt es Streckenabschnitte, auf denen man das Gefühl hat, dass die Richtung stimmt. Aber es gibt mindestens ebenso viele Phasen des Abirrens und der Richtungssuche. Nicht immer sind die stimmigen Abschnitte harmonisch und die Umwege strapaziös. Es kann sich auch genau umgekehrt verhalten. Jedenfalls muss man sich klarmachen, dass die ganze biografische Veranstaltung keinen Sinn hätte, wenn man immer auf dem richtigen Weg wäre.

Die schicksalsführende Regie bewahrt uns nicht vor Fehlern und Irrtümern, Umwegen und Irrwegen. Sie hilft uns, aus Fehlern zu lernen und an Missgeschicken zu wachsen. «Wie oft werden wir von einem … Ziel abgelenkt», heißt es in Goethes *Wahlverwandtschaften,* «um ein höheres zu erreichen! Dem Reisenden bricht unterwegs zu seinem höchsten Verdruss ein Rad, und er gelangt durch diesen unangenehmen Zufall zu den erfreulichsten Bekanntschaften und Verbindungen, die auf sein ganzes Leben Einfluss haben.» Manchmal ist so ein Radbruch eine Krankheit, eine seelische Krise, eine unangenehme Aufgabe, eine Niederlage.

Ich habe Menschen in allen möglichen Berufen und Lebenssituationen kennen gelernt, die auf die Frage, ob sie einen Sinn in ihrem Dasein erkennen könnten, ob ihre bisherige Biografie unter einem guten Stern gestanden habe, mit Ja antworteten, und ebenso viele, die es verneinten. Ich kann nur ein Fazit ziehen: Es gibt keine Regel, die irgendwie den konventionellen Vorstellungen entspräche. Dass ein unter chronischem Geldmangel leidender Pleiten-Pech-und-Pannen-Typ und ein erfolgreicher Geschäftsmann einander begegnen und jener das Abenteuer Leben preist, während dieser über Selbstmord nachdenkt, ist eine völlig realistische Geschichte. Es kann natürlich auch umgekehrt sein. Was gibt den Ausschlag?

Der eine findet, wenn schon nicht unbedingt sein großes Glück, so doch die ihm gemäße Aufgabe als Automechaniker, der zweite als Goldschmied, der dritte als Bauarbeiter, der vierte als Arzt. Wieder ein anderer verrichtet langweilige Büroarbeit, um Geld zu verdienen, während er sich nebenher, im Hinblick auf das Leben nach der Pensionierung, mit irgendetwas beschäftigt, was ihn zutiefst interessiert. Die Aussicht auf eine bessere Zukunft erwärmt die wenig erbauliche Gegenwart. Hoffnung – warum haben die einen so viel davon, die anderen so wenig?

Mein Vater war ein Berufsleben lang Techniker und dabei ein Mensch, an den man sich instinktiv wandte, wenn man Rat in schwierigen Lebenslagen suchte. So bildete er sich am Leben zu einer Art autodidaktischem Seelsorger aus, besuchte diverse Lehrgänge, las viele schlaue Bücher, ließ sich vorzeitig pensionieren und eröffnete eine Sprechstunde als Biografie- und Lebensberater – wobei ihm die Jahre im vermeintlich falschen Beruf sehr zugute kamen.

Ich denke an eine Frau, die schon als Kind Tänzerin werden wollte und zeitlebens an diesem Wunsch festhielt, obwohl es nicht danach aussah, als sollte sie ihn sich je erfüllen können. Das Leben verlangte ihr einen langen, mühsamen, aber keineswegs sinnlosen Umweg ab. Während die Jahre verstrichen und sie notgedrungen alles Mögliche tat, nur nichts, was irgendwie in Richtung eines tänzerischen Berufes gedeutet hätte, war sie zwar oft traurig, aber wenn sie tief in sich hineinlauschte, fühlte sie: Es hat alles seine Richtigkeit. Auch dass ich mit der Traurigkeit umgehen lernen muss. – Ihr *Genius* bewahrte den Traum und bejahte den Umweg. Immer wieder bekam sie von irgendwo her eine Portion Mut, das kaum mehr Denkbare weiterhin für möglich zu halten. Die Dinge fügten sich so, dass sie Mitte vierzig eine Ausbildung zur Tanztherapeutin begann. Unter den prosaischen Bedingungen des Daseins als alleinerziehende berufstätige Mutter musste sie ihr künstlerisches Wesen lange, so schien es, verleugnen, bis endlich der Tag kam, an dem sich ihr Traum erfüllte. Nach meinem Eindruck hat ihr vor allem die Aufgabe, für ihre beiden geliebten Kinder da zu sein, eine innere Stärke verliehen, die alles aufwog, worauf sie verzichten musste. Außerdem wurde sie in der Zwischenzeit zu Menschen und Situationen hingeführt, die den Ausschlag dafür gaben, dass sich der künstlerische Impuls schließlich mit einem therapeutischen verband. Letzteren hatte sie früher gar nicht in sich vermutet. Die Frage ist also, ob man überhaupt von einem Umweg sprechen kann …

Noch einmal: Was hat es auf sich mit der Hoffnung? Warum haben die einen so viel davon, selbst wenn sie in großen Schwierigkeiten stecken, und die anderen so wenig, auch wenn ihnen alles zu gelingen scheint? Lassen wir die Frage noch offen.

Zum Verweilen

«Ich will überhaupt lauter Unmögliches,
aber lieber will ich das wollen,
als mich im Möglichen schön zurechtzulegen.»

Franziska zu Reventlow (1871 – 1918)

Weitere Betrachtungen zur Psychologie des Genius

Innerhalb der Bedingungen des jeweiligen Menschen bewahrt der Genius die unverfälschten Träume, den biografischen Richtungsimpuls, die «Eichel», wie es Hillman ausdrückt, den Selbstentwurf, der immer ein Entwurf in die von Menschen bewohnte Welt ist, also im Grundzug ein Entwurf, der die Anderen einbezieht, ja den Anderen *zukommt*. «Individuation (heißt), der einmalige Mensch *unter allen Menschen* zu werden, … der man eigentlich ist» (Kast 1998). Als Genius bezeichnen wir die in – oder besser gesagt: über – den Wechselfällen des äußeren Lebens waltende Regie, die das «Werde, der du bist» (Pindar) fordert und ermöglicht.

Auch wenn jemand seinen Platz schon gefunden hat und keine großen neuen Pläne mehr schmiedet, sitzt irgendwo in einem Winkel seiner Seele ein kleiner Plagegeist, der ihn dazu anstiften will, die Verhältnisse zum Tanzen zu bringen: *Bewegung* und *Wärme* zu erzeugen auf Zukünftiges hin. Das kann sehr diskret vonstatten gehen. Ob diskret oder nicht ganz so diskret – der Genius ist ein unbeirrbarer, manchmal lästiger Mahner, der nicht aufhört, uns in Hinsicht auf die *Qualität* dessen, was wir tun oder zulassen, zu *beunruhigen*.

Mal rüttelt er auf, mal fragt er vorsichtig an; auf alle Fälle beschenkt er den, der bereit ist, sich ein bisschen plagen zu lassen, mit geistiger Frische. Seine Aufforderung lautet: Versuche das, was du heute zu tun hast, immer noch besser zu tun, und vergiss nie: Alles ist nur Zwischenspiel, Vorbereitung auf Wesentlicheres. Der größte Irrtum besteht darin, zu glauben, man sei am Ziel – im Guten wie im Schlechten.

Und auch dies ist ein genialischer Imperativ: Verschanze dich nie hinter der Feststellung, die *Umstände* hinderten dich, dein Bestes zu geben. Es gibt viele mögliche Verhaltensweisen unter dem Eindruck des *Rufes:* Der eine erforscht unbekanntes Gelände, voller Tatendrang; der andere verbleibt in geordneten Verhältnissen und versucht sie bedächtig umzugestalten; einer meißelt, ein anderer webt feine Stoffe. Ob kämpferisch oder behutsam, hitzig oder milde – der Antrieb ist immer das Noch-Hervorzubringende, *für* die Mitmenschen, aber nicht selten *gegen* ihr Gutheißen.

Aus unmittelbarem Berührtsein von ihrem *Genius* hat Paula Modersohn-Becker (1876 – 1907) die Sätze formuliert: «Ich fühle, dass alle Menschen sich an mir erschrecken, und doch muss ich weiter. Ich darf nicht zurück. Ich strebe vorwärts, gerade so wie Ihr, aber in meinem Geist und in meiner Haut und nach meinem Dafürhalten.» Und an anderer Stelle: «Ich habe so den Wunsch, etwas aus mir zu machen, was das Sonnenlicht nicht zu scheuen braucht! – Dadurch, dass (andere) Menschen unsere Handlungen missbilligen, erwächst wohl große Traurigkeit. Aber wir müssen eben wir bleiben.»

Nicht immer, aber oft ist das Wirken des Genius eine Anleitung zur schöpferischen Unruhe, gegebenenfalls auch zum Außenseitertum und zur Widersetzlichkeit, nämlich dann, wenn der Strom, mit dem man mitschwimmen soll, gegen die individuelle Suchrichtung strömt, oder wenn sich die Lebensumstände so gegen das Heiligtum des innersten Wollens wenden, dass es der Genius gewissermaßen als Blasphemie empfindet. Lévinas sagt (1995): «Das ‹inkarnierte Denken› ereignet sich (zunächst) nicht als ein Denken, das auf die Welt einwirkt, sondern als eine getrennte Existenz, die ihre Unabhängigkeit in der glücklichen Abhängigkeit des Bedürfnisses behauptet.» Dieses Denken ist im Kern immer Sorge um das eigene Versorgtsein. Es stiftet keine Beziehungen des Gebens und Nehmens (in dieser Reihenfolge), sondern konjugiert sozusagen nur die kleinkindliche Urerfahrung der totalen *leiblichen* Abhängigkeit So verfängt es sich im *Nehmen-Modus* und behandelt die ganze Welt als Versorgerin. Es gibt jedoch auch ein Denken, das sich von dieser Selbstbezogenheit der *biologischen* Grundsituation emanzipiert. Es formiert sich nicht aus dem Abhängigkeitsstatus, sondern aus dem emanzipatorischen Grundtrieb des kleinen Kindes: aus der *fundamentalen Du-Gerichtetheit* des aktiv zur Welt hin aufgeschlossenen Bewusstseins. Das ist die biografische Grundsituation.

Von Anfang an (!) durchbricht der Genius den Abhängigkeitsstatus, indem er Beziehungen stiftet und Welt als Du konstituiert. Du-Gewahrsein aber bedeutet *Zuständigsein*. Wer (oder was) sich mir anvertraut, fordert mich zum Beistand auf. Beistehenwollen ist eigentlich nur ein anderes Wort für Vertrautsein. Wende ich mich wirklich zu, ergreift mich unmittelbar der Wunsch zu helfen, genauer gesagt: zu *ergänzen*. Der Genius spricht: Gib dem Anderen, was ihm fehlt, um ganz (= heil) zu sein. Nämlich Liebe.

In der Perspektive des *Genius* hat nichts anderes wirkliche Bedeutung als das Antlitz des Gegenüber in seiner anrührenden Bewahrheitungs-, man könnte auch sagen: Erweckungsbedürftigkeit durch Zu-Wendung. «Liebe ist das Ursprüngliche. Die Begegnung mit dem Anderen ist von Anfang an Verantwortung für ihn» (Lévinas 1995). Schon das ganz kleine Kind verspürt gegenüber der Mutter den unklaren Wunsch, der sich in die Worte kleiden lässt: Ich will für dich da sein. Man muss diesen Satz belauschen, durchschmecken, meditieren: Ich will für dich da sein. Dann wird man bemerken: Er versetzt uns zurück in die Stimmung der Kindheit. Insoweit sich unser Verhältnis *zu allem, was ist,* aus dieser zwischenmenschlichen Ur-Erfahrung gestaltet, gibt es nichts Fremdes, was uns gleichgültig lassen könnte. Andersherum gesagt: Gleichgültigkeit, wem oder was gegenüber auch immer, ist eine Folge des Abgeschnittenseins von dem vorbewussten initiatischen Schlüsselerlebnis *Ich will für dich da sein.* «Das erkennende Fühlen ist das ursprüngliche Fühlen, die nicht-erkennenden Emotionen werden später aus ihm gebildet» (Kühlewind 1998). *Ich will für dich da sein* ist die Essenz des erkennenden Fühlens, das, in fühlendes Erkennen umgewandelt, *Sinn gibt.*

Der *Genius* kennt keine Dinge, denn seine Welt ist Du-Welt, und ein Ding kann nicht Du sein; ihm ist der oder das Andere *immer* wesenhaftes Gegenüber: *der Mensch das Maß der Dinge.*

Das den Abhängigkeitsstatus durchbrechende Denken, so Lévinas, setzt uns «in Beziehung ... mit dem, was ist, aber so, als ob die Gegenwart dessen, was ist, noch nicht ganz vollendet wäre» (1993). Die Kernfrage im Abhängigkeitsstatus lautet: Kommt mir die Welt zugute? In der Zuständigkeit des Du-Gewahrseins lautet sie: Wie komme ich der Welt zugute? Dieses Denken geht immer ein Stück vor das Beschlossene zurück, um aus dem Noch-nicht-ganz Beziehungsmöglichkeiten auszuloten. Es spürt in der Bestands- und Wiederholungswelt die Ressourcen des noch zu Verwirklichenden auf und sorgt sich dabei weniger um Besitzstände als um Perspektiven der Menschlichkeit.

Schon Max Stirner, seiner Zeit meilenweit voraus, wusste, dass sich wahres soziales Vermögen einem Geist verdankt, dessen «Festigkeit nur in dem unablässigen Fluten (seiner) stündlichen Selbstschöpfung besteht» (1997).

Der *Genius* ist ein suchender Geist, ein heimatloser Geselle, denn seine letzten Ziele sind nicht von dieser Welt. Hier erreicht er allenfalls *Etappenziele. Wir* sind durch ihn an eine höhere Intelligenz angeschlossen, die nichts, aber auch gar nichts zu tun hat mit dem ganzen Fitness-, Wellness- und Happyness-Kult der Gegenwart – und auch nichts, pardon, mit der *Wie-erziehe-ich-mein-Kind-zu-einem-glücklichen-und-zufriedenen-Menschen-Erziehungsratgeberei.* Ich meine die Intelligenz der *Engel.*

Angelologische Fußnoten

Was tun die Engel, die unsichtbaren, die geflügelten Boten? «Sie behüten dich auf all deinen Wegen», wird den Kindern gesagt. In der trivialen Interpretation hieße das: Sie räumen dir alle Widrigkeiten aus dem Weg und geben Acht, dass du immer mit allem ausreichend versorgt bist.

Aber sollten die Engel – vorausgesetzt, es gibt sie – wirklich so etwas wie die höheren Anwälte unserer narzisstischen und hedonistischen Ansprüche sein? Für mich besteht, nach langem Offenhalten der Frage, kein Zweifel mehr an der Existenz von Engeln. Ich habe verschiedentlich in knapper Form auf die Gründe hingewiesen.[46] Dies zu akzeptieren, fiel mir nicht leicht, denn im kritisch-erziehungswissenschaftlichen Spektrum, dem ich mich eigentlich mehr zugehörig fühle als großen Teilen des Eso-Business, disqualifiziert man sich, wenn man über Engel redet. Dort hingegen, wo es sehr erwünscht ist, darüber zu reden, geschieht dies vielfach auf eine für mich unannehmbare triviale Art und Weise. Namentlich im Hinblick auf Kinder gibt es keine verkehrtere Vorstellung als diejenige vom süßen kleinen Engelchen in Menschengestalt, das von einem etwas größeren, aber ebenso süßen Schutzengelchen umsäuselt wird.

Sei's drum. Ich schlage vor, die oben zitierte Wendung aus der Bibel folgendermaßen zu übersetzen: DU – derjenige, der du *in Wahrheit bist* – wirst behütet auf allen *deinen* Wegen … wirst zu dir selbst zurückgerufen, wenn du dich von *deiner* Wahrheit entfernst oder aufhörst, sie zu suchen. «Sie stellen etwas Positives in die Mitte unseres Lebens. Sie zeigen uns, welche Alternativen es gibt und wie wir die Welt … verändern können» (Terry Linn Taylor in: Hauck 1996). Ich möchte hinzufügen: Das Positive im *Zentrum* unseres Lebens kann an der *Peripherie* so manches Unbehagen auslösen.

Joseph Beuys hat in Ausführung seines berühmten Diktums «Jeder Mensch ist ein Künstler» einmal gesagt: «Jeder Mensch kann kreativ sein, wenn er die Begegnung mit dem eigenen Ich riskiert.» Es sind, so möchte ich hinzufügen, die Engel, die uns zum Risiko (!) der Begegnung mit dem eigenen Ich anstiften. Wer Beuys kennt, weiß, dass er damit nicht das kleine Ego meinte, das in einem fort «Haben, haben, haben» schreit, sondern jenes Ich, das die Welt als Du konstituiert: den *Genius.* In der Tat ist die Begegnung mit dem Genius nicht nur motivierend, sondern auch riskant. Denn indem uns gezeigt wird, wozu wir aus Liebekräften imstande sind, bleibt uns eine Bilanz unserer Versäumnisse, Selbstlügen und Anmaßungen nicht erspart. Ich erkenne, dem Wink des Engels folgend, die Fülle meiner Möglichkeiten und zugleich meine Schwäche, mein Versagen, das Ausmaß meiner opportunistischen Anpassungsbereitschaft; ich sehe, über welches Kapital ich verfüge, aber auch, wie viel Kapital ich ständig veruntreue. Kapital ist bei Beuys das *kreative Vermögen,* das in die *Soziale Plastik* (oder auch: *Wärmeplastik)* investiert wird, um – jeder an seinem Platz, jeder nach seinen individuellen Fähigkeiten – zur Vermenschlichung der Welt beizutragen.

Die Begegnung mit dem *Genius* ist tröstlich und ermutigend, insofern sie zeigt, dass nichts verloren ist, weil ich das Gute – von mir als gut Erkannte – jetzt tun kann; aber diese Ermutigung gibt es nicht gratis. Ich muss vorher mein Scheitern bekennen. Vor mir selbst. Das kann ziemlich weh tun.

Die Engel haben Wichtigeres zu tun, als uns vor allen Unannehmlichkeiten zu bewahren. In gewissen Situationen sind sie gar nicht daran interessiert, fürchte ich, und auch nicht dazu *befugt,* denn unsere Freiheit ist ihnen heilig, einschließlich der Freiheit, uns in Gefahr zu begeben, zu irren, zu straucheln, aus Erfahrungen zu lernen, schmerzliche eingeschlossen. Die berühmte, irritierende Aussage Rilkes, ein jeder Engel sei *schrecklich,* wird verständlicher, wenn man zu ahnen beginnt, wie weit die Engelweisheit unser argwöhnisches, vorurteilsbeladenes, pedantisches, profilierungssüchtiges Alltagsbewusstsein und die daraus abgeleiteten Maßstäbe für das «richtige» oder «falsche» Leben überragt.

Es ist erschreckend, wenn das kleine Ego von einer Andeutung des in ferner Zukunft Menschenmöglichen und eigentlich erst Menschenwürdigen gestreift wird. Das ist der Grund dafür, dass sich die Engel verhüllen und indirekt mit den Menschen verkehren, indem sie vorsichtige, auf das individuelle Fassungsvermögen abgestimmte Botschaften aus dem Unbewussten senden.

Zeitlebens erinnert der Engel den Menschen an den *kairos:* an die Wahl, die er im *biografischen Empfängnisaugenblick* getroffen hat.[47] Diese Wahl war und ist geleitet von höheren – karmischen – Gesichtspunkten der individuellen Berufung, dies aber nicht im sozialen Vakuum, sondern im Hinblick auf das Zu-Erbringende für andere Menschen.

«Für» ist das angelologische Schlüsselwort. Es drückt eine innere Gebärde aus, die, negativ gesprochen, in dem Maße verkümmert, in dem wir für die Engel-Inspiration unempfänglich werden.

Der Drang, *für* die Mitmenschen etwas zu erbringen, was *ih-nen* teuer ist – der *Gebe-Drang* –, ist ein elementarer Faktor in der Entwicklung des Kindes. Er ist nicht identisch mit dem von Buber beschriebenen «Urhebertrieb», aber eng an ihn gekoppelt. Man täuscht sich, wenn man glaubt, es handle sich nur um eine maskierte Version der Geltungssucht oder um jenen indirekten Egoismus, den man daran erkennt, dass sich jemand durch Wohltaten unentbehrlich machen will. Im Kern entspringt der Gebe-Drang einer (zunächst) tief unbewussten Sorge um die Mitwelt, die in der anthropologischen Grundsituation veranlagt ist und auf den *kairos* zurückverweist. Der Mensch – das Kind – kommt nicht nur als versorgungsbedürftiges, sondern auch als besorgtes, fürsorgliches Wesen zur Welt. Freilich kann dieser Impuls ins rein Egoistische abirren, aber urphänomenal spricht sich darin der Engel aus: Wir werden, wenn wir den unverfälsch-ten Gebe-Drang verspüren, an die zentrale Motivation im Inkar-nationsgeschehen erinnert: uns um die Anderen zu kümmern. *Dafür* sind wir geboren.

Der Mensch riskiert (!) den Abstieg ins leibhaftige Sein *für* die Anderen. Von Rudolf Steiner stammen die unerhörten Sätze: Wir müssen «sehen, dass das Kind in einem gewissen Sinne die Eltern vorher liebt, schon vor der Befruchtung, und dadurch zu ihnen hingetrieben wird. Die Elternliebe ist also die Antwort auf die Liebe des Kindes» (GA 109). Was hier im Hinblick auf die Wahl der Eltern beschrieben wird, lässt sich dahingehend erwei-tern, dass wir auf das soziale Urphänomen schlechthin stoßen: auf das Geheimnis des liebevollen Bezogenseins der ungebore-nen, zur Verkörperung sich anschickenden Seele zu den Men-schen, mit deren Schicksalen sie verwoben ist, also – da alle Schicksale direkt oder indirekt verwoben sind – in letzter Konsequenz *zur Menschheit.* J. P. Sartre, der weit davon entfernt war, eine präkonzeptionelle Ebene einzubeziehen, hatte doch dieses Phänomen im Auge, als er in dem Essay «Der Existenzialismus ist ein Humanismus» feststellte: «Jeder von uns wählt sich, doch … sich wählend wählt er alle Menschen.» Das soziale Urphänomen!

In der unbedingten Liebe des Kindes zu den Eltern findet die *allgemeine Menschenliebe,* die Liebe zum Humanum, zum MENSCH-Urbild ihren ersten, völlig unverstellten, das heißt aber auch: unbewussten, unwillkürlichen Ausdruck. Die Liebe zum Urbild des Menschen waltet im Inkarnationsentschluss, ja ist in gewisser Hinsicht der Inkarnationsentschluss – die Menschenseele liefert sich an die Menschheit aus, ganz gleich, was weiterhin mit ihr geschieht. Diese höchstmögliche Hin-Gabe[48] ist noch keine sich selbst reflektierende Liebe, noch keine aktiv einfühlende Zuwendung, sondern Liebe *geschieht,* Einfühlung *geschieht,* wie Atmen. Später müssen Liebe und Einfühlung *erbracht* werden: aus der Einsamkeit; aus der Ich-Bewusstheit in der körperhaften Vereinzelung, diese überschreitend, zum Anderen hin. «Wo Liebe (und) Mitgefühl sich regen …, vernimmt man den Zauberhauch des die Sinneswelt durchdringenden Geistes» (Steiner, GA 16), den Zauberhauch aus dem innersten Bezirk der Menschenseele, der in der Obhut des Engels bleibt. Von dort her wirkt der Gebe-Drang; dort ist die Quelle der Liebefähigkeit und der Kreativität. Aber vergessen wir nie: *Um bewusst* aus dieser Quelle zu schöpfen, muss der Mensch *sich* wählen, *sich* finden, und das schließt ein: sich abgrenzen, sich behaupten, sich verwahren.

Wenn ein Kind *sein ganz und gar Eigenes* verteidigt, einsam (!) gegen die Übermacht der pädagogischen Gehorsamsforderungen und gesellschaftlichen Anpassungszwänge, ohne so recht zu wissen, was eigentlich in ihm vorgeht, dann tut es dies nicht, um die Erwachsenen zu ärgern, sondern um eines Tages in Freiheit geben zu können aus der Fülle dessen, was es – um zu geben! – mitgebracht hat. «Geist in seiner menschlichen Kundgebung ist … Antwort an das aus dem Geheimnis erscheinende, aus dem Geheimnis ansprechende Du» (Buber 1997).

Das höhere Gewissen

Engel «sind Meister der Intuition. – Ihre Aufgaben sind keineswegs trivial. – Manchmal schützen und verteidigen sie uns, manchmal verkünden (sie) uns eine große Botschaft: Sie bringen uns in Bewegung (und) rufen uns auf, ... größer zu werden» (Fox/Sheldrake 1996), zu ihnen hinauf zu wachsen. Das ist dem kleinen, genuss- und harmoniesüchtigen Ego ein Gräuel: in Bewegung gebracht zu werden. Die Wege, die der Engel weist, sind rätselhaft. Folgen wir dem Genius, der nichts anderes ist als das innere Wahrnehmungsorgan für Engelsbotschaften, handeln wir oft so, dass weder der Pragmatiker noch der Himmelstürmer in uns – die beiden also, die sich sonst bei jeder Gelegenheit zanken – damit einverstanden sind. In seltener Eintracht zetern sie dagegen. Dieser will schnelle Erfolge und rauschende Siegesfeiern, jener verlangt sorgfältige, wasserdichte Pläne. Beides entspricht nicht dem Charakter intuitiver Entscheidungen. Sie sind weder spontan, noch im Detail durchdacht, weder aus dem Bauch getroffen noch Kopfgeburten.

Es sind Herzensentschlüsse. Man erkennt sie daran, dass ein Gefühl der Unbedingtheit auftritt – «Ich *werde* es (nicht) tun!» –, obwohl es keine *zwingenden Gründe* gibt.

Ich bin, wenn der *Genius* spricht, weder bauch- noch kopfgesteuert, d.h. die betreffende Entscheidung hat weder begierdenhaften noch berechnenden Charakter. Man spürt: Es ist unausweichlich – ohne sich dabei unfrei zu fühlen. Ganz im Gegenteil. Die Entschiedenheit beschert paradoxerweise ein seltenes Freiheitserlebnis. Es fühlt sich warm und stimmig an. Obwohl man sich andererseits vielleicht vor den Konsequenzen fürchtet und erschauern mag angesichts der bevorstehenden Auseinandersetzungen und Missverständnisse.

Das Panorama des Genius ist weit, sein Blick gleichermaßen in die Ferne wie auf das Nächstliegende gerichtet, sodass die kleinen Dinge von den großen angestrahlt sind und die großen in den kleinen widerleuchten.

In dieser Perspektive ist der Weg des geringsten Widerstands kein Ideal per se. Wenn man ihn ohne Selbstverrat gehen kann – gut. Verhängnisvoll, ihn zu wählen, obwohl der Genius in eine andere, beschwerlichere Richtung deutet. Vergessen wir das nie, wenn wir es mit «schwierigen» Kindern zu tun haben. Allzu schnell werfen wir ihnen vor, sie seien faul, unmotiviert, nicht zur Mitarbeit bereit, nur auf ihr Vergnügen bedacht und so weiter. Dabei wäre doch alles viel bequemer, wenn sie unsere Erwartungen erfüllten, sich in unserer Anerkennung wärmen könnten. Warum gehen sie den konfliktreichen Weg und nehmen dabei in Kauf, dass alle Welt ständig von ihnen enttäuscht ist? Erst wenn man aufhört, Kinder als geborene Taugenichtse zu betrachten, als gestalt- und richtungslose Energiebündel, die durch Erziehung und Milieu zu richtigen Menschen geformt werden müssten; erst wenn man ernst damit macht, eine *primäre Intentionalität* zu unterstellen, kommt man auf die richtigen Fragen. Zum Beispiel auf die, warum das Kind sich selbst in Schwierigkeiten bringt. In unnötige Schwierigkeiten, pflegt man zu sagen. Sind sie unnötig? Es gehört zu den Wesensmerkmalen der menschlichen Genialität, dass sie lieber alle möglichen Widrigkeiten auf sich nimmt, als sich die Flügel stutzen zu lassen. Und die heutige Welt ist in ihrer Wirkung auf diejenigen Kinder, die gekommen sind, um Lebendigkeit, Poesie und Liebe in sie hineinzutragen, eine einzige große Flügelstutzmaschine.

Das engstirnige «Gewissen», das aus unserem Alltags-Ego spricht und danach trachtet, möglichst ohne Beulen durchs Leben zu kommen, hat, wie man weiß, die unsympathische Eigenschaft, sich einerseits gern wie ein Tugendwächter – mit Vorliebe anderen gegenüber! – aufzuführen und andererseits seine Grundsätze sofort über Bord zu werden, wenn es eine verlockende – und voraussichtlich straffreie – Gelegenheit sieht, sich auf Kosten der Mitmenschen Vorteile zu verschaffen. Der Genius hingegen, der aus dem höheren Gewissen spricht, predigt nicht und mag sich keine Predigten anhören. Er kennt weder Rivalitäten noch Eitelkeiten. Allerdings kennt er manchmal auch kein Pardon. Er ist der Ursprung unseres, wie man so sagt, Strebens nach Authentizität: Glaubwürdigkeit vor uns selbst. Er bewahrt das «Ich-bin-der-Ich-bin», den *Funken*. Er *ist* die Sehnsucht nach Freiheit und Liebe. Er verteidigt das *immagine del cuor* – zuweilen, wie es scheint, mit Todesverachtung. Und immer frappiert uns, wenn er Regie führt, die inständige, tiefe, drängende, keinen Aufschub duldende, manchmal verletzlich-erschrockene, manchmal überstürzt-ungeschickte Anfrage an das Du.

Zum Verweilen

«Das existenzielle Abenteuer des Nächsten ist dem Ich wichtiger als sein eigenes.»

Lévinas

Ein undankbares Kind, ein Schulphobiker, eine Legasthenikerin ...

Studiert man Biografien von Menschen, die sehr stark unter dem Eindruck einer Berufung standen, wird deutlich, dass es ihnen oft schon von Kindheit an schwer fiel, «nach unten zu wachsen», wie es Hillman ausdrückt: in die leiblichen Beschränkungen, in die Enge der gesellschaftlichen Verhältnisse, der Bildungsgänge, des Berufslebens, des familiären Alltags. Der Genius neigt dazu, Grenzen zu ignorieren oder zu sprengen. Dabei will er anderen kein Leid verursachen (nichts will er weniger!), kann es aber manchmal nicht vermeiden. Er wandelt im Zweifelsfall lieber am Abgrund, als sich in eine Normalität zu fügen, die ihn zur Passivität verdammt.

Unter seiner Führung verwirren Kinder ihre Mitwelt, indem sie konsequent und nach schwer begreiflichen Kriterien zwischen zwei Arten von pädagogischen Ansinnen unterscheiden: solchen, denen sie sich freiwillig, vielleicht freudig fügen, und anderen, die sie halsstarrig zurückweisen. Oft äußert sich der kindliche Genius in Ängsten, Obsessionen und Empfindlichkeiten, die mit vordergründiger Logik nicht zu entschlüsseln sind und erst im Lichte des späteren Lebensverlaufes begreiflich werden.

Yehudi Menuhin bekam als Vierjähriger eine blecherne Spielzeugfidel geschenkt. Kaum hatte er das Ding ausgepackt, warf er es unter Tränen weg und wollte es nie wieder anfassen. Wer konnte auch ahnen, dass das Geschenk den künftigen großen Geiger, der im kleinen Yehudi schlummerte und der er in gewisser Hinsicht *schon war,* beleidigte!

Im Alter von zehn, elf Jahren pflegte der kleine C. G. Jung, wenn Rechnen auf dem Stundenplan stand, vor Unterrichtsbeginn – zu Hause oder auf dem Schulweg – in Ohnmacht zu fallen. Später notierte er, dass ihn die Beschäftigung mit der kalten Zahlenwelt damals in einen *Gewissenskonflikt* gestürzt habe, den er sich als Kind natürlich nicht erklären konnte. Er hatte das Gefühl, irgendetwas in seinem Inneren so lange wie möglich vor Zahlen schützen zu müssen, um es nicht zu beschädigen.

Die französische Schriftstellerin Colette hasste als Kind nichts so sehr wie das Schreiben, vor allem das Aufsatzschreiben. Genau dies aber war ihre Berufung. Die Art und Weise, wie sie in der Schule mit der heiß geliebten Muttersprache umgehen sollte, empfand ihr poetischer Genius als Frevel. Man hielt sie für sprachlich minderbegabt, weil sie offenbar unter dem Eindruck stand, ihr Talent vor talenttötenden Leistungsnormen bewahren zu müssen. Sie selbst sagte später, ihr Widerstand gegen das Schreiben habe sie davor bewahrt, zu früh damit zu beginnen.

«Angenommen», sagte Rudolf Steiner, «wir wollten einen Menschen zu einem besonders erfinderischen Geist machen, der die Denkfähigkeit nicht nur belebt, sondern der schöpferisch fortfahren kann, diese Fähigkeiten dann im Alter zu einer höheren Produktivität auszubilden, dann müssten wir vor allen Dingen ein solches Kind von dem sechsten, siebten Jahre an davor bewahren, dass es in derselben Weise lernt, wie andere Kinder lernen, dass es ja nicht dieselben Schulgegenstände zu lernen beginnt, wie es die anderen Kinder tun. – Wir müssten es bis zum zehnten, elften Jahr womöglich beim kindlichen Spiel erhalten» (GA 114). Steiner betont die Unmöglichkeit, daraus einen allgemeinen Erziehungsgrundsatz zu machen. «Gewisse Dinge müssen die Menschen eben heute noch sozusagen den Göttern überlassen. – Und wenn Sie irgendwo hören, dass irgendeine bestimmte Persönlichkeit, die auf einem bestimmten Gebiete befruchtend wirken sollte, sich lange Zeit unbegabt zeigte, lange Jahre hindurch für dumm gehalten wurde …, dann haben die Götter dieses Experiment angestellt.» Man könnte auch sagen: Dann ist der Genius, weise und gebieterisch, in Erscheinung getreten, wie jener blinde (nicht in der Sinneswelt beheimatete) alte Mann, der dem starken Wanja erscheint und ihm sagt, er müsse sich für sieben Jahre auf den Kachelofen zurückziehen, um sich auf große Taten vorzubereiten.

Bedenken wir bei alledem immer: Von Berühmtheiten wie Menuhin, Jung oder Colette wird nur deshalb erzählt, weil ihre Lebensberichte vorliegen und uns Gelegenheit geben, auf bestimmte Phänomene beispielhaft hinzuweisen. Diese Phänomene gelten jedoch nicht exklusiv für namhafte Persönlichkeiten der Zeitgeschichte, sondern auch für Menschen, deren Genius ganz stille Wege geht. Oder für solche, die, ohne Aussicht auf Ruhm, durch Angst, Verzweiflung und Schuld hindurchmüssen und rückblickend sagen können, ihr *Genius* habe sie, in Gemeinschaft mit dem Engel, noch in der größten Not geführt.

Tragik

Und was ist mit denen, die vom Leben niedergeworfen werden und sich nicht mehr erholen? Sind sie von ihren Engeln verlassen?

Das ist eine Frage, die mich früher zu ausschweifenden Erörterungen veranlasst hätte. Aber mit wachsender Erfahrung bin ich immer weiter davon abgekommen, irgend ein Urteil über tragische Lebensverläufe abzugeben.

Was wissen wir schon! Es würde mir nicht einfallen, den tiefen Schmerz des schon erwähnten Georg Trakl auf einen «inzestuösen» Zentralkonflikt in der Kindheit zurückzuführen, wie es der Psychologe Erich Neumann (1905–1960) wortreich unternahm. Ebenso wenig steht es mir zu, auf einem pseudo-esoterischen Richterstuhl Platz zu nehmen und von dort aus z.B. die Ursachen in früheren Erdenleben zu suchen. Die reinkarnationstheoretisch nach hinten verlängerte Psychoanalyse krankt genau wie die gewöhnliche daran, dass sie komplexe geistige Zusammenhänge in das simple, lineare Ursache-Wirkung-Prinzip pressen will und den Menschen als Resultat seiner Vergangenheit betrachtet. Das ist materialistischer Denkstil. Neues Denken beginnt dort, wo man das Zeit-Kontinuum aufsprengt und versucht, sich dem Geheimnis der real in die Gegenwart hereinwirkenden Zukunft und der vertikalen Einschläge zu nähern. *Dann* mag man in *diesem* Lichte Reinkamationsforschung betreiben und wird feststellen, dass der Dalai Lama Recht hatte, als er kürzlich auf einem Kongress sinngemäß sagte, alle Reinkarnationsaussagen, die von der linearen Vorwärtszeit ausgehen, seien falsch. Auch Rudolf Steiner betonte, dass man karmische Zusammenhänge «schon verkennt, wenn man nur im geringsten Grade daran denkt, dass es sich um eine Verursachung handelt, die in irgendeiner Beziehung ähnlich sei derjenigen, die wir sonst in der Welt finden, wenn wir von Ursache und Wirkung sprechen» (GA 236).

Mich bewegt, Trakl betreffend, die Frage, wer oder was diesem feinen, tiefgründigen Menschen, dessen Genius alle Panzerungen abwarf, solches Entsetzen eingejagt hat; aber ich will diese Frage nicht durch eine Antwort abtöten, sondern sie hüten, mich weiter von ihr bewegen lassen. Auch das ist ein Erkenntnisweg, manchmal ein besserer als der antwortsüchtige. Ich verwundere mich über die *Schönheit* dieses Lebens und Dichtens, vernehme im Herzen das Leid, das aus seinen Versen spricht, und schweige. «Man sollte … das Schicksal eines Menschen mit einer ungeheuren Pietät, mit tiefer innerer Ehrfurcht betrachten, weil man, indem man das Schicksal eines Menschen betrachtet, vor der ganzen Welt der Götter steht» (Steiner, GA 236). Vor der ganzen Welt der Götter!

Der Psychoanalytiker untersucht die Lebensgeschichte einer Persönlichkeit, die sich weit aufgeschwungen hat und abgestürzt ist, nach traumatischen Kindheitserlebnissen. Natürlich findet er irgendetwas. Dann heißt es, der inzestuöse Konflikt – im Fall Trakl von Erich Neumann (1995) «aufgedeckt» – habe zum Absturz geführt, und die großartigen dichterischen Leistungen seien als kompensatorische Selbstrettungsversuche zu deuten. Wer den traumatheoretischen Erklärungsansatz bezweifelt, «wird sofort in die Ecke zu den ‹Ignoranten› gestellt» (Nuber 1995). Es ist mir eine Ehre, in dieser Ecke zu stehen. Wie kommt man überhaupt dazu, aus Trakls Leben eine klinische Fallstudie zu machen?

Der Mann hat ein kostbares, lange nachwirkendes Geschenk hinterlassen, für das ihm viele dankbar sind. Er war auf seinem Gebiet ein Meister. Ein Meister sowohl der poetischen Form als auch der Erforschung der Seele. Ich habe selbst erlebt, wie tröstlich es sein kann, in Stunden der Niedergeschlagenheit mit ihm – dem vielleicht größten Experten für Melancholie seit Hölderlin – ein stilles Zwiegespräch zu führen. Mit Sicherheit hat er posthum ein paar Selbstmorde verhindert. Reiche Ernte. Also ist doch diese Biografie mitsamt Kindheit im Wesentlichen gut verlaufen – besser jedenfalls als manches vor sich hin dümpelnde Durchschnittsleben, wenn ich das einmal so sagen darf.

Psychoanalytische (oder auch esoterische) Tiefenbohrungen mit Zielrichtung auf Persönlichkeitsdefekte sind, wie ich meine, nicht die angemessene Art des Gedenkens an bedeutende Verstorbene. Ich hege zugegebenermaßen eine tiefe Antipathie gegen diese Art von Indiskretion und Vermessenheit – Vermessenheit deshalb, weil ja die Ermittlungen darauf abzielen, die Genialität posthum als Pathologie zu entlarven.

Dasselbe Spiel wird, nebenbei bemerkt, hunderttausendfach mit «verhaltensgestörten» Kindern getrieben, prophylaktisch in diesem Fall: Man bringt die sich ankündigende Genialität auf den pathologischen Begriff, um sie dann nach allen Regeln der Kunst auszutreiben.

Es gibt andere Wege des Verstehens, des verstehenden Sich-Einfühlens, als nachträglich im Privatesten und Intimsten eines Menschen wie Trakl herumzuschnüffeln, um nachzuweisen, dass sein Leben aus diesen oder jenen Gründen verunglückt sei. Um sich verständlich zu machen, hat er Gedichte geschrieben! In ihnen ist alles enthalten, was man braucht, um ein Gefühl für den Genius seines Schicksals zu entwickeln. Sie sind Ausweise einer durch und durch geglückten überpersönlichen Trauerarbeit, geleistet in der Vorahnung auf ein Jahrhundert unsäglicher Leiden.

So bleibt mir angesichts der Schicksale von Menschen, die an sich selbst verbrannten oder an der Welt zerbrachen – oder beides –, eine Mischung aus Bekümmerung, Dankbarkeit und Bewunderung. Und eine große Frage, der gegenüber mich die intellektuelle Antwortsucht nur auf Abwege führen kann. Die Engel wissen, was warum geschehen ist.

In anderen Fällen ist das rettende Wirken der Engel mit Händen greifbar.

Das dritte Programm des Südwestfernsehens zeigte kürzlich einen Film mit dem Titel «Gute Nachrichten aus Singh-Singh». Berichtet wurde von der inspirierten Initiative eines Theologie-Professors, der in dem berüchtigten New Yorker Gefängnis, in dem nur Schwerstverbrecher einsitzen, für diejenigen Gefangenen, die daran interessiert sind, ein Theologiestudium (!) anbietet. Die Absolventen schließen mit dem Magister- oder Doktorgrad ab. Es handelt sich um Täter, die noch vor der Wiedereinführung der Todesstrafe verurteilt wurden. Sie haben also Aussicht, noch ein paar Jahre in Freiheit zu leben. Dann wollen sie in den Elendsvierteln, aus denen die meisten von ihnen selbst stammen, seelsorgerisch arbeiten.

Einer von ihnen (farbig, verheiratet, Vater einer jetzt 19-jährigen Tochter), der, um sich Geld für Kokain zu beschaffen, eine junge Frau ermordet hatte, stand im Mittelpunkt der Reportage. Unter anderen wurde auch seine Mutter interviewt, die nie aufgehört hatte, an ihn zu glauben. Sie sagte sinngemäß: «Nun ist mit Gottes Hilfe doch noch alles gut geworden. Als mein Junge geboren wurde, *wusste* ich: Er wird ein Priester sein. Ich erzählte es allen und wurde für verrückt erklärt. Wer hier am Rande der Gesellschaft aufwächst, meinten sie, wird nicht studieren! Weder Theologie noch sonst etwas! Dann kam all das Furchtbare – und nun ist er ein Priester geworden. Ich wusste es.»

Es liegt mir ganz fern, diese Geschichte interpretieren zu wollen. Auch ihr gegenüber ist Schweigen angebracht.

Woher wusste die Frau, dass ihr Sohn Priester werden würde?

Keine Mutter, kein Vater sollte sich nun vom Begehren nach einer ähnlich deutlichen Wahrnehmung dem eigenen Kinde gegenüber leiten lassen. Allzu leicht könnte man dann wiederum Wunschbilder mit Wahrbildern verwechseln. Dass sich in dem beschriebenen Fall eine so unmissverständliche imaginative Gewissheit schon in der Geburtsstunde einstellte, mag sich einerseits aus dem schlichten, tief gläubigen Gemüt der Mutter erklären, andererseits aus dem unerhörten Schicksalsdrama, das da seinen Anfang nahm. Wenn ein derartiges karmisches Erdbeben bevorsteht, denke ich, sind die Engel besonders nahe.

In der Regel haben Eltern weder die Fähigkeit noch die Befugnis, über die Zukunft ihrer Kinder genaue Vorhersagen zu treffen. Aber sie können, wie ich es beschrieben habe, ein Gehör für das aus der Zukunft Hereintönende entwickeln und daraus Vertrauenskraft schöpfen.

Zum Verweilen

«Eines der wichtigsten Dinge, die wir über Engel wissen sollten, ist, dass sie uns nicht erscheinen, um nett mit uns zu plaudern oder eine Tasse Tee mit uns zu trinken. – Sie kommen, um uns zu sagen, dass wir wachsen können, dass wir uns ändern können … und noch lange nicht am Ende unseres Weges … angelangt sind.»

Eileen Elias Freeman

Weigerungen

Der Genius ist das Bindeglied des gewöhnlichen Ich-Bewusst-seins zu dem überweltlichen Wesen, das, in Abwandlung einer Formulierung von Hans-Werner Schroeder, «die Zukunft ‹hinter sich› hat».[49] Was Lévinas als «epiphanisch» ins Gegenwärtige ein-leuchtende «Zukunft der Entwürfe» zu fassen versuchte, kleidet Georg Kühlewind (1998) in den schlichten Meditations-satz: «Mein Licht erfährt sich selbst.» *Der gute Geist in mir ist der Statthalter des guten Geistes über mir.*

Was unter «gut» in diesem Zusammenhang nicht zu verstehen ist, sollte deutlich geworden sein. Jeder von uns trägt einen mehr oder weniger ausgeprägten Politiker in sich, einen Taktiker mit Hang zum Opportunismus. Das ist eine überlebensnotwendige Funktion des Ego. Der gute Geist kann sich dieser Funktion be-dienen, aber im Grunde genommen widerstrebt sie ihm, denn was *er* veranlasst, «kann nur mit der *ganzen* Seele getan werden», wie es Martin Buber ausdrückte. Immer wieder führt uns der Genius in den Gewissenskonflikt zwischen Authentizität und Anpassung. Soll ich meiner inneren Überzeugung folgen oder um des lieben Friedens willen einlenken – auch wenn ich weiß, dass es falsch ist?

«Es gibt nichts Gutes, außer man tut es», lautet ein bekanntes Bonmot von Erich Kästner. Ich möchte es, Buber folgend, etwas erweitern: Es gibt nichts Gutes, außer man tut es mit der ganzen Seele. – Das wäre der radikale Begriff des Guten.

Der Genius, so James Hillman (1998), «motiviert, … beschützt, … ist erfinderisch und beharrt in dickköpfiger Treue». Notfalls «widersteht (er) der anpassungsbereiten Vernunft» und veranlasst «abweichendes Verhalten», nämlich dann, «wenn er vernachlässigt wird oder (die Mitwelt) sich ihm entgegenstellt». Er hat die höheren Belange des Engels zu vertreten, dessen «Bewusstsein … weiter (ist) als das menschliche (und) aus der Höhe das Irdische umfassender und ungehinderter überblickt» (Schroeder).

Der Engel ist kein netter Onkel, der Süßigkeiten verteilt. Mag sein, «er steht im Weg, und er sagt: Nein / der Engel / groß wie Pfahl und hart wie ein Stein», heißt es in einem Gedicht von Rudolf Otto Wiemer (zitiert nach Lukas 1998).

Es ist also durchaus möglich, dass sich gerade in Verhaltensweisen, an denen die Mitmenschen Anstoß nehmen, der Genius zeigt. Das gilt auch und ganz besonders für Kinder. Denn sie können sich noch nicht diplomatisch verhalten. Es ist nicht ihre Art, die Botschaften des höheren Bewusstseins gewissermaßen abzufangen und erst in entschärfter, sozialverträglicher Zubereitung nach außen weiterzuleiten. Das tun wir Erwachsenen ständig. Sagt mir z.B. eine innere Stimme: Bei dieser therapeutischen Aufgabe würdest du dir selbst im Weg stehen; übergib sie einem Kollegen –, dann mache ich mir darüber Gedanken, wie ich dem betreffenden Klienten meinen Rückzug erkläre, ohne ihn zu verletzen. Wenn hingegen Kinder spüren, dass sie sich von diesem oder jenem Menschen distanzieren, diese oder jene Anweisung nicht befolgen sollten, reagieren sie unverhüllt abwehrend. Zwar kennen sie durchaus schon die Anwandlungen der Bosheit – Neid, Rachegefühle, jemandem eins auswischen –, aber mit jener politischen Klugheit, die zur List hin tendiert – Diplomatie ist nichts anderes als eine etwas vornehme Spielart der List – können sie wenig anfangen.

Manche Kinder – Vorsicht mit der bequemen «Teilleistungs-störungs»-Diagnose – empfinden zum Beispiel, ähnlich wie es bei C. G. Jung der Fall war, einen so intensiven Widerwillen gegen das Rechnen, dass man beinahe den Eindruck hat, die Zahlenwelt jage ihnen Todesangst ein. Es wäre nun eine sozial zuträgliche Form des listigen Verhaltens, nach außen hin der Pflicht Genüge zu tun, um Eltern und Lehrer zu beruhigen, innerlich jedoch völlig unbeteiligt zu bleiben. Ausreichende oder sogar befriedigende Ergebnisse lassen sich bekanntlich auch ohne Engagement und Interesse erzielen. Aber so sind Kinder eben nicht. Sie weigern sich kompromisslos, ein Gebiet zu betreten, vor dem der Genius warnt. Dann helfen nur noch Repressalien. Oder so genannte therapeutische Maßnahmen.

Oder man *respektiert* die Weigerung des Kindes und versucht die *unbewussten Beweggründe* zu erfassen, um *vertrauensbildende Hilfestellungen* anzubieten.

Dann wäre zum Beispiel zu fragen: Sind bestimmte vorgelagerte Reifungsschritte der basalen Strukturwahrnehmung und Formerfassung noch nicht abgeschlossen, während zugleich eine besondere Begabung zutage tritt, aus der sich die Abwehrhaltung gegen das Rechnen *positiv* erklären lässt? Wie malt und zeichnet das Kind? Vielleicht ist es ein kleiner Meister der spontanen Geste und des farblichen Ausdrucks, während es die formalen Grundelemente noch nicht beherrscht und offenbar auch gar nicht beherrschen will. Nun müsste man *mit* dem Genius arbeiten, indem man bei der Begabung ansetzt (!), diese ausdrücklich begrüßt und von ihr aus, vielleicht unter Einbeziehung von Körperwahrnehmungsübungen, einen *künstlerischen* Prozess der

Befreundung mit dem Reich der Formen und Strukturen einleitet. Mit dem Rechnen als solchem hätte es keine Eile. Überhaupt hätte es keine Eile – wenn nicht allerorten dieser Wahnsinn im Gange wäre, Abweichungen von der Entwicklungs- oder Leistungsnorm wie bösartige Krankheiten zu bekämpfen. Ob man Therapie als Intervention zum Zwecke der Behebung eines Mangels oder als ermutigenden Beistand zur Überwindung eines berechtigten (!) Vorbehaltes auffasst, macht einen großen Unterschied. In der Grundhaltung, im Zeitmaß, in der Wahl der Mittel.

Es ist möglich, dass sich ein Kind aus Gründen, die in der Zukunft liegen, bis zum 12., 13. Lebensjahr vor dem Weltprinzip der mathematischen Logik schützen muss. Man kann ja dieses Prinzip nach den Erfahrungen im 20. Jahrhundert nicht mehr einfach als wertfreie Qualität auffassen. Hier passt die Redewendung vom Segen, der zum Fluch geworden ist.[50] «Offenbar wird in vielen Fällen das Bild im Herzen durch das Unterrichtsprogramm … behindert. (Denn) wir werden mit einem … überweltlichen Gegenstück geboren, das nicht zu dem Ort und dem Zeitpunkt gehört, an dem wir uns gerade befinden» (Hillman 1998).

Leuchtendes Eisen,
ein Hasenfuß wird Torero,
und andere Merkwürdigkeiten

Albert Schweitzer war acht Jahre alt, als er begann, die Evangelien zu lesen. Vor allem die Weihnachtsereignisse berührten ihn sehr. An der Geschichte von den heiligen drei Königen allerdings nahm er heftig Anstoß. Es wollte ihm nicht einleuchten, «dass die Weisen aus dem Morgenlande sich später um das Jesuskind gar nicht mehr kümmerten». Ihr Verhalten war ihm «ganz unbegreiflich». Die heilige Familie lebte doch in Armut! Und die Könige waren reich! Im Lichte seines späteren Lebensganges wird klar, warum er das nicht akzeptieren konnte. War er nicht ein König aus dem reichen Europa, der sich um die Ärmsten der Armen in einem weit entfernten Lande bekümmerte? Schweitzer beschloss mit 21 Jahren, ab dem 30. Lebensjahr eine Aufgabe des menschlichen Dienens zu ergreifen. 1905, genau 30-jährig, teilte er mit, das er Urwaldarzt werden wolle, und begann Medizin zu studieren.

Der Religionsphilosoph Teilhard de Chardin hatte als kleiner Junge ein Problem, das man heute ziemlich sicher als ausgeprägte, vielleicht auf Komplikationen in der so genannten analen Phase zurückzuführende Verhaltensstörung bewerten würde. Er wollte, grob gesagt, nichts mit Pflanzen zu tun haben. Alles, was grünte und blühte, war ihm suspekt. «Die offenkundige Hinfälligkeit und Zerbrechlichkeit der lebendigen Welt beunruhigte ihn stark» (Johannes Hemleben). Hingegen war er fasziniert von der toten Materie. Kristalle und Eisenstücke interessierten ihn. Vor allem Eisenstücke: Hammerköpfe, Granatsplitter vom Truppenübungsplatz und so weiter. Ihnen gegenüber entwickelte er, wie man sagen könnte, eine zwanghafte Fixation. Er betete sie an («Mein Eisengott») und behauptete, sie würden leuchten. Setzte einer seiner Fetische Rost an, geriet er in Verzweiflung und setzte alles daran, den Makel zu beseitigen. – Werfen wir einen Blick auf das zentrale Thema seines späteren geistigen Forschens. Alles drehte sich um die Substanz- und Konsistenzfrage: Was hält die Welt im Innersten zusammen? Eines seiner Werke trägt den Titel *Das Herz der Materie*. Ein anderes heißt *La substance chérie – Geliebte Substanz*.

Der legendäre spanische Stierkämpfer Manolette war ein hochgradig ängstliches Kind. Er hing immer am Rockzipfel der Mutter, wurde von den anderen Kindern als Hasenfuß verspottet und litt unter schrecklichen Wiederholungsträumen, in denen ihn große Tiere (!) bedrohten. Manolette war als Torero geboren. Das wusste er in seinem tiefsten Inneren schon als kleiner Junge und lebte in banger Vorahnung dessen, was seine Passion werden sollte. Er wurde bei einem Stierkampf tödlich verletzt. Ich sagte ja schon: Der Genius verfolgt seinen Weg manchmal mit bestürzender Konsequenz. Gewiss war Manolette dieses Ende nicht im Sinne eines unausweichlichen Verhängnisses vorherbestimmt. Aber er hatte gewählt, und die Möglichkeit, auf diese Weise zu sterben, war in der Wahl enthalten.

Ob man persönlich die Tradition der Stierkämpfe ablehnt oder gelten lässt, spielt hier keine Rolle. Es wäre falsch zu glauben, ein Mensch könne durch seine Berufung nur an ethisch unbedenkliche, edle, fromme, hochkultivierte Aufgaben herangeführt werden – abgesehen davon, dass in einigen Ländern der Beruf des Toreros noch heute als einer der edelsten gilt, ob es uns gefällt oder nicht (mir gefällt es, ehrlich gesagt, nicht).

«Der Mensch gestaltet die Erde um», schrieb Rudolf Steiner, «indem er ihr einpflanzt, was er vom Geisterlande her erkundet. Darin liegt seine Aufgabe» (GA 10). Alles – ich wiederhole: *alles* –, was das Zusammenleben der Menschen, ihre Traditionen, Konventionen, Obsessionen und Wertorientierungen prägt, was also in irgendeiner Weise, negativ oder positiv, zeitgeschichtlich relevant ist, kann für die sich verkörpernden Seelen eine Aufforderung darstellen, ihre «vom Geisterlande her erkundeten» Gestaltungsimpulse einzubringen. Es gibt die weit Vorauseilenden, die das Bestehende ignorieren und überflügeln; sie sind nicht zu beneiden. Viel häufiger jedoch erweist sich der Genius als konsequenter Zeitgenosse. Seine Aufforderung lautet: Stelle dich mitten hinein in die Welt, wie sie ist, und leiste deinen Beitrag, das Bewahrenswerte zu bewahren, das Dunkle aufzulichten, das Erstarrte in Bewegung zu bringen, das in die Dekadenz Treibende behutsam umzulenken. – Welche Risiken damit verbunden sind, liegt ohne Weiteres auf der Hand. Ich glaube, wir müssen in diesem Punkt die Bereitschaft zum vorurteilslosen Hinschauen sehr weit treiben, bis an die Schmerzgrenze sozusagen, und z.B. auch bedenken, dass gerade dort, wo sich in einer Gesellschaft die destruktiven Kräfte am stärksten regen, heilende, vermenschlichende Impulse aus dem «Geisterland» besonders vonnöten sind. Dabei habe ich weniger den Stierkampf im Auge als zum Beispiel die ins Wahnhafte abirrende Gentechnologie oder die völlig abgestumpfte Welt der Medien und des Big Business. Wir müssen davon ausgehen, dass heute viele Individualitäten mit ihren (Um-)Gestaltungs-Intentionen in die ahrimanischen

Hochburgen hineinstreben und uns dies schon in der Kindheit signalisieren.[51]

Vor einiger Zeit lernte ich einen fünfjährigen Jungen kennen, der zwei «Göttern» huldigte: dem Gott der Hände und dem Gott der Vögel. Er war glücklich, wenn er Hände betrachten und befühlen durfte. Ebenso leidenschaftlich war er daran interessiert, Vögel zu beobachten, alles über Vögel zu erfahren, Geschichten zu hören, in denen Vögel vorkamen. Wenn er malte – und das tat er oft –, waren Hände und Vögel seine Lieblingsmotive. Zwar entsprachen die Darstellungen noch längst nicht der Realität, aber damit hatte er keine Probleme. Er übte. Außer Händen und Vögeln weckte kaum etwas anderes sein tiefes Interesse. Die Eltern und die Kindergärtnerin waren beunruhigt. Ob das noch normal sei, wollten sie wissen; und was es zu bedeuten habe.

Oh nein, ‹normal› war das nicht. – Wo der Genius wirkt, ist nicht die Normalität. Was es zu bedeuten hatte? Ich schlug vor, zwischen dem Phänomen und seiner Bedeutung keinen Unterschied zu machen und die Sache zunächst einmal so zu betrachten, dass die Hingabe an Hände und Vögel sich selbst bedeute.

Der Engel des Kindes ließ uns eine Mitteilung zukommen. Er fragte: Kann man euch ein Geheimnis anvertrauen? Ich habe diesem Kind zwei Bilder in die Seele gelegt, zwei Rätselbilder, sein Schicksal betreffend: Hände und Vögel. Achtet darauf! Geht sorgsam damit um!

Mehr verrät der Engel nicht.

Da stehen wir nun mit unserer Begründungssucht. Mit unserer Unfähigkeit zu staunen. Mit unserer Angst vor Ereignissen, die nicht umgehend logisch einzuordnen sind. Mit unserem Hinterfragungs-Krampf. Mit unserem gebrochenen Verhältnis zum Unerklärlichen – was nicht heißt: Unbegreiflichen. «Der Mensch ist verarmt, denn er hat verlernt, sich zu wundern» (Evelyn Waugh). Die Antwort auf die Frage ist wieder die Frage! Das geht doch nicht!

Da ich mich schon lange mit rätselhaften kindlichen ‹Obsessionen› und den damit verbundenen Erkenntnisproblemen beschäftige, wage ich die Mitteilung des Engels zu ergänzen: Wir haben es mit einer Art von Rätseln zu tun, die man paradoxerweise nur lösen kann, wenn man davon absieht, sie lösen zu wollen.

Jetzt ist die Verwirrung perfekt.

Oder?

Wir haben am Beispiel Teilhards gesehen, dass es ganz unmöglich ist, die Bilder, durch die der Genius spricht, im gewöhnlichen Sinne zu interpretieren. Wer hätte die Fixation auf Hammerköpfe und Granatsplitter mit späteren Studien über den Christusimpuls und das «Herz der Materie» in Verbindung gebracht? Aber darum geht es ja eben nicht. Spionage im Geheimnisbezirk ist aussichtslos. Man bekommt immer genau das gezeigt, was man (an-)sehen soll. Das ist der Grund dafür, dass man es gezeigt bekommt.

Wenn sich der Genius mit derartiger bildhafter Kraft zu Wort meldet, liegt darin eine Aufforderung. Wir sind aufgefordert, das tiefe Interesse des Kindes nicht nur zu respektieren, sondern zu teilen. In dem Maße, in dem wir dazu fähig sind, werden wir für würdig befunden, mehr zu erfahren.

Verstehen im Sinne von Nähe und Teilnahme vollzieht sich, indem ich mit wachen Sinnen und offenem Herzen – absichtslos – die Wesensäußerungen des Anderen mir *ein-gestalte*. Es ist ein ähnlicher Vorgang – jedoch von Mensch zu Mensch viel intensiver –, wie wenn man ein Gemälde nicht nur von außen betrachtet, sondern *sich einlebt* in die farbliche und gestische Sprache des Werkes und auf diese Weise – weit entfernt von interpretatorischer Hinter-Fragerei – *versteht*.

Es gibt Phänomene, die sich allein daraus erklären, dass man sie *sich* aussprechen lässt und das, was man vernimmt, für-wahr-nimmt.

Wenn sich ein Kind hingebungsvoll für bestimmte Dinge, Wesen oder Vorgänge interessiert, gibt es demgegenüber nur eine sinnvolle pädagogische Haltung: das Interesse zu teilen!

Die hier natürlich naheliegende Frage, was davon zu halten sei, wenn sich das Interesse des Kindes z.B. auf Monster, Pistolen, Computerspiele etc. konzentriert, sparen wir uns noch auf.

Verhasste Schule

Der Genius ist ein weitsichtiger Lenker. Aber er ist kein Taktiker. Und schon gar kein Opportunist. Es gehört durchaus zu seinem Repertoire, unbequeme, konfliktreiche Situationen herbeizuführen, namentlich dann, wenn er etwas unternehmen muss, um den Dingen eine neue, ihm entsprechende Richtung zu geben.

Ich erlaube mir, eine autobiografische Notiz einzuflechten. In den innerlich glasklaren – freilich oft von äußeren Turbulenzen begleiteten – Momenten, in denen ich die wichtigsten und folgenreichsten Entscheidungen meines Lebens traf, empfanden es viele Menschen in meiner Umgebung als verrückt oder zumindest sehr unvernünftig, was ich tat, und ich hatte keine Gegenargumente, sondern konnte nur sagen: «Ich weiß, es ist richtig.» Sehenden Auges schlug ich verlockende Angebote aus und begab mich auf vergleichsweise unsicheres, riskantes Gelände. Natürlich blicke ich auch auf manche Fehlentscheidung zurück. Doch jedesmal, wenn *dieses* Gefühl von – paradox ausgedrückt – unausweichlicher Freiheit (*«Jetzt* entscheide wirklich *ich!»*) in mir war, schlug ich Wege ein, die zwar große Belastungen mit sich brachten, mich aber zu biografischen Schlüsselerlebnissen hinführten.

Eine erste Erfahrung dieser Art war meine bereits im Alter von sechzehn Jahren eines Tages sich einstellende felsenfeste Gewissheit, dass ich unter keinen Umständen weiter zur Schule gehen durfte. Heute kenne ich den Grund und bin froh, dass mich damals die geschlossene Phalanx entsetzter und Kassandra-Rufe ausstoßender Erwachsener nicht umzustimmen vermochte. Zugleich erinnere ich mich, wie weh es mir tat, meine Eltern darunter leiden zu sehen. Sie fürchteten, ich sei im Begriff, mir meine Zukunft zu verbauen. Ich wusste (!), dass das Gegenteil zutraf. So schrieb ich ihnen lange Briefe, um klarzustellen, dass ich alles wollte, nur nicht ihnen weh tun.

Das war der klassische Fall eines vom Genius heraufbeschworenen Konflikts: Freiheit und Liebe gerieten scheinbar in Widerspruch. Ich sage «scheinbar», weil es auf längere Sicht keine Liebestat gewesen wäre, wenn ich gegen meine innere Überzeugung gehandelt hätte. Ich möchte jedenfalls nicht in die Lage kommen, irgendwann mir sagen zu müssen, eine meiner Töchter habe eine weitreichende falsche Lebensentscheidung getroffen, nur um mich nicht zu beunruhigen.

Wer an dieser Stelle auf den Gedanken verfallen sollte, ich neige womöglich aufgrund dieser eigenen Erfahrungen zu übertriebener Sympathie für jugendliche Schulverweigerer, würde mich ein bisschen unterschätzen. Zwar empfinde ich generell eine große Solidarität mit jungen Leuten, die in dieser Welt schwer zurechtkommen, das ist wahr, diese Solidarität ist ja sozusagen mein Berufsethos. Doch in den seltensten Fällen kann ich guten Gewissens einen Weg empfehlen, wie ich ihn gegangen bin.

Aber auch das Folgende habe ich als Berater schon erlebt. Ich stehe z. B. einem siebzehnjährigen Jugendlichen gegenüber und habe nach einiger Zeit des Kennenlernens den deutlichen Eindruck: Niemand mehr – mich eingeschlossen – wird ihn an irgendetwas hindern. Die eigene Führung, das eigene Gewissen will sich jetzt unbeeinflusst bewähren. Er hat eine unumkehrbare Richtungsentscheidung getroffen, die wir einfach zur Kenntnis nehmen müssen.

Woran erkennt man diesen Punkt, an dem es keinen Zweck mehr hat, sich ungefragt einmischen zu wollen?

Das ist sehr schwer auszudrücken. Es ist ein intensiver sucherischer Wille, der mich da anrührt, ich nehme etwas Leuchtendes wahr, spüre eine positive Aufbruchsstimmung, aber auch einen Abschiedsschmerz. Viel mehr kann man dazu nicht sagen. Die Urteilsbildung ist in solchen Fällen ein sehr persönlicher, subtiler Prozess.

Nicht immer gibt der Genius unmissverständlich die Richtung an. Er führt uns auch auf seltsame Um- und Abwege. Es gibt Situationen, in denen er dazu drängt, nicht weiter dahinzudämmern, sondern aufzuwachen und *irgendetwas* zu unternehmen, auch auf die Gefahr hin, dass es zunächst das Falsche ist. Aus Irrtümern lernend zur Klarheit zu kommen, liegt ihm allemal näher als risikofrei im Ungefähren dahinzutrotten. Wenn er auf widrige, ihn einengende oder einfach nur anödende Umstände stößt, inszeniert er manchmal die merkwürdigsten Verwicklungen und Verwirrungen, und das kann durchaus schon in der Kindheit beginnen.

Vieles spricht dafür, dass der kleine Albert seinem Genius folgte, als er in der Schule «jede nur denkbare Bestrafung vorzog, statt Gebrabbel auswendig zu lernen», wie es der in Ehren ergraute Albert später formulierte. Die Rede ist von Einstein.

Karl Jaspers war als Gymnasiast und Student «immer der Störenfried, der eigensinnige Mensch, der außerhalb stand». Er reagierte auf ein bestimmtes, verlogenes Gehabe, das er später als

«wichtigtuerischen wissenschaftlichen Philologengeist» bezeichnete, dermaßen allergisch, dass er als verhaltensgestört («organisch krank», sagte sein Direktor) eingestuft wurde. Auch so
kann der Genius auftreten: als Gefühl für die Unwahrhaftigkeit
der Autoritäten.

Schuldgefühle

«Man fühlt sich manchmal klein und hilflos vor der kindlichen Gefühlswelt, die mächtiger ist als die unsrige» (Janusz Korczak). Dann wird man unsicher und macht Fehler. Aber das kann nicht anders sein. «Liebe, in der das ethische Moment das leidenschaftliche dominiert» (Lévinas 1995) – wofür es zwei Grundformen gibt: Elternliebe und Freundschaft[52] –, bedeutet, ein fremdes Universum zu erkunden. Das Universum des anderen Schicksals. Auch das Kind ist ein Anderer, auf dessen von Anfang an gegebene Andersheit man sich «ohne Verteidigungsstrategien … einlassen» muss (Kirchner 1997). Im «kleinen Weinen» des Kindes, schrieb Korczak (1996), liegen «Schmerz und Sehnsucht von Jahrhunderten». Das überfordert uns. Auch wenn wir noch so viele pädagogische Bücher lesen, Vorträge anhören, Elternkurse besuchen – es ist eine Aufgabe, der man gar nicht gewachsen sein *kann*.

Und weil man das spürt, schleichen sich Versagens- und Schuldgefühle ein: Ich bin eine schlechte Mutter. Ich kann meinem Kind nicht geben, was es braucht. – Gegen diese Stimmung müssen Eltern immer wieder ankämpfen, auch solche, die – unvoreingenommen betrachtet – keinen Grund dazu haben. Mir ist sogar aufgefallen, dass Mütter und Väter, die es eigentlich am wenigsten nötig hätten, am meisten dazu neigen, sich wegen jeder Bagatelle mit Selbstvorwürfen zu quälen. Gewissenhaftigkeit hat eben durchaus zwei Seiten. Die Gewissenhaften können sich keine Nachlässigkeit verzeihen. Und das geht manchmal entschieden zu weit.

Machen sie dann tatsächlich einmal einen Fehler oder können in einer schwierigen Situation dem Kind nicht so helfen, wie sie gern möchten, schäumen die Gefühle der Schuld und des Ungenügens heftig auf. Aber sie sind auch sonst unterschwellig anwesend. Oft wachsen sie sich zu einer, ich möchte sagen, gespenstischen Belastung der Eltern-Kind-Beziehung aus, zumal sie durch gesellschaftliche Vorurteile fortwährend geschürt werden. Gespenstisch deshalb, weil im Familienleben etwas herumgeistert, was niemand recht fassen kann.

Deshalb ist es so immens wichtig, dass man versteht, was sich in Wahrheit dahinter verbirgt.

Rudolf Steiners Mitteilung folgend, dass das Empfängnisgeschehen in der geistig-seelischen Dimension eine unermessliche Liebestat ist, kann Elternliebe gar nichts anderes sein als der stets unzureichende Versuch, sich dieser Liebestat im Nachhinein als würdig zu erweisen. An dieser Tatsache führt zunächst einmal kein Weg vorbei. Es ist aber ganz unnötig, sich darüber zu grämen! In vielen Fällen rühren die Schuldgefühle davon her, dass eine tief unbewusste Wahrnehmung emotional nachklingt und missverstanden wird. Es findet sozusagen ein folgenschwerer Übersetzungsfehler im Vorbegrifflichen statt. Indem ein Kind zur Welt kommt, gewährt es den Eltern einen unerhörten Vertrauens- und Liebesvorschuss. Das nehmen sie wahr. Aber sie nehmen es sozusagen im Tiefschlaf wahr. Das Kind überschüttet sie mit purem Gold. Insofern es sie «in gewisser Hinsicht vorher liebt, schon vor der Befruchtung, und dadurch zu ihnen hingetrieben wird» (Steiner), stehen sie tatsächlich in seiner Schuld.

Jedoch in einem ganz anderen Sinne, als es die negativen Schuld-gefühle suggerieren. Die richtige Übersetzung jener unbewuss-ten Wahrnehmung würde lauten: Ich habe ein Geschenk erhal-ten, das durch nichts aufzuwiegen ist.

Lévinas (1988) sieht in dem Vorgang des «Erinnerns an jene berühmte Schuld, die ich niemals unterschrieben habe», die Quelle der «ethischen Inspiration» überhaupt! Zwischen Eltern und Kind spielt sich – *im Geheimen* – urphänomenal etwas ab, was sich in ähnlicher Form immer wieder ereignet, wenn ein Mensch vom Blitz des Verantwortlich-Seins für einen anderen *im Herzen* getroffen wird. Die angemessene Reaktion wäre nicht Zerknirschung, sondern *Dankbarkeit.* Deshalb gibt es auch kei-ne bessere Arznei gegen diffuse elterliche Schuldgefühle, als sich darauf zu besinnen, dass man in der Dankesschuld des Kindes steht. – Dazu findet sich eine konkrete Meditationsanregung in meinem Buch *«Schwierige» Kinder gibt es nicht* (Kapitel «Begin-nen Sie jeden Tag neu»).

Die Aufgabe, Kinder ins Leben zu geleiten, ist in der Tat überfor-dernd, ganz objektiv, niemand kann sich da ausnehmen. Und das wäre eine schreckliche Sache – wenn wir mit ihr *allein gelas-sen* wären.

Aber wir sind ja nicht allein!

Das Problem der elterlichen Schuldgefühle – einschließlich der entsprechenden gesellschaftlichen Fehlurteile, auf die wir noch zu sprechen kommen – hängt in hohem Maße damit zusammen, dass das Bewusstsein für die Gegenwart und den Beistand der Engel verloren gegangen ist. Erziehung kann nur im Bunde mit der hö-heren Führung des Kindes geleistet werden. Solange man das nicht begreift, wird man die mit der Erziehungsaufgabe verbundenen Gewissensverwirrungen nicht durchschauen und ihnen somit ausgeliefert bleiben.

Individuation im Sinne von Selbst-Entdeckung, Befreundung mit der Welt und Einstimmung auf die Zukunft findet dort statt, wo das Kind mit seinem guten Geist Zwiesprache hält. Wir haben damit viel weniger zu tun, als wir uns einbilden. Uns obliegt es *nur,* darauf zu achten, dass diese Zwiesprache nicht ständig gestört werde. Jedes Kind hat einen unsichtbaren Begleiter und Beschützer. Er ist die eigentliche pädagogische Autorität. Wir sind seine Helfer.

Es kommt in allererster Linie darauf an, dass wir Wahrnehmungsorgane für das Wirken und den Willen des unsichtbaren Erziehers entwickeln, damit wir uns in seinem Sinne nützlich machen können. Alles, was ich in diesem und anderen Büchern zum Thema Aufmerksamkeit und Andacht gesagt habe, bezieht sich auf die Ausbildung solcher Wahrnehmungsorgane.[53]

Die Einflussmöglichkeiten und Befugnisse der Eltern in Hinsicht auf die Persönlichkeitsentwicklung des Kindes werden weitaus überschätzt. Die Möglichkeiten des «Hörens vor dem Hören», wie es Janusz Korczak ausdrückte, des Sich-Hinwendens, um «Unerhörtes (zu) hören», werden hingegen weitaus unterschätzt. Den «leisen Anruf» (Korczak) des Genius vernehmend und bestärkend, können Eltern ihrem Kind helfen, dasjenige zu entfalten, was es aus seiner Zukunft heraus und auf seine Zukunft hin entfalten *will.*

Dazu sind wir befugt und berufen.

Unqualifizierte Eltern?

Ich höre immer, in unserer Gesellschaft wimmle es nur so von unqualifizierten Eltern, denen man im Grunde genommen gar keine Kinder anvertrauen dürfe. «Wenn für den Elternberuf wie für jeden anderen ein Befähigungsnachweis nötig wäre», ereiferte sich eine gestresste Kollegin, «hätten wir ein gewaltiges Problem: Wohin mit all den Kindern der durchgefallenen Kandidaten?» Wir unterhielten uns am Rande einer Fachtagung, wo es unter anderem um so genannte *Elterntrainings* ging. Sie sprach in dem Tonfall, der beim Austausch ritueller Floskeln unter Gleichgesinnten üblich ist *(Ihnen* brauche ich das ja nicht zu erklären …), und nahm es mir sichtlich übel, dass ich anderer Meinung war.

Dabei bin ich durchaus nicht der Einzige, der die These vom massenhaften Elternversagen in Zweifel zieht. Ich kritisiere die untauglichen Denk- und Handlungsansätze in der Pädagogik, aber das ist ein gesamtgesellschaftliches und nicht speziell ein Elternproblem. Es muss sogar als skandalös bezeichnet werden, mit welcher Unverfrorenheit die Eltern verantwortlich gemacht werden für das Leiden der Kinder unter sozialen Fehlentwicklungen und nicht zuletzt auch unter den Zumutungen einer pädagogischen und psychologischen Expertokratie, die, wie es scheint, vollends die Übersicht verloren hat und zwischen Kindern und Mikrochips nicht mehr unterscheiden kann. Jedenfalls mache ich als Erziehungsberater seit vielen Jahren überwiegend gute Erfahrungen mit den Eltern, die sich an mich wenden. Und das sind ja meistens Eltern, die ein so genanntes verhaltensgestörtes Kind haben und bestens wissen, wie das ist, wenn man als Versager am Pranger steht. Dort stehen sie in der Regel zu Unrecht.

Glücklicherweise melden sich in letzter Zeit immer mehr besonnene Fachleute zu Wort, die das ähnlich sehen und sich nicht mehr auf das simple Argumentationsniveau *schwieriges Kind* = *inkompetente Eltern* herunterziehen lassen. Dabei tritt allerdings eine Schwierigkeit auf: Häufig argumentieren diese Autoren so, als sei die einzige Alternative zum dauernden Herumhacken auf Eltern die genetische Perspektive. Kaum jemand wagt es, um mit Hillman zu sprechen, die «binäre Logik» aufzubrechen – derzufolge es nur die Wahl zwischen Anlage und Umwelt gibt – und «ein Drittes» ins Spiel zu bringen. Kaum jemand ist bereit, sich ohne Ausflüchte auf den Individualitätsbegriff einzulassen. Hillman gehört zu den Wenigen, die es riskieren. «Neben den Genen und der Umwelt», schreibt er (1998), muss «noch etwas anderes» in Betracht gezogen werden: «Jeder von uns verkörpert seine eigene Idee, (und) die Frage, die alle anderen in den Hintergrund treten lässt, (lautet): Wie findet das, was mit mir auf die Welt kommt, einen Platz in der Welt?»

«Als Kind treten wir in die Welt herein», sagte Rudolf Steiner, und «es ist etwas an uns, was wichtig ist für die Welt, für das Zusammenleben der Menschheit.» Das Kind jedoch, heißt es weiter, kann die welt-wichtigen Impulse, die es mitbringt, nicht selbst erkennen, denn es sind Willensimpulse, vielleicht Traumbilder, jedoch keine Vorstellungsbilder. «Aber in einer anderen Weise kann es erkannt werden, (nämlich) wenn die durch wirkliche geistige Empfindung feiner gestimmte reife Menschenseele

190

... hinschaut auf das Kind und die Empfindung hat: In dem Kinde offenbart sich etwas, was das Kind jetzt nicht erkennen kann», was aber derjenige erkennen kann, «der von einem höheren Lebensalter aus liebevoll den jüngsten Menschen anschaut» (GA 193).

Während ich noch an diesem Manuskript feilte, landete das Buch *Die Elternfalle* von Herbert Beckmann (1999) druckfrisch auf meinem Schreibtisch. Auch er zieht das Dritte nicht in Betracht. Dennoch ist diese Streitschrift eines Psychologen wider die «geradezu alltäglichen Erfahrungen der Demütigung», denen Mütter und Väter heute ausgesetzt sind, bemerkenswert. Beckmann zitiert eine Familienexpertin, die sich mit der Forderung aus dem Fenster lehnte: «Schützt das Kind vor der allgegenwärtigen Fürsorge der Eltern!» Eine extreme Einzelstimme? Extrem undiplomatisch vielleicht, aber ansonsten ganz im «billigen» (Beckmann) Trend der Elternbeschuldigung. Man drückt sich nur im Allgemeinen etwas vorsichtiger und gelehrter aus. So bemängelt z. B. Lawrence E. Shapiro (1999), bezugnehmend auf eine wissenschaftliche Studie über schüchterne Kindergartenkinder, dass deren Mütter sie «beschützten ... und trösteten, wann immer sie weinten». Diese «protektive Einstellung» habe die schüchternen Kinder, die, so vermutet man, unter einer angeborenen Übererregbarkeit des Mandelkerns (Amygdala) im lymbischen System leiden (Hirnforschungsdeutsch für «leicht aus der Fassung zu bringen»), in ihrer Schüchternheit festgehalten. Durch eine maßvoll konfrontierende Erziehung hätte hingegen die «Neuroanatomie der Emotionen» dahingehend beeinflusst werden können, dass das «Kontrollzentrum des emotionalen Gehirns» ruhiger geworden wäre.

Volkstümlich gesagt: Es geht um hochsensible, schreckhafte

Kinder. Und es geht um einfühlsame Mütter, deren unverbildete Herzenslogik ihnen sagt: So ein Kind bedarf des besonderen Schutzes. Doch man soll es nicht übertreiben, schließt Shapiro aus den neuesten Ergebnissen der Hirnforschung. Meine Oma hatte keine Ahnung von Neurochemie, aber seltsamerweise wusste sie trotzdem, dass es für einen kleinen Angsthasen nicht unbedingt das Beste ist, wenn er allzu sehr verzärtelt wird. So etwas nennt man eine Binsenweisheit. Eine andere Binsenweisheit lautet: Man kann später nie wissen, was gewesen wäre, wenn. Auf unser Problem übertragen: Vielleicht hätten speziell die Kinder – oder zumindest ein Teil von ihnen –, die angeblich überbehütet wurden, noch viel schlimmere Ängste entwickelt, wenn man konfrontativer mit ihnen umgegangen wäre.

Ein Endlosthema: Wie geht *man* mit zaghaften Kindern um? Wo fängt das Verzärteln an? Wann geht die «konsequente» Erziehungshaltung in seelische Brutalität über? «Nicht in Watte packen!», warnen die einen (meist Männer). «Einhüllen, abschirmen, beschützen!», betonen die anderen (meist Frauen). Alle sind sich einig, dass man nach keiner Seite hin übertreiben dürfe. Aber was heißt nun das wieder im konkreten Einzelfall?

Wie es die Eltern auch anstellen: «Normalisiert» sich das Verhalten des Kindes nicht, haben sie alles verkehrt gemacht. Entweder ihre protektive Einstellung war falsch, oder sie haben von vornherein versucht, genau dies zu vermeiden; dann war – falls das Kind trotzdem schüchtern bleibt – ihre emotional vernachlässigende Haltung schuld. Denn zwar sollen die Kinder lernen, «mit Irritationen umzugehen» (Shapiro), aber man darf auch wieder nicht von einem Extrem (Unterforderung) ins andere (Überforderung) verfallen. Nur: Wer definiert von Fall zu Fall das rechte Maß, die passende Mischung?

Die Eltern sind immer die Dummen – es sei denn, die Symptome verschwinden. Das ist ihre einzige Chance. *Dann* sind sie im Recht, was immer sie mit dem Kind angestellt haben. Und genau hier liegt der Hase im Pfeffer. Wer oder was gibt uns eigentlich das Recht, zu beschließen, dass ein schüchternes Kind kein schüchternes Kind bleiben dürfe? Wieso ist die ängstlich-zaghafte Wesensart eine Symptomatik im paramedizinischen Sinne? Wenn wir das geklärt haben – man täusche sich nicht, es ist bei näherer Betrachtung ein beachtliches Problem[54] –, können wir die zweite Frage stellen: Wer oder was gibt irgendwelchen Experten das Recht, den Müttern schüchterner Kindergartenkinder in Fachbüchern vorzudozieren, ihre mütterliche Fürsorge sei schädlich?

«Tröstet die des Trostes bedürfen, und beschützt die des Schutzes bedürfen!» Das wäre eine Maxime der schlichten Herzenslogik, die mit Verzärtelung überhaupt nichts zu tun hat.[55] Viele Eltern würden, ohne viel zu überlegen, danach verfahren, ruhig und unkompliziert (was sich auf die Kinder übertrüge); aber leider reden von allen Seiten irgendwelche Expertenstimmen dazwischen und richten Verwirrung an.

Überbehütende Mutter, gefühlskalte Mutter, hysterische Mutter – überdominanter Vater, verweichlichter Vater, abwesender Vater – konfliktreiche Ehe, fadenscheinig harmonische Ehe, Ehe mit ungutem Machtgefälle – dem Kind werden keine Grenzen gesetzt, dem Kind werden zu enge Grenzen gesetzt – das Kind wird zu viel gelobt, zu wenig gelobt – ständiger Tadel beschädigt das Selbstwertgefühl, ständiges Lob verhindert die Entwicklung einer gesunden kritischen Selbsteinschätzung …

Bitte ankreuzen. Irgendwas stimmt irgendwie immer und auch wieder nicht.

Instinktlose Mütter, abwesende Väter und andere Legenden

Redensarten wie verloren gegangene mütterliche Instinkte, überbehütende Mütter, Kühlschrankmütter, abwesende Väter, überdominante Väter, unmaskuline Väter, egoistische Lebensplanungen, in denen Kinder als Statussymbole wichtig, de facto aber nur hinderlich seien, haben sicherlich alle einen wahren Kern. Aber hier werden Randerscheinungen zu Zentralproblemen hochstilisiert. Außerdem findet die Diskussion auf einem Niveau statt, das niemand akzeptieren kann, der den Dingen ein bisschen auf den Grund gehen will.

Nehmen wir die «instinktlosen» Mütter. Gewiss sind wir durch die Zivilisation in vieler Hinsicht von unseren biologischen Verhaltenswurzeln abgeschnitten. Ich sehe, welche Schwierigkeiten sich daraus ergeben. Manche Frauen haben von vornherein keine Lust zu stillen, verspüren nicht mehr den natürlichen Drang, ihre Kinder so oft wie möglich zu streicheln und zu knuddeln – das ist zweifellos ein Nachteil. Andererseits erzählen mir nicht wenige Eltern, dass ihre Kinder schon relativ früh eine Reserviertheit gegen körperliche – nicht seelische! – Nähe an den Tag legen, ohne dass man gleich von taktilem Abwehrverhalten sprechen müsste.[56] Möglicherweise gehört das zu den Symptomen der allgemeinen Akzelerationstendenz (partielle Frühreife). Jedenfalls ist mangelnder Hautkontakt nicht immer den Eltern anzulasten. Sollen sie sich einem Kind aufdrängen, das immerfort «Lass mich! Lass mich!» schreit? Ich will das Problem einer gewissen Berührungsscheu nicht bagatellisieren, aber auch nicht dramatisieren. Irgendwo habe ich gelesen, es handle sich dabei um eine negative Begleiterscheinung der Hygiene: Würden wir uns noch gegenseitig lausen, wie es bei den Gorillas üblich ist, wäre dadurch eine natürliche Form des Zärtlichkeitsaustausches gegeben, die den heutigen Kindern vorenthalten bleibe. Müssten wir also, damit Erziehung wieder funktioniert, ein paar Evolutionsschritte rückwärts gehen? Mehr Zärtlichkeit täte uns allen gut. Aber muss sie unbedingt «instinktiv» sein?

Wie ist das also mit den Instinkten?

Eine Menschenmutter, die einigermaßen bei Trost ist, wird einen fremden Opa, der sich über den Kinderwagen beugt, um mit dem Baby zu schakern, nicht fauchend wegbeißen, auch wenn ihr vielleicht danach zumute wäre. Sie kann sich *denken,* dass der Alte keine Gefahr darstellt. Sie kann sich überhaupt so manches denken. Aus diesem einfachen Grund folgt sie nicht ihren Instinkten. Nehmen wir an, Herr M. – verheiratet, zwei Kinder – schlittert in eine Lebenskrise. Er wird arbeitslos, leidet unter Minderwertigkeitsgefühlen und depressiven Verstimmungen, hadert, grübelt, ignoriert Gesprächsangebote, bricht den seelischen und körperlichen Kontakt zu seiner Frau ab. Zwar kommt es nicht zu Exzessen wie Saufen, Prügeln, Spielsucht und Ähnlichem, aber das familiäre Klima sinkt auf den Gefrierpunkt, die Zukunftsaussichten sind düster. Wie reagiert Frau M.? Wenn sie ihren Instinkten folgt, hält sie unweigerlich Ausschau nach einem neuen Partner, der – verhaltensbiologisch gesprochen – paarungsfreudiger ist, das Revier besser verteidigen und mehr Futter heranschaffen kann. Stellen wir uns vor, sie sei eine schöne Frau, die unter ihren vielen Verehrern nur einen auszuwählen brauchte, um sich wieder zu binden. Genau das wäre die *natürliche* Reaktion. *Liebt* sie ihren Mann, wird sie ihn jedoch – gegen alle Instinkte – nicht im Stich lassen wollen. Liebe weckt das eigenartige Bedürfnis, dem geliebten Menschen in der Not beizustehen. Der Bund der Liebe ist auch, ja in erster Linie, ein Bund der Verantwortung füreinander. Außerdem weiß Frau M., dass die Kinder ihrem Vater in dieser schwierigen Lebenslage genauso zugetan sind, wie sie es waren, als er noch gut verdiente und vor Optimismus strotzte. Zwei Motive, die Beziehung aufrechtzuerhalten, konkurrieren also mit dem instinktiven Drang, sie zu beenden, und behalten in diesem Fall die Oberhand. Erstens liebt Frau M. ihren Mann wirklich, zweitens nimmt sie Rücksicht auf die Kinder.

Die Natur, so sagt man, dirigiert unser Verhalten dahingehend, dass wir stets bestrebt sind, möglichst günstige Bedingungen für die Weitergabe gesunder Gene zu erhalten bzw. herzustellen. Gegen einen Mann, der kein ‹richtiger› Mann mehr ist, rebelliert demzufolge die Instinktnatur der Frau, wie sie nach dieser Logik übrigens auch gegen ‹genetisch minderwertigen› Nachwuchs, zum Beispiel schwächliche oder behinderte Kinder, rebellieren müsste. Gott sei Dank, kann man da nur sagen, haben sich doch recht viele Menschen in ihrem Sozialverhalten einigermaßen von der so genannten Natur emanzipiert!

Wir sollten also mit dem Gejammer über die Instinktlosigkeit moderner Mütter etwas vorsichtiger sein. Die pädagogische Misere der Gegenwart erklärt sich gewiss nicht in erster Linie daraus, dass der Mensch die Metamorphose vom höheren Säugetier zum individuellen, vernunftbegabten Wesen vollzogen hat. Diesen Prozess – wenn schon nicht ganz, so doch teilweise – umkehren zu wollen, halte ich für den falschen Lösungsansatz.

Gewiss ist uns eine gewisse Instinktbasis abhanden gekommen; doch es gibt Grund zu der Annahme, dass dies die unerlässliche Voraussetzung war und ist, zur freien, bewussten Liebefähigkeit vorzudringen. Sobald man in Diskussionen um konkrete geschichtliche Angaben über die glorreiche Epoche bittet, in der es dank unbeschädigter Mutterinstinkte von glücklichen Kindern nur so gewimmelt haben müsste, ist die Antwort, ws unseren Kulturraum betrifft, verlegenes Schweigen. Dann folgt mit hoher Wahrscheinlichkeit ein vager Hinweis auf überseeische Naturvölker. Gewiss sind die Kopfjäger von Borneo irgendwie darum zu beneiden, dass der so genannte Zivilisationsprozess samt Erziehungsfrage an ihnen vorbeigegangen ist. Von einem gewissen Standpunkt aus betrachtet, sind sie uns weit überlegen. Aber hilft uns diese Erkenntnis weiter, wenn wir unter den gegebenen kulturgeschichtlichen und gesellschaftlichen Bedingungen um eine zukunftsweisende Idee der Kindheit ringen?

In der Tat können wir uns nicht mehr auf unsere natürlichen Instinkte verlassen. Das bringt Nachteile mit sich, keine Frage. Mag sein, dass die Generationen unser Groß- und Urgroßmütter noch über mehr Instinktsicherheit verfügten, also in höherem Maße, als es heute üblich ist, dem biologisch angelegten Verhaltensprogramm für den Umgang mit dem Nachwuchs folgten. Für die meisten Kinder scheint das freilich kein besonders glückhafter Zustand gewesen zu sein. Vor hundert, hundertfünfzig Jahren herrschten nämlich, verglichen mit der Gegenwart, recht herbe Erziehungsgepflogenheiten, gar nicht zu reden von noch früheren Zeiten. Aufs Ganze gesehen war und ist die Verkümmerung der biologischen Steuerungsmechanismen des mütterlichen Empfindens und Verhaltens wohl die unabdingbare Voraussetzung dafür, dass etwas viel Wichtigeres errungen werden konnte: Beziehungskraft aus Herzens- und Geistesgegenwart, von Angesicht zu Angesicht, andächtig, aufmerksam – Liebe, die weder von Blutsbanden noch von Konventionen diktiert wird, sondern geschöpft ist aus der von Rudolf Steiner immer wieder angemahnten Ehrfurcht vor der kindlichen Individualität.

So viel zu den instinktlosen Müttern. Die Vorhaltungen sind völlig unproduktiv. Sie erzeugen nur Versagensgefühle, während sie nicht den geringsten Hinweis auf einen gangbaren inneren Weg geben.

Eine ähnliche Niete ist der überall umherschwirrende Satz von den «abwesenden» Vätern. Da haben wieder einmal ein paar Publizisten ein Thema kreiert. Keine Frage, es gibt immer noch zu viele Väter, die sich nicht um die Familie kümmern. Aber seit den siebziger Jahren hat sich die Situation kontinuierlich verbessert. «Der traditionelle Mann» sei offenbar «eine im Aussterben begriffene Spezies», titelte die Zeitschrift *Psychologie Heute* (November 1999), was unter anderem daran zu erkennen sei, dass sich heutige Väter viel mehr Zeit für ihre Kinder nähmen. Doch offensichtlich hat diese erfreuliche Tendenz nicht zu einem Rückgang so genannter kindlicher Verhaltensstörungen beigetragen. Diese entstehen also offensichtlich weitgehend unabhängig von den Wandlungen des männlichen Rollenverhaltens.

*

Häufig werden Formulierungen wie «abwesende Väter» oder «vaterlose Gesellschaft» – der Begriff taucht zuerst Anfang der sechziger Jahre bei Alexander Mitscherlich auf – allerdings auch im übertragenen Sinne gebraucht. Da nicht zu leugnen ist, dass sich die Männer, wie gesagt, heute *mehr* in der Erziehung engagieren als früher, wird ihnen vorgehalten, ein braver Familienmensch erfülle noch lange nicht die Rolle des echten *Vaters*. Moderne Männer seien keine richtigen Männer mehr. Der Verlust des «väterlichen Urbildes» gereiche den Kindern ebenso zum Schaden wie die Weigerung vieler Frauen, ihre Mutterrolle anzunehmen.

Ich kann mich dieser Argumentation nicht anschließen und will ein wenig ausholen, um diese Haltung zu begründen – was mir zugleich Gelegenheit gibt, eine grundsätzliche Überlegung zur Zeitlage und zu den nostalgischen Trends in der Psychologie anzustellen.

Das 20. Jahrhundert hat auf desaströse Weise gezeigt, dass die integrierende Kraft der althergebrachten sittlichen Normen, Gemeinschaftsformen und Lebensregeln aufgebraucht ist. Ihr Zerfall vollzieht sich unaufhaltsam und auf allen Ebenen. Das löst Ängste aus. Andererseits wartet «ein ungenutztes Wunsch-, Hoffnungs- und Vorstellungspotenzial … auf seine Entfaltung, (das) deutlich in eine andere Richtung weist als die Erwartung der vorhergehenden Generationen» (Jungk, Müllert 1981). Wenn der Versuch, diesen Prozess umzukehren, zur Massenhysterie ausartet, werden Dämonen entfesselt. Den Seinsmodus der *Gruppenseele – des mythischen Bewusstseins,* das «wirhaft … in ausgeprägten Ahnenkulten träumt» (Bärtschi 1998) – rehabilieren zu wollen, bedeutet, ihn in die mentale bzw. rationale Wahrnehmungsstruktur des Gegenwartsmenschen einzufassen. Das Ergebnis ist ein verheerendes Gemisch kalt berechnender Infantilität. Dafür steht der Nationalsozialismus – ein auf die Spitze getriebener, fanatischer Traditionalismus – als ewig abschreckendes Beispiel. «Das Heil (liegt nicht) in der rückwärtigend zu vollziehenden Einigung», weil dadurch nur «defiziente Formen des Mythischen und Magischen ... aktiviert werden, ... um ‹bestenfalls› in einen Zustand ... kosmischen Verschlungenseins zu geraten» (Gebser 1973).

Der Kern dessen, was man Moderne nennt – wer ihr Ende verkündet, unterschätzt das Ausmaß des geistig aufrührerischen Potenzials, das sie freigesetzt hat, und überschätzt die Reichweite der gegenwärtigen futuristischen Mätzchen –, ist die teils bittere, teils befreiende Erkenntnis, dass wir uns in Bezug auf die «anthropologische Grundsituation» (Wisser 1997) in einer Phase radikaler Neuorientierung befinden. Das materialistische Paradigma führt sich selbst ad absurdum und versperrt zugleich den Weg zu einem neuen spirituellen Menschenverständnis. Ein «kritischer Traditionsverlust», schreibt Elisabeth Lukas (1998), beraubt uns «jenes äußeren Haltes, der (uns) über die Vermittlung jahrtausendealter Spielregeln» gegeben war. Die alten Ordnungen des Denkens, Glaubens und Lebens sind in die Dekadenz geraten. Alles muss von Grund auf neu errungen werden. Der oben zitierte Bewusstseinsforscher Jean Gebser (1905 – 1973) warnte, «die Welt und die Menschheit (seien) zum Tode verurteilt», wenn keine Revolution des Denkens, der Begriffe, der Seh- und Urteilsgewohnheiten geleistet werde. Eine «Neukonstellation planetaren Ausmaßes» kündige sich an.

Wir erleben einen – in geistiger Hinsicht – vielleicht nie dagewesenen evolutionären Kontinuitätsbruch. Um «das rechte Gefühl, die rechte Empfindung für wahre Menschenwürde» (Steiner, GA 193) zu entwickeln, müssen wir alles so genannte Urwüchsige und unhinterfragbar Gottgegebene fahren lassen. Es gibt nichts mehr, was sich an außermenschliche Instanzen delegieren ließe. Gott hat die «Führungsmacht» niedergelegt. Er spricht in den Menschenherzen als Verheißung der ungeheuren

Möglichkeit, *frei* und *einsam* für das Gute einzustehen, das heißt Verantwortung füreinander zu übernehmen. «Erst durch die Liebe erwacht das Geistige in der Sinnenwelt» (Olaf Koob). Der Mensch kann den Sinn – das geistige Wärmeelement – nicht mehr im Vergangenen, sondern nur noch im Zukünftigen finden, wobei wir die Begriffe Vergangenheit und Zukunft weniger als Ortsbestimmungen im linearen Zeitverlauf verwenden sollten, sondern in ihrer qualitativen Bedeutung: Manches Zukünftige – Unverwirklichte – wurde schon vor Jahrtausenden in Visionen geschaut. Das geistige Wärmeelement ist *Gegenwart über der Gegenwart*. Die ‹untere› Gegenwart ist im Gewesenen, Verwesenden, festgehalten, die ‹obere› Gegenwart ist von der Zukunft der Liebe durchstrahlt. Man kann die Einbrüche der oberen Gegenwart im Geschichtsverlauf daran erkennen, dass im Denken, in der Kunst, in der Praxis des Helfens und Tröstens eine unfassliche Reife der Menschenliebe zutage trat. Christus ist der Name des kosmischen Wesens, das obere Gegenwart repräsentiert.

Die geistesgeschichtliche Katharsis setzt mit dem Übergang vom Mittelalter zur Neuzeit ein; im 20. Jahrhundert eskalierte sie. Die dadurch ausgelöste Weltuntergangsstimmung rief zwei Sorten von falschen Propheten auf den Plan: erstens solche, die unter Missachtung der individuellen Freiheit den rigorosen und überstürzten Aufbruch in ein völlig entwurzeltes neues Zeitalter erzwingen wollten; zweitens solche, die die Rückkehr zu den archaischen und mythischen Ursprüngen propagierten. Letztere richteten das schlimmste Unheil an. Aber auch Erstere endeten in der menschenverachtenden Verblendung.

Abseits von Machtrankünen, Krieg und Verfolgung regte sich, namentlich im westlichen Kulturleben, unter verschiedenen Namen und in verschiedenen Gewändern immer wieder eine exzentrisch-antikonservative intellektuelle und künstlerische Subkultur (Avantgarde), die angesichts des unaufhaltsamen Zerbröckelns der sittlichen, ästhetischen und religiösen Fundamente lieber eine rauschende Abbruchparty feiern wollte als der quälend langsamen Erosion hilflos zuzusehen. Anarchische Alles-oder-Nichts-Stimmung durchflackerte das Jahrhundert: Hohn auf alle Verbindlichkeiten und Normen, zugleich aber auch der geradezu hymnische Glaube an die innere Redlichkeit und Liebefähigkeit des entfesselten Individuums. Zur Signatur des Bewusstseinswandels gehören provokative Zumutungen, radikale Vorgriffe und extravagante Regelverstöße. Und doch gilt: Er lässt sich weder rauschhaft beschleunigen noch mit nostalgischer Inbrunst verhindern. Einzelne eilen ihrer Zeit voraus, andere fallen hinter sie zurück. Nimmt man alles in allem, werden sich die Formen der abgelebten Zeit in dem Maße auflösen, in dem genügend viele Menschen *freiwillig* von ihnen Abschied nehmen und so Bewusstseinsraum schaffen für das Hereinwachsen der oberen Gegenwart des Zukünftigen in die untere Gegenwart des Verbrauchten. Das gilt auch für die überkommenen Auslegungen von Männlichkeit und Weiblichkeit.

Man kann die traditionellen Rollen nicht kurzerhand abschaffen. Andererseits ist es keine gute Idee, ihr allmähliches Dahinschwinden aufhalten zu wollen, indem man plötzlich so tut, als sei es möglich, in aller Unschuld einen Zustand wieder herzustellen, für dessen Überwindung sich ja wohl nicht rein versehentlich die besten Köpfe einsetzten, die das 19. und 20. Jahrhundert aufzubieten hatte.

*

Unendlich viel hängt davon ab, ob sich die Einsicht durchsetzen wird, dass der vielbeschworene Paradigmenwechsel, für den nach einem Jahrhundert tragischer Abirrungen in gewisser Hinsicht jetzt erst die Zeit reif ist, nur im Zeichen eines Menschenbildes vollzogen werden kann, mit dessen innerer Logik antisoziale Strukturen und diskriminierende Urteile über Mitmenschen unvereinbar sind und das über geschlechtliche, ethnische oder sonstige Gattungszugehörigkeiten hinausweist. Ich sage nicht, die Zugehörigkeiten sollten geleugnet werden. Dass man in manchen Kreisen des Chauvinismus verdächtigt wird, wenn man lediglich die augenfälligen Unterschiede zwischen Afrikanern, Asiaten und Europäern – oder zwischen Frauen und Männern – zur Kenntnis nimmt, ist nicht besonders originell. Wenn ich eine augenscheinliche Tatsache leugne, heißt das, dass ich sie aus irgendwelchen persönlichen Gründen nicht zur Kenntnis nehmen will. Was ich aber nicht zur Kenntnis nehmen will, kann ich nicht würdigen, und was ich nicht würdigen kann, verstehe ich nicht. Sehe ich krampfhaft über den Unterschied zwischen einer Fichte und einer Zypresse hinweg mit dem Argument, beides seien ja schließlich Bäume, werde ich weder die Schönheit der Fichte noch diejenige der Zypresse je erfassen können; das heißt, ich verstehe sie nicht, denn ihre Schönheit ist ihr Wesensausdruck. Der beste Schutz gegen die in uns allen vorhandene Neigung, Andersgeartete zu diskriminieren, ist das bejahende, im Idealfall bewundernde Interesse für die Andersartigkeit. Wenn sich «die rechte Empfindung für wahre Menschenwürde» (Steiner) einstellt, ist mit der Wahrnehmung von Gattungszugehörigkeiten keine Bewertung mehr verbunden. Sie erweisen sich – im Menschenreich – als bloße Einkleidungen des Individuellen.

Am Beginn des 21. Jahrhunderts ist die euphorische Aufbruchsstimmung der ersten Phase der Moderne fast nirgends mehr anzutreffen. Mehr dem Vergangenen nachtrauernd als in freudiger Erregung das Neue erwartend, spürt jeder, dass nichts so bleiben wird, wie es war. Kaum einer, der sich nicht im Stillen nach Ordnung und Übersicht sehnte, nach einem stabilen Orientierungsrahmen des Denkens, der Gefühle und der Lebensgestaltung. Kapitalistische Hybris, biotechnisches Fortschrittsfieber und Cyberspace-Futurismus sind nur Oberflächengezappel, das zwar bedrohlich überhand nimmt, aber qualitativ unbedeutend ist. (Darin liegt gerade die Gefahr, dass auf allen Ebenen das Unbedeutende zur Weltwichtigkeit aufgeblasen wird.) Der Grund der Unruhe liegt viel tiefer.

Es fällt mir nicht ein, die naturwissenschaftlich-technischen Errungenschaften pauschal abzulehnen. Sie sind nun einmal da, und es ist Zeitvergeudung, sich den Kopf darüber zu zerbrechen, ob es nicht besser gewesen wäre, sie wären nie eingetreten. Von ihren Annehmlichkeiten machen auch eingefleischte Zivilisationskritiker gern Gebrauch, und es besteht kein Zweifel, dass sie – zum Beispiel in der Medizin – manches begrüßenswerte Resultat erbringen. Es ist eine individuelle und gesellschaftliche Herausforderung, menschengemäße Kriterien für das Maß und die Art ihrer In-Gebrauchnahme zu entwickeln. Wenn sie allerdings – die Tendenz ist unverkennbar – im ethischen Vakuum und unter überwiegend kommerziellen Gesichtspunkten vorangetrieben werden, muss man kein Kulturpessimist sein, um schwarz zu sehen.

Der Optimismus der technologischen Superlative, wie er über die Medien verbreitet und von der Mehrheit des Publikums vordergründig übernommen wird, wirkt gekünstelt, verkrampft und schrill. Nur notdürftig vermag er die wachsende «Angst hinter dem Angsttabu» (Horst-Eberhard Richter) zu übertünchen. Unterhalb des Science-Fiction-Gezappels sammelt sich nostalgische Wehmut, die alle paar Jahre einen neuen psychologischen Modetrend abwirft. Man denke an gewisse ritualisierte Formen der Konfliktlösung und Trauerarbeit, die sich aus einem prononciert vormodernen, hinter die individuelle Freiheit zurückfallenden Heilsverständnis begründen, indem sie von der Überzeugung ausgehen, der Kern alles Übels sei heute die Vernachlässigung der Forderungen eines so genannten «Sippengewissens», welches die die gruppenseelenhaften Zusammengehörigkeitsmuster repräsentiert. In den entsprechenden Publikationen wird hervorgehoben, dass die «tiefe Bindung ... an die Herkunftsfamilie» unser Leben weitgehend bestimme und in Demut bejaht werden müsse. Über Generationen hin erstrecke sich ein System von unbewussten Abhängigkeiten, Beeinflussungen und Partizipationen, dem niemand entrinnen könne. Die Verwobenheit des Einzelnen mit den Schicksalen seiner Vorfahren, Eltern, Geschwister und Verwandten lasse zwar noch gewisse Gestaltungsräume für Individuation offen, aber das dürfe sich nicht gegen die Majestät des «höheren Kraftfeldes» – wie das «Sippengewissen» auch genannt wird – erheben.

Der emanzipatorische Wille, der die anthropologische Grundsituation der Moderne kennzeichnet und im Menschen die leidensbereite (!) Sehnsucht entfacht, über gruppenseelenhafte Bindungen hinauszuwachsen, also «gegen die Ursprungsordnung (zu) verstoßen», um sich ganz der Führung des individuellen Genius anzuvertrauen, wird als Dekadenzerscheinung bewertet, ja als «Anfang und Ende jeder Tragödie». (Zitate der letzten beiden Abschnitte aus Hellinger 1997 und Hellinger/ Prekop 1998).

Beleuchtet man, Rudolf Steiner folgend, die Frage nach *Ichheit und Schicksalsbindungen* vom Standpunkt des ethischen Individualismus – wobei man bedenken sollte, dass die *Philosophie der Freiheit* nichts anderes ist als eine erkenntniswissenschaftliche Hinführung auf das Wirken des Christus-Impulses in der menschlichen Seele –, ergibt sich ein ganz anderes Bild, über das ich hier nur Andeutungen machen kann. Der Einzelne muss, um Christus nachzufolgen – und das heißt: um zu sich selbst zu kommen –, von den biologisch bedingten und in der Familientradition begründeten Bindungen Abschied nehmen, auch wenn es schmerzt. Das ist ein Leitmotiv der *Jüngerschaft,* also des Sich-Bereitmachens für Inspirationen aus der Sphäre der reinen – voraussetzungslosen – Liebe. Der über alle Ursprungsordnungen hinausstrebende emanzipatorische Wille, der im Kern ein Christus-suchender Wille ist, führt schon in der kindlichen Entwicklung Regie, unbestechlich und unbeugsam. Freilich gilt hier: Nur wer das Augenmerk darauf richtet, vermag es wahrzunehmen. Der Mensch betritt die Welt, um ihr in Liebe und Freiheit sein Ureigenstes einzugestalten – eine Behauptung, die in dieser Kürze, ich weiß, phrasenhaft klingt; aber ich habe sie in meinem Buch *Vom Ursprung der Sehnsucht* sorgfältig begründet. Dies setzt voraus, alle *nicht frei gewählten Bindungen* zu kündigen. Die Liebe spricht: «Ich will geben, um zu geben.» Die Freiheit spricht: «Ich will es, weil *ich* es will.»

Was folgt daraus für das Verhältnis des Kindes zu den Eltern? Am Anfang steht die große, freie Liebestat des rückhaltlosen Sich-Anvertrauens, als die wir das Geburtsgeschehen anschauen lernen sollten. Dieses Ereignis ist ein übersinnliches: Zukunft – ein Gestaltungsimpuls aus der Sphäre des noch zu Verwirklichenden – bricht in die Schichtungen der Gewordenheit ein.

Das Kind, noch an der Schwelle verharrend, vertieft sich in das geistige Antlitz der Mutter, und in ihren Seelenuntergründen – eigentlich müsste man sagen: an ihrem Seelenfirmament – leuchtet das geistige Antlitz des Kindes auf. Hans Müller-Wiedemann bezeichnete «die Empfangssituation des Menschenkindes» als «Lichtraum». Die «vorgeschichtliche Lebenswelt» des Kindes «strahlt (als) Lichtoffenbarung … in den Erdenraum hinein» (1994). Auch zwischen Vater und Kind sowie zwischen den Geschwistern findet eine übersinnliche Schwellenbegegnung statt. Die empfängnisbereite Seele sieht die genetische Straße, auf der sie wandern, die Lebensumstände, in die sie sich einleben wird. Aber das ist nur der Rahmen. Viel deutlicher sieht sie, gleichsam durch die Geistantlitze der Mutter, des Vaters hindurch, die gewählte, in Einsamkeit – was nicht heißen muss: allein gelassen – zu ergreifende Aufgabe. Die Erde ist in diesem visionären Panorama kein Planet, sondern die auf die vollendete Gestalt des Menschen zustrebende Menschheit: Hoffnungsraum. Diese hier nur gestreiften Zusammenhänge habe ich in früheren Büchern ausführlicher dargestellt (vgl. unter anderem das Kapitel «Erziehungskunst – was ist das?» in *Schwierige» Kinder gibt es nicht*, sowie die Kapitel «Der Mensch jenseits des Menschen» und «Ungeboren geboren» in *Vom Ursprung der Sehnsucht*).

Der übersinnliche Prolog der Empfängnis leitet einen Prozess ein, in welchem die Geistbegegnung zwischen Eltern und Kind zunächst von den konventionellen und biologischen Zugehörigkeitsmustern überlagert, sozusagen in sie hineingesogen wird. Nun bricht der zentrale Konflikt auf. Die Ordnungen der Nicht-Liebe oder – was dasselbe ist – des Nicht-Ich (Blutsbande, Familiensystem, Tradition: bekanntlich bestehen sie prinzipiell unabhängig von der Liebe; sie schließen sie nicht aus, aber auch nicht unbedingt ein) geraten in Widerstreit mit der Sehnsucht, die Ebene des von alle dem erlösten, unmittelbaren, inspirierten Einander-Zugeneigtseins und Für-einander-Dasein-Wollens *von Angesicht zu Angesicht* wieder zu betreten. Ich sage «wieder», weil die Initialzündung, der Inkarnationsentschluss, dort stattfindet. Die Eltern, die Sippe, die vorwiegend biologisch definierte Gemeinschaft stehen der Sehnsucht nach *Liebe in Freiheit* entgegen, nicht grundsätzlich, aber insoweit sie einen nicht frei gewählten Bedingungsrahmen bilden. Das ist der tiefere Grund dafür, dass die kindliche Ich-Entwicklung auf die pubertäre Heimatverleugnung zustrebt. Im erst 1945 entdeckten Thomas-Evangelium sind Jesus die Worte zugeschrieben: «Wer nicht hasst seinen Vater und seine Mutter, wird nicht Jünger sein können mir. Und (wer) seine Brüder (nicht) hasst und seine Schwestern (und nicht) sein Kreuz trägt wie ich, wird nicht würdig sein meiner.»[57] Gemeint ist natürlich nicht der Hass auf die geliebten Menschen, sondern auf ihre naturgegebene bzw. gesellschaftlich bedingte Rolle im System, auf die sie aneinanderkettenden Bande der Nicht-Liebe, die zerrissen werden müssen, damit der Jugendliche «sein Kreuz» auf sich nehmen, d.h. *seinen* Schicksalsweg gehen und ein Verhältnis der Liebe *in Freiheit* zu den erwählten Schicksalsbegleitern der frühen Jahre begründen kann. Es gilt, das abhängige Verwandtschaftsverhältnis in ein Freundschaftsverhältnis zu verwandeln. Anderenfalls muss sich der junge Mensch, der seinem Stern folgen will, innerlich von der Familie und deren Geschichte lossagen. Misslingt der Übergang von der Blutsverwandtschaft zur Wahlverwandtschaft – von der vergangenheitslastigen Wir-Ebene zur zukunftsöffnenden Ich-Du-Ebene, von der Sippen-Zusammengehörigkeit zur freien Herzens-Zusammengehörigkeit – und bleibt die Ursprungsgemeinschaft lebensbestimmend, dann wird sie zum Individuationshemmnis und oft genug zum Fluch für alle Beteiligten. (Kümmert sich der erwachsene Sohn um seine alte, einsame Mutter, tut er es hoffentlich nicht in erster Linie deshalb, weil Blutsbande ihn dazu verpflichten – ein jämmerliches Motiv! –, sondern weil sie ihm am Herzen liegt; etwas Schreckliches, Demütigendes liegt in der Verwandtschafts-Caritas ohne echtes Interesse von Mensch zu Mensch.) Mag hundertmal über der Sippe eine «große Seele», wie Hellinger sagt, gewissensartig walten – die Beobachtung als solche will ich gar nicht von der Hand weisen –, mag sie im Vergleich zum Alltags-Ego die größere sein, gegenüber dem recht verstandenen individuellen Gewissen kommt ihr allenfalls eine dienende Rolle zu. Mit dem «Ich-bin-der-Ich-bin» *in den Wolken* – im geistatmosphärischen Erdumkreis – kommuniziert der *Genius,* nicht die Gruppenseele.

Mit dem Angebot, die elende, quälende und zugleich heiligste Frage «Wer bin *ich*» könne im Geltungsbereich der gruppen-seelenhaften Ursprungsordnungen niedergelegt werden wie ein lästig gewordenes Mandat, erwischt man die Menschen zielsicher an ihrem schwächsten Punkt. Wer hätte in Lebenskrisen *nicht* den Hang, sich regressiven Sehnsüchten zu überlassen und alles Elend darauf zu schieben, dass wir zur Freiheit – also Einsamkeit – ver-urteilt sind? Aber es gibt nur *einen* Zukunftsweg, auf dem der Teu-fel nicht vergnügt mitmarschiert, sondern über den er sich grün und blau ärgert: Wir müssen Abschied nehmen von den alten Mustern der Zugehörigkeit und über den primitiven Egoismus, der sich mit jenen immer schon bestens vertrug, hinauswachsen, um das «Geistselbst» (Steiner) zu erringen, den «Egoismus (in sei-ner) glanzvollen Vollendung», wie es Felix Hau einmal provokativ, aber treffend ausgedrückt hat (*Info 3,* 1/2000), den *wahren Indi-*

vidualismus der «Du-Sinnigkeit». Auch hier wieder muss ich auf die Begriffsklärung in dem Buch *Vom Ursprung der Sehnsucht* verweisen. Dort ertönt meine Stimme nur im Chor anderer, namhafterer Zeitgenossen, die wahrlich *weiter* – in der doppelten Bedeutung des Wortes – gedacht haben als diejenigen, die in eine nie dagewesene heile Welt zurückstreben.

Mit der immer wieder – manchmal in sanften, manchmal in rabiaten Formen – aufflackernden Gruppenseelen-Nostalgie korrespondiert die Geschlechtsrollen-Nostalgie. Es ist noch nicht lange her, da produzierte der dumpfe bürgerliche Argwohn gegen emanzipierte Frauen das psychologische Feindbild der «Kühlschrankmutter». Mütter von – beispielsweise – autistischen, asthmakranken, bettnässenden, magersüchtigen Kindern standen automatisch im Verdacht der emotionalen Kälte. Nicht selten wurde der Befund genüsslich verallgemeinert: Die moderne Frau sei narzisstisch, unfähig zur liebenden Hingabe, von Ehrgeiz getrieben, auf Äußerlichkeiten fixiert. Eine unklare Sehnsucht nach dem individuell anspruchslosen, geistig-seelisch ganz in die so genannte natürliche – biologisch vorgegebene – Rolle sich fügenden Ur-Weibes führte verstohlen Regie.

Die Kühlschrankmutter-Legende ist immer noch nicht ganz vom Tisch. In letzter Zeit erfreut sich jedoch das Kontrast-Programm von der «Glucken»-Mutter wesentlich größerer Beliebtheit. Aber vor allem stehen neuerdings die weichlichen Väter am Pranger. «Sag mir wo die Männer sind, wo sind sie geblieben?» Die armen Söhne, so hört man, könnten sich nicht mehr an markanten gleichgeschlechtlichen Leitbildern orientieren, und den Töchtern bleibe der berühmte erste Mann im Leben vorenthalten. Offenbar war das in den sechziger, siebziger Jahren viel diskutierte neoromantische Ideal vom differenzierten, feinfühligen Mann, der auch die weibliche Seite in sich anerkennt und kultiviert, ein einziger Schlag ins Wasser. Wirklich?

Ein von mir ansonsten sehr geschätzter Psychotherapeut erklärte kürzlich im Rahmen einer Fachtagung, die wachsende Gewaltbereitschaft unter (überwiegend männlichen) Jugendlichen sei darauf zurückzuführen, dass die heutigen Väter nicht mehr bereit und fähig seien, mit ihren Söhnen «in den Ring zu steigen» als Sparringspartner für emotionale und mentale «Boxkämpfe». Kurz und bündig: Mangelnde Konfliktbereitschaft der Väter begünstige aggressive Verhaltensstörungen bei den Söhnen. Ich stimme insoweit zu, als – allgemein gesprochen – ein falsch verstandener Anspruch auf Harmonie und Konfliktfreiheit in zwischenmenschlichen Beziehungen stets Schaden anrichtet. Das gilt für Ehen, Arbeitszusammenhänge und Freundschaften genauso wie für die Eltern-Kind-Beziehung. Man muss lernen, mit Konflikten künstlerisch – d.h. fantasievoll lösungsorientiert – umzugehen, sie fair und in gegenseitiger Wertschätzung auszutragen. Notorisches Konfliktvermeidungsverhalten führt zu einem gespenstischen Scheinfrieden, unter dem sich ein hochexplosives Giftgemisch aus uneingestandenen Kränkungen, unterdrücktem Groll, Missverständnissen und Verdächtigungen sammelt.

Nun habe ich aber durchaus nicht den Eindruck, als seien in puncto Streitkultur die Frauen den Männern überlegen, weder im pädagogischen Alltag noch in anderen Lebensbereichen. Nach meiner Erfahrung unterscheiden sich Frauen und Männer zwar in der Art und Weise des Umganges mit Konflikten, aber nicht in Bezug auf die – beiderseits wenig ausgeprägte – Konfliktkompetenz. Es ist ein generelles Problem der Gegenwart, dass wir nicht mit Siutationen umgehen können, in denen gegensätzliche Interessen und Bedürfnisse aufeinanderprallen. Ich will nur zu bedenken geben, dass man zwar mit einem gewissen Recht feststellen kann, vielen Kindern mangele es an souveränen «Sparringspartnern», aber nicht recht einzusehen ist, warum diese Kritik speziell an die Väter – und nicht auch an Mütter, Kindergärtnerinnen, Lehrerinnen, Ausbildungsleiterinnen etc. – zu richten sei.

Zunächst müsste geklärt werden, was das überhaupt sein soll, ein «souveräner Sparringspartner» für Konfliktbewältigungstraining. Physische Auseinandersetzungen – körperliche Raufereien – sind ja offensichtlich nicht gemeint, auch wenn die ganz lustig sein und sogar pädagogisch Sinn machen können. Der zitierte Kollege hat wohl eher das täglich neu zu bewältigende Spannungsfeld zwischen Gewähren und Verbieten, Freiräume-Respektieren und Grenzen-Setzen, Belohnen und Strafen, Konsequenz und Toleranz etc., also das übliche pädagogische Kräftemessen im Blick (vgl. dazu das Kapitel «Kinder brauchen Grenzen? Na sowas!»). Dieses soll – darin weiß ich mich mit den Anklägern der «vaterlosen Gesellschaft» einig – sowohl ohne körperliche Züchtigungen als auch ohne erzieherischen Psychoterror, also nach Möglichkeit ohne Ausnützung des längeren Hebels der Macht, an dem die Eltern immer sitzen, bestanden werden. Es soll so bestanden werden, dass die Erwachsenen für die Kinder ein Vorbild in Bezug auf gewaltfreie *Konfliktlösung* – im Unterschied zur Konflikt*vermeidung* – abgeben. Gesucht wird wieder einmal der berühmt-berüchtigte Mittelweg zwischen Freiheit und Autorität, der, wie wir gesehen haben, auf keiner Landkarte eingezeichnet ist, sodass ihn jeder selbst finden muss. Manchmal erwischt man ihn, manchmal verfehlt man ihn; es ist eben mit der Erziehungskunst genauso wie mit jeder anderen Kunst: Nach Rezept geht gar nichts.

Und nun zurück zu den angeblich aussterbenden echt männlichen Männern. Wann waren sie denn noch echt männlich, die Männer? Es geht die Legende, seit den kulturrebellischen Umtrieben der sechziger, siebziger Jahre sei der Gesellschaft – und somit den Kindern – zunehmend das väterliche Prinzip abhanden gekommen. Die Männlichkeitsnostalgie schwappte zuerst aus Amerika herüber, als Antwort auf einen radikalen Feminismus, der längst wieder total out of the game ist, sodass man allmählich aufhören könnte, ihn zu bekämpfen. Seit einiger Zeit ist das Thema auch bei uns ein modischer Dauerbrenner. Man kann den Grundgedanken auf die Kurzformel bringen: Conan der Barbar versus Hippie-Softie. Sehnsucht nach dem edlen Krieger. Jeder mag sich seine eigene Meinung dazu bilden. Aber ich frage hartnäckig weiter: Wann waren sie denn noch echt männlich, die Männer? Im Zweiten Weltkrieg, an der Ostfront? Im Wilhelminischen Kaiserreich?

Vor gar nicht so langer Zeit, als unsere Urgroßeltern, Großeltern und Eltern aufwuchsen (mein Vater gehört zu der Jugendgeneration, die im Zweiten Weltkrieg verheizt wurde), da waren in der Tat die Mütter noch richtige Bilderbuchfrauen und die Männer richtige kernige Mannsbilder. Ob sie sich dabei glücklich fühlten, ob sie harmonischere Beziehungen führten als wir Heutigen, sei dahingestellt; ich habe nicht den Eindruck. Die traditionellen Klischees waren jedenfalls fest im Bewusstsein der Mehrheit verankert und wurden kaum in Frage gestellt. Dann, unter Hitler, erlebten diese Klischees eine – ich behaupte: letzte – perverse Blüte. Die faschistische ‹Kunst› spricht diesbezüglich Bände. Ein richtiger Vater hatte streng, unnahbar, furchteinflößend, aber auch stark und beschützend zu sein. Dass bei einem solchen Urbild die Grenzen zur Brutalität fließend sind, versteht sich von selbst. Die Kernfrage aber lautet: Wie stand es in den Zeiten, in denen die Männer noch ganze Kerle und richtige Familienoberhäupter waren – und die Frauen noch ihren «mütterlichen Instinkten» vertrauten –, mit der Konfliktfähigkeit resp. Gewaltanfälligkeit der Jugend?

Es wäre schon ziemlich kühn, zu behaupten, die Generationen unserer Eltern und Großeltern seien in der Kunst der gewaltfreien Konfliktlösung besonders virtuos gewesen. Da haben die unbeschädigten, ja glorifizierten maskulinen (und femininen) Leitbilder wohl wenig geholfen. Und was die Gewaltbereitschaft betrifft, so steht es mir nicht zu, über die Männer und Frauen – jüngere und ältere, reiche und arme, gebildete und ungebildete –, die damals den Nazis zujubelten, den Stab zu brechen. Aber man muss sagen dürfen, dass die erzieherisch veranlagte Hemmschwelle zur mörderischen Gewalt bei «Hitlers willigen Vollstreckern» nicht sehr hoch gewesen sein kann – trotz unbeschädigter maskuliner (und femininer) Leitbilder.

Bevor man also über den Verlust echt männlicher Vaterfiguren klagt, wäre es ratsam, die Sache im Kontext der Bewusstseinsgeschichte des 20. Jahrhunderts zu überdenken. Dann wird schnell klar, dass uns die Frage, wie man sich eigentlich einen urtypischen Mann vorzustellen habe, der, bei aller maskulinen Präsenz, dennoch *nicht* das abgewirtschaftete Männlichkeitsideal repräsentiert – das klingt irgendwie schon wie ein viereckiger Kreis –, vor gewaltige Probleme stellt. Nach Auschwitz, Hiroshima, Vietnam und dem Gulag sowie angesichts der jüngsten Männlichkeits-Exzesse auf dem Balkan, in Tschetschenien – ganz zu schweigen von den harten Burschen, die wieder unterm

214

Hakenkreuz marschieren – kann doch kein vernünftiger Mensch den alten Adam wieder heraufbeschwören wollen, auch noch als ideale pädagogische Leitfigur!

Nun, das würden die Geschlechtsrollen-Nostalgiker auch weit von sich weisen. Die meisten jedenfalls. Ein autoritärer Knochen alter Schule soll der richtige (neue) Mann ihrer Meinung nach *nicht* sein, aber trotzdem das Familienoberhaupt, das im Zweifelsfall die Kommandos gibt und die Gesetze erlässt. Friedfertig soll er sein, aber trotzdem einer, der irgendwie den Typ des Kriegers verkörpert. Man erwartet, dass er ein fürsorglicher, warmherziger Papi sei, und trotzdem sollen die Kinder den Jäger in ihm erkennen, der auszieht und – im übertragenen Sinne, versteht sich – Beute macht.

Samtweich und knallhart, streng und großzügig, stark und sensibel, friedenstiftend und stets zum Kampf bereit … Wir reden über ganz normale Menschen, nicht über die Hauptrolle in einem Hollywood-Film!

Ich erlebe die heutigen Väter als Erziehungsberater größtenteils als sehr bemühte, kooperative Gesprächspartner, die – das bringt die Zeit nun einmal mit sich, und es ist gut so! – in ihrem männlichen Selbstverständnis verunsichert sind und nicht recht wissen, wie sie die völlig konträren Erwartungen, die von den Frauen und von der Gesellschaft an sie herangetragen werden, alle gleichzeitig erfüllen sollen. Manchmal ist es ein bisschen schwierig, den Herren klarzumachen, dass es pädagogische Situationen gibt, in denen das hemdsärmlig-pragmatische Motto «Problem analysieren – anpacken – Fall erledigt» nicht mehr weiterhilft. Mütter haben zweifellos ein besseres Auffassungsvermögen für subtile Beziehungsvorgänge. Dafür bewahren Väter länger die Ruhe.

Natürlich müssen wir Männer nach allem, was im Namen der Männlichkeit geschehen ist und weiterhin geschieht, sozusagen das Mannsein neu erfinden! «Es ist anzunehmen, dass sich die Wirksamkeit des Vaters in Erziehung und Kultur langsam wandelt», schloss Hans Müller-Wiedemann vorsichtig seinen Essay «Der Vater: Bild und Wirklichkeit» (zuerst erschienen 1976). Ich denke, inzwischen hat sich die Annahme zur Gewissheit verdichtet, und der Wandel vollzieht sich zügiger, als Müller-Wiedemann vermutete. Aber davon profitieren die Kinder unter dem Strich mehr, als sie darunter leiden. Wie schon erwähnt, kümmert sich der heutige Durchschnittsvater viel intensiver um die Familie, als es früher üblich war, d.h. er ist zumindest äußerlich *mehr* anwesend – aber nicht nur äußerlich, sondern auch mit dem Herzen. Er trägt dasselbe zwar nicht auf der Zunge, aber es schlägt heftig und innig für die Kinder. In den meisten längeren Erziehungsberatungsprozessen schält sich durchaus die alte Rollenverteilung heraus, wenn auch nicht mehr so schroff wie früher: In der Regel hält der Vater die Mutter für zu nachsichtig und diese ihn für zu streng. Prügelnden oder auch nur gelegentlich zuschlagenden Vätern begegnet man deutlich seltener als noch vor wenigen Jahrzehnten. Das ist ein gewaltiges Plus! Freilich üben sie auch auf der seelischen Ebene nicht mehr so unbekümmert die patriarchalische Befehlsgewalt aus, die der Hausherr alter Provenienz für sich in Anspruch nahm. Auf den Tisch zu hauen und Sanktionen anzudrohen, widerstrebt den neuen Vätern. Wenn ihnen der Gaul durchgeht, bedauern sie es anschließend, was man ihnen wohl nicht zum Vorwurf machen kann. Verzicht auf Gewalt ist eben eine Entscheidung, die der *ganze* Mensch trifft.

Fazit: Wir sollten froh sein, dass die meisten Männer, die heute Kinder zu erziehen haben, etwas weniger den harten Mann herauskehren, als es ihre Väter und Großväter zu tun pflegten. Der alte Adam ist nicht mehr rehabilitationsfähig. Auch nicht mit neuem Anstrich.

So könnte man fortfahren mit der Demontage psychologischer Modeerklärungen. Es ist nicht nichts an ihnen dran, aber wenig.

Verinnerlichte Unzulänglichkeit

«Dass ‹das Elternhaus versagt hat›, ist eine der beliebtesten rhetorischen Phrasen vermeintlicher Experten, ... (und) die Geschmähten richten, wie alle Sündenböcke, ihre Enttäuschung und Wut gegen sich selbst» (Beckmann 1999). Auch Nuber (1995) sieht hinter dem Phänomen, dass «Eltern ihre ‹auffälligen› Kinder mit großen Schuldgefühlen in der Beratung anmelden», ein grundlegendes Missverständnis. «Könnte die Gewohnheit durchbrochen werden», schreibt sie, «alle Verhaltensweisen eines Kindes automatisch auf Erziehungseinflüsse und die familiäre Situation zurückzuführen, dann wäre viel damit gewonnen.» Die Autorin nimmt den «Mythos vom frühen Trauma» intelligent auseinander – und rutscht leider prompt auf die Schiene der genetischen Prädisposition. Aber es ist ihr ein aufrichtiges Anliegen, den Eltern aus der ewigen Sündenbockrolle herauszuhelfen.

Wenn man jemandem dauernd zu verstehen gibt, er sei ein Nichtsnutz, glaubt er es irgendwann selbst. Die zugewiesene Rolle prägt das vordergründige – im Alltagsbewusstsein vorherrschende – Selbstbild. Es ist ungeheuer schwer, in Bezug auf die Einschätzung eigener Stärken und Schwächen unbeeindruckt zu bleiben von den Urteilen der Mitmenschen oder von der veröffentlichten Meinung. Wer von anderen Menschen – namentlich von solchen, die er als Autoritäten anerkennt – überwiegend und anhaltend negativ beurteilt wird, gerät unter die Knechtschaft dieses Urteils.

Das gilt auch, wenn man als Einzelner von einer kollektiven Rufschädigung mitbetroffen ist, wie z.B. als Mutter oder Vater vom pauschalen Verdikt des Elternversagens. Die Mehrheit der Eltern kategorisch als Unmündige zu betrachten und anzusprechen, heißt, sie in die Unmündigkeit hineinzutreiben. Da sie «keine Lobby» haben, sind sie «oft überraschend schnell (bereit), die ihnen angedichtete Schuld in vollem Umfang anzunehmen» (Beckmann). Mit besonderem Hinblick auf die Erziehungsfrage beklagt Bärbel Schön (1993) «die zunehmende Professionalisierung und Spezialisierung von menschlichen Umgangsweisen und die damit einhergehende Verächtlichmachung von Laien». Besonders Mütter seien betroffen. Das kann ich bestätigen.

Eine Mutter, die des ständigen Bevormundetwerdens irgendwann überdrüssig war und sich ihren Groll ebenso provokant wie amüsant von der Seele schrieb, stellt ganz richtig fest, dass der «wachsende Selbstbestimmungsverlust (die Eltern) in Gefahr bringt, ihr eigenes Kind aus den Augen zu verlieren, ebenso ihre Vorstellungskraft und ihren persönlichen Stil». Und sie fügt trocken hinzu: «Was uns zu Trotteln macht, ist die Abwendung von den direkt vor uns liegenden Möglichkeiten» (Taitz 1998). Beckmann kritisiert, dass «Elternschaft heute wie eine Wissenschaft erscheint, von der ihre Hauptdarsteller, die Väter und Mütter, am wenigsten … verstehen. ‹Kompetente› Eltern sind (demnach) solche, die wissen, … dass sie in Wahrheit erst noch (alle) Kompetenzen erwerben müssen. Die verinnerlichte eigene Unzulänglichkeit wird zum elterlichen Qualitätsnachweis. Damit stecken die Eltern endgültig in der Falle.»

Die vermehrten Anzeichen einer Neubesinnung ändern nichts

daran, dass geringschätziges Gerede über Eltern in Pädagogen- und Therapeutenkreisen nach wie vor weit verbreitet ist. Dabei hat man nicht etwa in erster Linie die Tragödien im Auge, die sich dort abspielen, wo – aus welchen Gründen auch immer – Kinder nur als lästige Eindringlinge empfunden und dementsprechend behandelt werden. Nein, die Diskriminierung – kann man es anders nennen? – zielt auf besorgte, liebende Eltern, die mit ganz gewöhnlichen unrealistischen Vorstellungen Kinder in die Welt gesetzt haben und ganz gewöhnliches Lehrgeld bezahlen müssen.

Jedes Kind, das «nicht der gängigen Vorstellung (entspricht), wie Kinder sich zu benehmen hätten» – so stellt der streitbare Thomas Armstrong (1997) mit besonderem Hinblick auf die ADS-Problematik den Begriff «Verhaltensstörungen» richtig[58] –, dient als Beweisstück für die Inkompetenz heutiger Eltern. «Dieses Vorurteil», schreibt die anthroposophische Kinder- und Jugendtherapeutin Jeanne Meijs (1996), «basiert auf der unausgesprochenen Vorstellung, dass Eltern, die keine Schwierigkeiten mit ihren Kindern haben, erfolgreiche Eltern sind.» Um jedoch zwischen erfolgreichen und gescheiterten Eltern zu unterscheiden, «müsste man die Voraussetzungen der Elternschaft verglechen können. Wie soll das gehen, wo doch jedes Kind und jede Beziehung anders ist? – (Oft habe ich) mit Erstaunen feststellen können, dass die Kinder, die mit schweren Schicksalsforderungen auf die Welt gekommen sind, sich ... sehr feine Eltern ausgewählt haben.»

Die Krise des Expertentums wird auf die Eltern abgewälzt

Folgt man der mehrheitlichen Expertenmeinung, ist Kinder-erziehung ein «komplizierter technischer Prozess, der eine speziel-le Ausbildung und Ausstattung sowie ein inspirierendes Pro-gramm weiser Mentoren erfordert» (Taitz), Die meisten Mütter und Väter, meint Thomas Gordon in seinem Bestseller *Familien-konferenz*, verfügten noch nicht einmal über die anfänglichsten «Grundbegriffe wie auch Techniken … einer effektiven Eltern-Kind-Beziehung» (diese Sprache!) und seien deshalb, sofern sie sich keinem regelrechten «Berufsausbildungsprogramm» unter-zögen, «unfähig, verantwortungsbewusste, selbstdisziplinierte, kooperative Kinder zu erziehen.» Das Gros der Eltern, lese ich an anderer Stelle, sei «erzieherisch hilflos». Und dann, mit biblischer Strenge: «Denn sie wissen nicht, was sie tun. – Sie wissen meist nur, dass sie ihre Kinder anders erziehen wollen, als sie selbst erzo-gen worden sind» (Lang/Pühler 1999). Darüber hinaus wissen und können sie nichts? Das wäre freilich erschütternd; dann müsste man 60 Prozent der Eltern (so viele sind einigen Statistiken zufol-ge hilflos) jugendamtlich überwachen lassen – es sei denn, sie wä-ren bereit, sich einem «elterlichen Effektivitätstraining» (Gordon) zu unterziehen. Oder eine der Elternschulen zu besuchen, die heute wie Pilze aus dem Boden schießen. Ich schätze den erwähn-ten Text von Peter Lang und Susanne Pühler sehr. Aber ihr Urteil über Eltern sollten sie noch einmal überdenken.[59]

Als hätte er die Passage «Denn sie wissen nicht …» gelesen und wollte sie kommentieren, kleidet Beckmann das Problem der «verinnerlichten Unzulänglichkeit» in den Satz: «Denn die wissen, dass sie nicht wissen, was sie tun.» Mit anderen Worten: Sie trauen sich nichts zu, weil man ihnen nichts zutraut. Übrigens: Viele Fachleute, nach deren Auffassung den meisten Eltern «das Wissen und die Kenntnisse» fehlten, um in der Erziehungsarbeit «erfolgreich zu sein» (Gordon), sind selber Eltern und stehen als solche, das ist unbestritten, häufig vor den gleichen Schwierigkeiten wie das ahnungslose Laienvolk. Wie werden sie mit der schizophrenen Situation fertig? Vielleicht führen sie Selbstgespräche, in denen der hochqualifizierte Persönlichkeitsanteil den unqualifizierten zur Rede stellt: Du hast ja keine Ahnung! Dir muss ich mal die anfänglichsten Grundbegriffe beibringen …

Oder geht es am Ende um etwas ganz anderes als darum, Massen von unqualifizierten Eltern fachlich aufzurüsten?

Es wirft einen Berg von Fragen auf, wenn man, wie Gordon, in Anbetracht der Erfahrungen des 20. Jahrhunderts «Verantwortungsbewusstsein, Selbstdisziplin, Kooperationsbereitschaft» als wichtigste Ziele einer «effektiven» Erziehungsmethode definiert, ohne zumindest diese Begriffe kritisch zu hinterfragen. Zu viele entsetzlich verantwortungsbewusste, disziplinierte und kooperative Gefolgsleute sind skrupellosen Führern gefolgt. Wie anders wäre dieses Jahrhundert verlaufen, wenn nicht bei den meisten Menschen «ein guter Fond von Ungezogenheit» schon in Schule und Elternhaus «erstickt» worden wäre «und mit ihm die Entwicklung des Wissens zum freien Willen» (Stirner 1997)! Ohne Freiheit und Liebe sind Charaktereigenschaften wie Verantwortungsbewusstsein, Selbstdisziplin, Kooperationsbereitschaft etc.

ethisch vakant und in gewisser Hinsicht gefährlich. Noch in den achtziger Jahren verfassten namhafte Erziehungswissenschaftler aus den genannten Gründen einen «Aufruf zur Feier einer gemeinsamen Kultur der Ungezogenheit» (Beck u.a. 1983). Was war hier mit Ungezogenheit gemeint? Die Autoren wollten der Eskalation der Entfremdung zwischen Kindheitswelt und gesellschaftlicher Realität zuvorkommen, die mittlerweile so weit fortgeschritten ist, dass die «Jugend 2000» von Soziologen und Gesundheitsforschern als «leidende Generation» tituliert wird, mehr als 20 Prozent der Schüler und Auszubildenden bereits mehrmals pro Woche zu Medikamenten greifen, nie dagewesene Zukunftsängste unter Kindern und Jugendlichen grassieren (vgl. *Psychologie Heute,* 2/2000) und immer mehr von ihnen, statt Pillen zu schlucken oder Therapien über sich ergehen zu lassen, ihre Frustrationen gewalttätig gegen Lehrer, Mitschüler und soziale Randgruppen richten. Sogar die traditionell schönfärberische Shell-Jugendstudie bilanziert in ihrer neuesten Ausgabe: «Die gesellschaftliche Krise hat die Jugend erreicht.» Dies hatten die Autoren des «Aufrufs zur Ungezogenheit» kommen sehen. «Nach Auschwitz und Hiroshima», schrieben sie, «halten wir es für unmöglich, weiter im Zeichen religiöser Glaubenslehren oder säkularer Fortschrittsideologien Pädagogik zu treiben. – Die Propagierung von mehr Erziehung (dient) als Narkotikum einer todessüchtigen Industriekultur. Um diese zu überwinden, müssen wir die Zukunft neu erfinden.» Ungezogene Kinder als Aufforderung an die Erwachsenen, ihrerseits ungezogen zu werden und die Zukunft, d.h. zuallererst die Pädagogik neu zu denken und anzupacken – wo ist dieser im besten Sinne kulturrevolutionäre Geist geblieben? Heute scheint wieder Einigkeit darüber zu herrschen, dass ungezogene Kinder entweder – wie

223

dazumal Karl Jaspers nach dem Urteil seines Gymnasialdirektors – «organisch krank» oder von den Eltern verdorben sind.

Das ewige Lamento über versagende Eltern – «Eigentlich müssten nicht die Kinder, sondern die Eltern therapiert werden», tönt es beifallheischend aus jedem zweiten Therapeutenmund – ist ungerecht und irreführend. Es lenkt von den wirklichen Problemen ab, nämlich davon, dass jeder, der heute Kinder in die Welt setzt, unweigerlich in eine tiefgreifende allgemeine Orientierungskrise verstrickt ist, die nicht nur das Erzieherische betrifft. Wirtschaft, Politik, Bildung und Wissenschaft treiben ohne geistige Perspektiven dahin. Von dem in den siebziger Jahren geknüpften «Netzwerk der Zukunftswerkstätten» ist nicht viel übrig. Dafür haben wir jetzt ein Netzwerk der Fitness-Center. «Soziale Skulptur» (Beuys) versus Genom-Projekt, zwei mögliche Horizonte für die ideelle Grundausrichtung der westlichen Wertegemeinschaft. Die Entscheidung ist gefallen. War noch vor zwanzig Jahren viel von Gesellschaftsgestaltung im Zeichen der gegenseitigen Hilfe die Rede, hört man heute nur noch, die Zeit der sozialen Sentimentalitäten sei vorbei. Nicht der Sieg über den Hunger in der Welt ist die große bewegende Utopie, sondern die Marsbesiedelung. Man diskutiert nicht über die «Kunst des Liebens» (Erich Fromm), sondern über Cyber-Sex. Der spirituelle und ethische Substanzschwund ist ein gesamtkulturelles Phänomen, nach meiner Überzeugung eine Spätfolge der geistig-moralisch unbewältigten Kriegs- und Völkermordkatastrophen des 20. Jahrhunderts, und in hohem Maße eine Krise der Bildung, also des Expertentums – das pädagogische eingeschlossen. Die von dem unvergessenen Ivan Illich *(Vom Recht auf Gemeinheit, Entschulung der Gesellschaft)* so überzeugend vorgetragene Kritik der Entmündigung von Laien durch akademische

Eliten im Schulterschluss mit Wirtschaft, Politik und Medien ist kein bisschen veraltet. Vernünftige Gedanken über Erziehung begegnen mir weitaus häufiger als in gelehrten Büchern oder auf Fachkongressen bei ganz gewöhnlichen Müttern und Vätern, die, vielleicht unter Leidensdruck, einfach einmal sagen, was sie *fühlen*. Und nicht nachplappern, was alles so geschrieben und geredet wird.

Ein regelrechter «Ausbildungswahn» erfasst «immer frühere Lebensalter», schreibt Marianne Gronemeyer (1999). Man könnte auch sagen: ein *Vorbereitungswahn*. Die Eltern sollen das Kind auf den Kindergarten vorbereiten, damit es dort auf die Schule vorbereitet werde, wo es auf die Lehr- und Studienjahre vorbereitet wird, und dann kommt das Eigentliche, Entscheidende, wofür alles andere nur ein Vorspiel war: Beruf, Karriere, Status, materielle Sicherheit. Verplantes Leben. Viele Eltern haben ein ungutes Gefühl dabei. Aber was sollen sie tun? Schon in der Krabbelgruppe ist *drohende* Zukunft anwesend: Wird im Kindergarten alles glatt gehen? Wird das Kind einen guten Schulabschluss schaffen? Wird es im gnadenlosen Existenzkampf bestehen können? Zeigt es Anzeichen von charakterlicher Labilität, Lebensuntüchtigkeit, Lernschwäche? Dann müssen umgehend und so früh wie möglich «Maßnahmen» ergriffen werden, liest man immer…

Unter dem Eindruck des Vorbereitungswahns ist Kindheit, für sich genommen, etwas nur Provisorisches, zwar Unvermeidliches, aber im Prinzip Unerwünschtes, nach allen Regeln der Kunst zu Überwindendes. Wenn sie einen Wert hat, dann sozusagen nur als möglichst zügig und effektiv zu absolvierendes Proseminar für das Erwachsenenleben. Erinnern wir uns daran, dass der unvergessene Janusz Korczak in seiner *Magna Charta Liber-*

tatis als eines von drei fundamentalen Kinderrechten «das Recht des Kindes auf den heutigen Tag» proklamierte. Nicht einmal in den Zeiten der Armut war das *Hier und Heute* der Kinder so überschattet von einem entzauberten *Später* des Erwachsenseins, wie es gegenwärtig der Fall ist. Aus dem Blickwinkel des entzauberten Später werden wie nie zuvor die kindlichen Lebensäußerungen mit Argusaugen beobachtet, analysiert, kategorisiert und gegebenenfalls korrigiert. Der Vorbereitungswahn suspendiert das «Recht auf den heutigen Tag» Und daran leiden viele Eltern mit.

Mich dünkt, die Legende vom massenhaften Elternversagen beschwöre die Misere, die sie erklären soll, in gewisser Hinsicht erst herauf. Wenn ich an eine Aufgabe herangehe und überall reden höre, ich sei unqualifiziert, beschleicht mich Versagensangst; und dann begehe ich in meiner Verunsicherung einen Fehler nach dem anderen, wodurch bestätigt scheint, dass ich tatsächlich unqualifiziert bin. Den modischen Elternschulen oder Elterntrainings – welcher Provenienz auch immer – ist mit Vorsicht zu begegnen – zumindest wenn ihnen erkennbar jene Legende zugrunde liegt. Man muss den Eltern das Vertrauen in ihre Fähigkeiten zurückgeben! *Sie* sind die Experten!

So möchte ich also durchaus dazu ermutigen, Elternschulen zu gründen, aber wohlgemerkt solche, die sich nicht als Belehrungsanstalten verstehen, in denen mal wieder der ahnungslose und unfähige Laie von ehrfurchteinflößenden Experten unterwiesen wird, sondern als Hilfe-zur-Selbsthilfe-Projekte für Eltern, um sie zu einer angemessenen kritischen Einstellung anzustiften all denen gegenüber, die sich erlauben, vom hohen Ross herunter über sie zu urteilen; und um ihnen eine gesunde Portion Skepsis anzutragen gegenüber den durchaus nicht immer unanfechtbaren Verlautbarungen der Fachwelt, die im Übrigen – wie auch Beckmann nachweist – alles andere als ein homogenes Bild ergeben. Damit ist nicht ausgeschlossen, in solchen Elternschulen auch menschenkundliche und erziehungspraktische Themen zu besprechen. Das Bedürfnis ist natürlich vorhanden. Ich habe jedoch gelernt, dass es am fruchtbarsten ist, einen Prozess der Besinnung auf eigene brachliegende Fähigkeiten anzuregen, sich gemeinsam an eine Idee der Kindheit heranzuarbeiten, «den Punkt (der) persönlichen Berührt- und Bewegtheit offen (zu) legen» (Bittner 1996), eine andere Art des Fragens zu entwickeln als diejenige, bei der sich alles um Machbarkeit und Effizienz dreht, staunen zu lernen, staunend das immer schon Wahrgenommene neu wahrnehmen zu lernen – statt Rezepte für Kinderbeeinflussung «aus der Position dessen, der seinen Nächsten überlistet» (Lévinas), zu verteilen. Verlässt man die Ebene «Experte doziert Laien vor, was sie zu tun haben», zeigt sich schnell, dass der Dozent in den Eltern überraschend kompetente Partner vor sich hat, von denen auch er etwas lernen kann.

Durchblicker, Aufdecker, Hellseher — Wahre Kompetenz verbietet schnelle Urteile

Lässt sich das problematische Verhalten eines Kindes aus der Vorgeschichte und den Lebensumständen nicht ohne weiteres erklären, geht man wie selbstverständlich davon aus, dass dann eben die Ursachen, die ja, so meint man, auf jeden Fall in der Vergangenheit oder in den Lebensumständen liegen (wo sonst?), nur irgendwie verhüllt seien und aufgedeckt werden müssten. Dann schlägt die Stunde der Psycho-Ermittler, und offenbar ist die Legende unausrottbar, auf diesem Gebiete seien diejenigen die Besten, die mit wundersamer Schnelligkeit alles durchschauen.

Genau hier ist höchste Vorsicht geboten. Bei einem Kinderpsychologen oder -therapeuten, der so tut, als springe ihm aus den ersten Erhebungen und Eindrücken gleich das fertige Bild der Zusammenhänge und Hintergründe entgegen, sollte man alarmiert sein. Nur Greenhorns, Aufschneider, Sektierer und Schema-F-Diagnostiker kommen zu schnellen Ergebnissen. Oft steckt eine Mischung aus Trägheit und Eitelkeit dahinter, der Versuch, mit möglichst geringem Aufwand möglichst viel Eindruck zu schinden. Die Leute gehen natürlich vor Bewunderung in die Knie, wenn jemand im Handumdrehen die kompliziertesten Fälle löst. Wo hingegen gewissenhaft gearbeitet wird, wächst mit der Erfahrung die Einsicht in die Unzuverlässigkeit der ersten Urteile. Das gilt auch für standardisierte Tests.[60] Man lernt, dass die Anhiebsdiagnose — von Ausnahmen abgesehen —

bestenfalls ein Richtungshinweis sein kann, ein Provisorium, welches ehrlichkeitshalber auch als solches bezeichnet werden sollte; und dass es eine typische Anfänger-Unart ist, die anamnestischen Daten und symptomatischen Befunde übereilt zu interpretieren. Überhaupt nimmt man von der Fixation auf *Resultate* Abstand. Der beschriftete Schubladenschrank verschwindet aus dem Kopf. Walter Benjamin (zitiert nach Kirchner) äußerte einmal, «jede kindliche Aktion und Geste» müsse der Beobachtung «zum Signal» werden. «Nicht so sehr, wie dem Psychologen beliebt, Signal des Unbewussten, der Latenzen, Verdrängungen …, sondern Signal aus einer Welt, in welcher das Kind lebt und befiehlt». Im Bemühen um Seelenerkenntnis – nicht zu verwechseln mit der Drei-D-Fahndung (Defekte, Defizite, Dysfunktionen) – haben wir keine andere Wahl, als unsere vermeintlichen Wissens-Bastionen eine nach der anderen aufzugeben und die damit verbundene Unsicherheit zu akzeptieren. «Sei wachsam in kluger Einsamkeit», heißt es bei Korczak, «Wahrheiten wachsen wie Bäume.» Hier wird vor dem Hintergrund der chassidischen Spiritualität eine Art von Diagnostik – in der ursprünglichen Bedeutung des Wortes – nahegelegt, bei der es um die Steigerung der Empathie zur Kunst des Verstehens geht; nicht um Gefühlsduselei, sondern um die Verbindung von Herzens- und Geistesgegenwart; darum also, sich mit Geduld und Andacht «wachsam» einzufühlen in das je unvergleichliche Gegenüber, «von Angesicht zu Angesicht» (Lévinas), vertrauend auf die «Kraft des Augenblicks» (Korczak), der mir zeigt, was ich in diesem besonderen Fall diesem Menschen *Gutes tun* kann.

Die Empfehlung, sich auf den Zusammenhang zwischen Verstehen und Urteilszurückhaltung zu besinnen – das schließt die Erarbeitung menschenkundlicher Begriffe nicht aus, sondern ganz ausdrücklich ein! –, richtet sich auch an die wachsende Zahl von Menschen, bei denen sich spontane außersinnliche Wahrnehmungen einstellen, was manche dazu verleitet, sich gleich für Erleuchtete zu halten und entsprechend aufzutreten. Aber gerade diese rudimentären paranormalen Fähigkeiten bergen unabsehbare Irrtumsgefahren, wenn sie nicht aus souveräner Überschau differenzierbar und handhabbar sind.[61] Indem man sie einfach geschehen lässt, statt in einem langen, selbstkritischen Übungsprozess mit ihnen umgehen zu lernen, «vermögen (sie) keinen Weg zu weisen, der uns in vollbewusster Einsicht und freier Verfügung über uns selbst in das Gebiet des Übersinnlichen führen könnte». Stattdessen sind sie geeignet, «Abhängigkeiten von ungeahnter Tragweite für einzelne Menschen und ganze Menschengruppen herbeizuführen» (Witzenmann 1982).

Falls es im Bereich der seelenkundlichen Diagnostik so etwas wie einen Weisheitsweg gibt, ist die erste Bedingung, um gewissermaßen die Eignungsprüfung zu bestehen, der *sokratische Mut*: das Eingeständnis des Nichtwissens. Ich muss mir klar darüber werden, dass meine ganze angelernte Erfahrenheit nur Makulatur ist; dass meine ersten Wahrnehmungen und Befunde bestenfalls Hilfswerkzeuge sind, sobald ich aufgerufen bin, mich in ein Schicksal oder einen Schicksalszusammenhang verstehend einzuleben, um zu *helfen* – und nicht um meine eigene Scharfsinnigkeit zu feiern.

Umwelt, Erziehung, Gene – fehlt da nicht das Wichtigste?

Nach übereinstimmender Meinung (fast) aller Fachleute waren noch nie so viele Kinder und Jugendliche verhaltensauffällig oder psychisch instabil. Ich ziehe, wie man weiß, eine wertneutralere Diktion vor. Immer komplexere und differenzierte kindliche Persönlichkeiten stoßen auf eine immer weniger für diese Komplexität und Differenziertheit eingerichtete Lebensrealität. Ist daraus nun tatsächlich zu schließen, dass immer mehr Eltern, direkt oder indirekt, offensichtlich oder hinter der Fassade ihre Kinder durch Unfähigkeit verbiegen, negativ beeinflussen, emotional vernachlässigen und so weiter? Zu welchem Ergebnis kommt man in dieser Frage, wenn man sich als Therapeut und Berater an die Regel der sokratischen Bescheidenheit zu halten versucht und erst nach «langem, geduldigem Kreisen über dem offenen Fall», wie es James Hillman (1998) ausdrückt, ein Urteil abgibt? Ich kann aus meiner langjährigen Berufstätigkeit in diversen pädagogischen und heilpädagogischen Arbeitsfeldern, wo ich mit Familien aus allen sozialen und Bildungsschichten zu tun hatte, das Fazit ziehen: Die meisten Eltern so genannter Problemkinder sind aufrichtig bemüht, wenn auch oft überfordert und eingeschüchtert. Sie stellen ihre Interessen zugunsten der Kinder zurück, schlagen sich tapfer die Nächte um die Ohren, brechen aussichtsreiche Berufskarrieren ab, erbringen Verzichtsleistungen, die sie für keinen anderen Menschen auf der Welt erbringen würden, übernehmen eine ihnen bis dahin völlig fremde, dienende, um nicht zu sagen aufopferungsvolle Rolle, lesen pädagogische Bücher – oder versuchen es wenigstens –, besuchen Fortbildungen und lassen sich bis zur Schmerzgrenze von allen möglichen Besserwissern kritisieren …

Dies alles verlangt mir größten Respekt ab, und ich denke nicht daran, mich – um mit Bärbel Schön zu sprechen, die als Professorin für allgemeine Pädagogik sympathischerweise selbst in dem Boot sitzt, das sie zum Kentern bringen will – an der pauschalen «Verächtlichmachung von Laien», nämlich Eltern, zu beteiligen. Was ich über den «Mythos von der allumfassenden Überlegenheit des Fachmanns» (Schön 1993), also des Berufspädagogen, Kinderpsychologen etc. denke, ist ansonsten in meinem Buch *«Schwierige» Kinder gibt es nicht* nachzulesen.

Oft ist die Erklärung unerwünschter kindlicher Wesenseigentümlichkeiten aus vergangenen Belastungen oder Entbehrungen, aus der Familiendynamik oder aus psychischen Übertragungsphänomenen – das Kind übernimmt die Ängste der Mutter etc. – pure Fiktion. Dass große Teile der Fachwelt einseitig auf lebensgeschichtliche Kausalzusammenhänge und/oder auf den systemischen Aspekt der Rolle im familiären Beziehungsgefüge eingeschworen sind, ohne in Betracht zu ziehen, dass «ein Schicksal hereinstürmt» (Hillman/Ventura 1993), dass «zur Welt kommen» bedeutet «Sich-zur-Uraufführung-Bringen wie ein noch nie gespieltes Stück» (Sloterdijk 1988), hängt eng zusammen mit der Bewertung des unerwünschten kindlichen Verhaltens als Betriebsstörung. Es ist ein intellektueller Reflex: Störungen werden verursacht. Man geht, wie bei Geräten, von einem funktionellen Sollzustand aus. Abweichungen sind Dysfunktionen. Die Störungsquelle liegt entweder in der Umgebung (unsachgemäße Handhabung, schlampige Wartung, Überlastung, mutwillige Beschädigung) oder im System selbst (Gene). Diese zwischen Mechanik und Biologie angesiedelte Denkweise wird auf den Bereich des Seelisch-Geistigen übertragen, ohne Berücksichtigung des Umstandes, dass die *Individualität* – auch und gerade die kindliche! – aus dem elementaren Bedürfnis geführt ist, über den *«Bios der Biologie* – die rein biologischen Prozesse des bloßen Am-Leben-Seins im Unterschied zur unbelebten oder toten Natur – (hinauszuwachsen in den) *Bios der Biografie»* (Tellenbach 1985). Will sagen: Auf der spezifisch menschlichen Ebene, d.h. auf der Ebene der Sehnsucht nach Freiheit und Liebe, bricht der schöpferische Konflikt zwischen Anpassung und Selbstgestaltung, Biologie und Biografie, Sein und Sinn, Gewordenheit und Berufenheit auf, und hier schlägt das Störungs-Paradigma in Ignoranz um. Natürlich haben die Eigentümlichkeiten und Spannungen, die sich aus dem Individuations-Eingliederungs-Anachronismus ergeben, ihre biologische Entsprechung, u.a. auch in der neuronalen Chemie,[62] wobei Temperament, Typus und Konstitution sozusagen das immanente Milieu für den individuellen Wesensausdruck bilden. Aber das eigentliche Geschehen spielt sich, wie Tellenbach sagt, «‹oberhalb› des Bios der Biologie (ab), dessen Prozesse, etwa die hormonalen, erst hervorgerufen werden» durch die «lebensgeschichtliche» Dynamik. Was wir als Störung bezeichnen, ist unter diesem Blickwinkel oft nichts anderes als der bis ins Leibliche resonierende Versuch der Individualität, ihr Eigen-Sein gegen Überfremdung, Überforderung und permanentes Missverstandenwerden zu bewahren.

«Schon diese Sprache!», zürnt der Erziehungswissenschaftler

Günther Bittner (1996), «Verhaltensstörungen! Beinahe schlimmer noch die amerikanischen *behavior disorders*, ‹Verhaltensunordnungen›, die den Ordnungen der *brave new world* trotzen ...» Man muss dem Autor dankbar sein, weil er darauf aufmerksam macht, dass vermeintlich objektive Begriffe oft eine Riesenportion Gesinnung transportieren und vor Ressentiments nur so strotzen. Aber ich glaube nicht, dass Bittner zustimmen könnte, wenn ich ihn um eine Stellungnahme zu folgenden Sätzen seines Kollegen James Hillman bäte:[63]

«Mein Herz (trägt) das Bild meines Schicksals in sich und fordert mich auf, es zu enthüllen. Ist ‹Zukunft› einfach ein anderes Wort für Schicksal? Das bildhafte Leben fragt nicht nach der Familiendynamik oder den Erbanlagen. Das Unsichtbare, von dem wir spüren, dass es unser Leben mit dem verstrickt, was über es hinausgeht ... (richtet zuweilen) Verwüstung in anständigen und ordentlichen Lebensverhältnissen an. Wie (soll) man (auch) in der abgemessenen Welt menschlicher Konventionen die unmenschlichen Forderungen dessen erfüllen, wozu man berufen ist? Solange die Statistiken einer normalisierenden Entwicklungspsychologie die Standards festlegen, auf deren Basis die außerordentliche Komplexität eines Lebens bewertet wird, müssen Abweichungen als abartig angesehen werden. (Wir brauchen jedoch) eine Vision der Kindheit, (die es uns ermöglicht), die Schwierigkeiten der Kinder ... weniger als Entwicklungsstörungen denn als Wahrzeichen der Enthüllung zu begreifen.»

Hillman spricht von der Enthüllung des *immagine del cuor,* des im Herzen aufbewahrten Bildes künftiger Entfaltetheit. Den Durchbruch zu einer solchen Vision der Kindheit hat – wie kein anderer pädagogischer Denker und Gründer des 20. Jahrhunderts – Rudolf Steiner geleistet. «Wenn wir uns ein ungefähres

Bild machen wollen von dem, was (vor der Empfängnis stattfindet), so müssen wir sagen: Das sich verkörpernde Individuum führt die sich Liebenden zusammen. Das Urbild, das sich verkörpern will, ... kommt (den) Liebenden entgegen. – Wenn wir diesen Gedanken ganz durchdenken, so müssen wir sagen: Der sich wiederverkörpernde Mensch ist durchaus beteiligt an der Wahl seiner Eltern. Je nachdem er ist, wird er hingetrieben zu dem betreffenden Elternpaar» (GA 109).

Je nachdem er ist!

Ähnlichkeiten, Prägungen, Abfärbungen

Ein Kind ist auffallend ängstlich, zaghaft, dünnhäutig, empfindsam – mit allen Licht- und Schattenseiten dieser Wesensverfassung, wie ich sie in meinen Büchern *Vom Rätsel der Angst (2000)* und *Von ängstlichen, traurigen und unruhigen Kindern* (1995) beschrieben habe. Und siehe da, die Mutter gesteht in den Beratungsgesprächen, dass auch sie in ihrem Leben viel mit Ängsten zu kämpfen hatte und vor Jahren deshalb in psychotherapeutischer Behandlung war. Sie fühlt sich schuldig. Denn der Fall scheint klar zu sein: Sie hat ihre Probleme seelisch auf das Kind übertragen. Die Ängste der Mutter sind zum Kind hinübergewandert. – Oder aber die Krux liegt in den Genen. Man munkelt ja, dass so genannte Verhaltensstörungen möglicherweise erblich bedingt seien. Biologistische Erklärungsansätze sind zur Zeit groß in Mode (das wird vergehen). Irgendeine Erklärung muss es schließlich geben für das Phänomen, dass relativ viele Mütter oder Väter von «Problemkindern» deren Seelenverfassung aus eigener Erfahrung gut kennen. Da immer mehr aussagekräftige Studien die psychologischen Transformations- und Transaktionstheorien ins Wanken bringen, scheint nur noch die erbbiologische Ratio übrig zu bleiben. Liegt eine Wesensähnlichkeit zwischen Eltern und Kindern vor, ist nach heutiger Auffassung der Kausalnexus im Prinzip unstrittig; die Symptome des Kindes sind durch die Eltern verursacht, genetisch oder psychodynamisch (oder beides).

Sollten jedoch Steiners Aussagen der Wahrheit entsprechen, bietet sich, was unser angstgeplagtes Mutter-Kind-Gespann betrifft, eine ganz andere Sichtweise an, die genetische Zusammenhänge übrigens nicht ausschließt, aber in einem völlig neuen Licht erscheinen lässt.[64] Ich fasse jetzt, einem häufig geäußerten Wunsch meiner Leser nach besserer Allgemeinverständlichkeit folgend, in einfache Worte, was man eigentlich sehr viel differenzierter und vorsichtiger ausdrücken müsste: Das Kind hat sich in der Vorbereitung der Inkarnation – Steiner spricht immer wieder von einer Art visionärer Antizipation der mit dem biografischen Entwurf verbundenen Seelenprüfungen – eine Mutter gewählt, von der es Verständnis erwarten kann, weil sie aus eigener Erfahrung nur zu gut weiß, was Angst ist. So hat sie im Prinzip die besten Voraussetzungen, ihrem Kind eine verständnisvolle Begleiterin sein. Das ist der eigentliche, tiefere Sinn der charakterologischen Ähnlichkeit.[65]

Es kann allerdings sein, dass sich die Mutter, um diesem Auftrag gerecht zu werden, noch einmal gründlich mit den eigenen unbewältigten Problemen auseinandersetzen muss. In vielen Fällen sorgt ja das Kind dafür – die Genien der Kinder inszenieren weichenstellende Begegnungen! –, dass ein Therapeut oder Berater eingeschaltet wird.[66] Wenn dieser nun bei Mutter und Kind eine auffallende Wesensähnlichkeit erkennt, wäre es seine Aufgabe, zu zeigen, welche großen Chancen diese Konstellation bietet; wie sinnvoll sie sich ausnimmt, sobald man den Mut zu einem Perspektivenwechsel aufbringt. Es kann unerhört tröstend und klärend wirken, die deterministischen Mythen durch den Mythos der schicksalsführenden und Menschen zusammenführenden Regie aus dem Geheimnisbezirk zu ersetzen. Erschrecken wir nicht vor dem Wort Mythos! Alle wissenschaftlichen bzw.

weltanschaulichen Paradigmen sind, wertfrei gesprochen, Mythen. Es kommt darauf an, dass sich die sozialethisch produktivsten durchsetzen. Im vorliegenden Fall ist es immer kontraproduktiv, der Mutter Komplexe einzujagen nach dem Motto: Ach, Sie haben auch ein Angstproblem? Ja *dann* wundert mich gar nichts mehr! – Das Angebot eines Perspektivenwechsels könnte demgegenüber so lauten: Es wird höchste Zeit, dass Sie sich mal wieder um sich selbst kümmern! Auf diese Weise schulen Sie sich gewissermaßen zur Heilerzieherin für Ihr Kind. Niemand ist so ideal dafür prädestiniert wie Sie! Genau aus diesem Grund ist das Kind zu Ihnen gekommen!

Ich fürchte, dass die Fälle nicht zu zählen sind, in denen der Übertragungs-Kurzschluss dazu geführt hat, dass eine eigentlich sehr sinnvolle Schicksalskonstellation zum Verhängnis statt zum Segen ausschlug!

Um Missverständnissen vorzubeugen: Charakterliche Ähnlichkeit – respektive Ähnlichkeit der konfliktiven Grundtendenz – ist nur *ein* mögliches Kriterium der inkarnationsvorbereitenden Elternwahl. Die spirituelle Logik der jeweiligen Konstellation ist nicht immer so offenkundig.

Janusz Korczaks Vater, ein angesehener und wohlhabender Rechtsanwalt in Warschau, war Glücksspieler. Das gesamte Vermögen der Familie fiel schließlich seiner Sucht zum Opfer. Der kleine Hendrik (Janusz Korczak hieß eigentlich Hendrik Goldszmit) hatte ein zwiespältiges Verhältnis zu diesem schillernden, teils herzlichen und großzügigen, teils getriebenen und unzuverlässigen Mann. Er liebte ihn innig und fürchtete sich zugleich vor ihm. Die Mutter hingegen war eine tüchtige, praktische Frau, die Zuverlässigkeit in Person, ein Fels in der Brandung.

Hendriks Kindheit und Jugend zerfiel in zwei extreme Teile: Anfangs ein Leben in bürgerlichem Wohlstand, behütet, vornehm, jüdisch-traditionsbewusst; dann, als der Vater gestorben war und nichts als Schulden hinterlassen hatte, Not und Entbehrung, steiler sozialer Abstieg. Dazu das unauslöschliche Bild der Mutter, die dies alles mit ihren Kindern tapfer meisterte. Nun, auch Korczak war, wie sich später zeigte, einerseits ein Abenteurer, eine Glücksspieler-Natur, dem Wohlleben keineswegs abgeneigt, nicht unanfechtbar von Sucht, andererseits aber eine Säule der Verlässlichkeit und praktischen Lebensmeisterung. Durch seine frappante Risikobereitschaft, sein unerschrockenes Vabanque-Spielen in scheinbar ausweglosen Situationen sowie, nicht zu vergessen, seine Grundhaltung, jedem von Gott geschenkten Tag wenigstens ein kleines Portiönchen Genuss abzuringen, vermochte er den ihm anvertrauten Waisenkindern bis zum bitteren Ende ein vergleichsweise behütetes Dasein in der Hölle des Warschauer Ghettos zu ermöglichen. Als bestätigende Leitfigur für diese Seite seines Wesens hatte er sich den Vater ausgesucht, während der Mutter die Aufgabe zukam, eine andere Wesensanlage durch ihr Vorbild zu bestärken, nämlich den Sinn für praktische Problemlösungen und die Fähigkeit, mit Fleiß und Tatkraft noch aus der misslichsten Lebenslage das Beste herauszuholen. Es ist höchst fraglich, ob man solche Zusammenhänge als bloße Abfärbungen elterlicher Charakterzüge auf das Kind deuten kann. In der wissenschaftlichen Debatte häufen sich die Stimmen, die zu bedenken geben, dass sich Kinder – viel stärker und viel früher, als man bislang annahm – im interaktiven Bezugsrahmen der Familie und später auch des erweiterten sozialen Spektrums aktiv wählerisch verhalten, also durchaus mitbestimmen, von wem oder was sie sich beeinflussen lassen –

oder nicht. Mit anderen Worten: Vieles deutet auf eine frühe selektive Kompetenz im Nachahmungsverhalten hin (die man natürlich durch Zwang ausschalten kann). Die Kinder sprechen ein gewichtiges Wörtchen mit bei der Abfärbung![67] Was ihnen ganz wesensfremd ist, weisen sie diskret oder heftig zurück. Was ihnen wie eine Erinnerung an das Bild ihrer künftigen Entfaltetheit erscheint, machen sie sich aktiv und intensiv zu eigen. Es gibt also Nachahmungsaffinitäten und Nachahmungszurückhaltungen, die sich aus dem von Anfang an wirksamen individuellen Richtungsimpuls erklären. Heinrich Heine, der große Spötter, hatte ganz Recht, als er die simple Vererbungslogik mit der Bemerkung ironisierte: «Es gibt Leute, welche den Vogel ganz genau zu kennen scheinen, weil sie das Ei gesehen haben, woraus er hervorgekrochen ist.» Ganz so einfach liegen die Dinge nicht.

Hillman (1998) erzählt die wundersame Geschichte einer unmöglichen Ehe, die durch allerlei Zufallsumstände zustande kam, denen allerdings gemeinsam ist, dass sie immer irgend etwas mit Büchern zu tun hatten. Aus dieser «monumentalen Missheirat» – die beiden konnten sich, abgesehen von ihrem gemeinsamen Interesse an Büchern, überhaupt nicht ausstehen – ging der spätere Schriftsteller Thomas Wolfe hervor, und Hillman schließt die kleine phänomenologische Betrachtung mit den schönen Sätzen: «Also wurde Thomas Wolfe in diesen Haushalt … berufen, und seine Eltern wurden einander zugeführt, um diesen Haushalt zu begründen, damit er tun konnte, was er tun musste. (Wie, wenn) er seine Eltern … schon ‹gekannt› hätte, bevor sie ihn kannten? Der Finger eines Engels schlug die Seite auf, die sie zu seinen Eltern machte, bevor sie ihn, ihr Kind, empfingen.»

Zum Verweilen

«Das Eintreten eines Menschen in die Welt legt Zeugnis ab für das Absteigen des Geistes. Eines jeden Seele wird … zu diesem bestimmten Körper und Ort, zu diesen Eltern und Umständen geführt … und keiner von uns hat eine Ahnung davon,
weil das Wissen um diese Zusammenhänge auf dem Feld der Vergessenheit ausgelöscht wurde.»

James Hillman, 1998

«Der Menschengeist muss Fleisch werden, um den Weg ins Dasein zu erschließen und zu ermöglichen, und dieser Vorgang der Fleischwerdung stellt das erste Kapitel im Leben des Kindes dar. Somit muss es im Kinde ein Seelenleben geben, das … früher da ist als jeder wahrnehmbare Ausdruck.»

Maria Montessori, 1950

«Aber das Wichtigste, das Wesentliche wird sein, dass wir in die Lage kommen, dieses physische Leben als Fortsetzung eines geistigen, vorgeburtlichen Lebens fühlend anzuschauen.»

Rudolf Steiner, 1919

«Durch die Lücke in der Vererbung senkt sich das wahre Ich in den Organismus.»

Georg Kühlewind, 1998

Ahnungen

Manchmal wird von Vorahnungen berichtet.

Erinnern wir uns an die merkwürdige Geschichte von dem Schwerverbrecher, der im Gefängnis Theologie studierte, um nach der Entlassung als Gemeindepfarrer und Streetworker in den Elendsvierteln zu arbeiten, dort, wo er selbst als Jugendlicher fast zwangsläufig in den Strudel der Drogensucht und Gewaltkriminalität geraten war. Seine Mutter aber *wusste* vom ersten Tag seines Lebens an, dass er ein Priester werden würde.

Man kann natürlich behaupten, dies sei keine Wahrnehmung, sondern eine mütterliche Wunschvorstellung gewesen, die der Junge in sich aufgenommen und – nach einer höllischen Irrfahrt – als erwachsener Mann schließlich doch noch erfüllt habe aus dem unbewussten Drang, von ihr anerkannt zu werden. Wenn dem so wäre, hätte die zukunftsbestimmende Macht elterlicher Erwartungen allerdings sagenhafte Ausmaße. Wir müssten uns alle wie ferngesteuert vorkommen: Egal, was geschieht, ob einer süchtig wird, in die Gewaltkriminalität abrutscht, mordet – am Ende setzt sich mit eherner Notwendigkeit die mütterliche Lieblingsidee durch. Ich weiß nicht …

Vom Standpunkt der biografischen Phänomenologie spricht jedenfalls wenig für diese Annahme. Die meisten Menschen setzen sich spätestens nach der Pubertät von den Lieblingsvorstellungen ihrer Eltern ab. Viele leiden heftig unter der mütterlichen oder väterlichen Missbilligung, was sie aber nicht daran hindert, dennoch – unter Schmerzen – ihren eigenen Weg zu suchen. Der Genius ist nicht so leicht auszumanövrieren! Es gibt freilich auch Fälle, in denen die individuellen Lebensleitmotive mit den Neigungen der Eltern in den Grundzügen übereinstimmen und diese ihr Kind in einer Richtung fördern, die es – erkennbar motiviert – aus freien Stücken eingeschlagen hat.[68]

Dann wieder begegnet man Menschen, die kreuzunglücklich sind, weil sie sich – z.B. beruflich – durch erzieherische Manipulationen in eine Rolle gedrängt fühlen, mit der sie sich nicht identifizieren können. Wo also der Elterneinfluss tatsächlich lebens*fremd*-bestimmend wird – erfahrungsgemäß ist in diesen Fällen zumeist die gesunde pubertäre Rebellion ausgeblieben –, schreitet früher oder später der Genius ein. Nicht selten meldet er sich durch eine Krankheit oder Krise zurück, die den betreffenden Menschen zur Neuorientierung veranlasst.

Auf unser Paradebeispiel angewandt, lässt die Projektions-Theorie jedenfalls mehr Fragen offen, als sie notdürftig zu beantworten vermöchte. Im Übrigen hat die Frau gemäß ihrer eigenen Aussage *gewusst* – und nicht *gewünscht* –, dass ihr Junge Priester werden würde. Muss man alles, was der geläufigen Theorie widerspricht, gleich als Trugschluss oder Lüge denunzieren?

Die These, dass sie tatsächlich eine *Eingebung* hatte, indem ihr der Engel des Kindes einen Blick auf das Bild gestattete, ist *mindestens* so plausibel wie diejenige von der nachgerade gespenstischen Wirkensmacht einer mütterlichen Wunschidee.

Andere Mütter erinnern sich an eigenartige Versagens- und Überforderungsgefühle während der Schwangerschaft oder unmittelbar nach der Entbindung. Es sind nicht die obligatorischen seelischen Erschöpfungszustände, von denen da berichtet wird, sondern Ahnungen, die sich besonders häufig einzustellen scheinen, wenn ein Kind zur Welt kommt, das später als Problemkind gelten wird. Ich könnte inzwischen ein Buch füllen mit entsprechenden Aktennotizen aus Anamnese- und Beratungsgesprächen. Auch hier wieder halte ich es für schlechten Stil, nach dem Motto zu verfahren, dass alles, was sich nicht gleich rational einordnen lässt, pure Einbildung sein müsse.

Aus den Erinnerungen einer Mutter:

«Alles verlief ohne Komplikationen. Es gab aus ärztlicher Sicht keinen Anlass zur Sorge. Mein Mann und ich wünschten uns das Kind. Wir verstanden uns gut und waren materiell abgesichert. Frederik, unser damals Vierjähriger, freute sich mit uns auf das Geschwisterchen.

Dass viele Frauen – auch unter besten gesundheitlichen und sozialen Bedingungen – in der Schwangerschaft zu Depressionen neigen, war mir bekannt. Das hatte ich auch mit Frederik erlebt. Aber diesmal geschah etwas anderes. Sobald ich allein war und mich nicht mehr ablenken konnte, kam die Angst, Angst um das Kind, nein, besser gesagt: *vor dem Kind,* das ich erwartete. Ich fühlte mich hilflos und winzig klein. Zugleich schämte ich mich. *Angst vor einem Ungeborenen!* Was sollte daraus werden, wenn ich mein Baby schon angstvoll in Empfang nahm? Eine innere Stimme sagte mir: *Dieses Kind wird dir das Äußerste abverlangen …*

Als ich ihn nach der Entbindung in den Armen hielt, war ich von Zärtlichkeit überwältigt, aber zugleich ging mir durch den Kopf. *Das schaffe ich nicht! Oh Gott, ich bin ihm nicht gewachsen …*»

Der Junge, der dieses emotionale Chaos auslöste, ist heute acht Jahre alt. In der Tat verlangt er denen, die ihn lieben, das Äußerste ab. Er ist blitzgescheit, einfallsreich, vielseitig begabt, witzig, unerschrocken, hilfsbereit, zärtlich, aber auch sprunghaft, aufsässig, unvorsichtig, unkonzentriert, rastlos, unberechenbar. Er hat schon den Freiheitsdrang eines Pubertierenden und ist noch verspielt wie ein Kleinkind. Strafen beeindrucken ihn wenig, er akzeptiert keine vorgegebenen Hierarchien. Manche Lehrer kommen bestens mit ihm aus, die meisten können ihn nicht ertragen. Es ist schwer zu sagen, nach welchen Kriterien er entscheidet, von wem er sich Vorschriften machen lässt und von wem nicht. Wahrscheinlich hängt es davon ab, ob man sein unbändiges Mitteilungs- und Kommunikationsbedürfnis akzeptiert. Und wie man über ihn denkt! Er durchschaut nämlich jede Maske. Sagt jemand «mein Lieber» und *denkt* «du Mistkerl», reagiert er auf das *Unausgesprochene*. Die Eltern haben das längst bemerkt. Sie wissen, dass man ihm nichts vormachen kann.

Der psychologisch gut unterrichtete Leser zückt jetzt natürlich die Klinge ADS (Aufmerksamkeits-Defizit-Syndrom, früher: hyperkinetisches Syndrom). Ich habe weiter oben schon begründet, warum mich das nicht interessiert, und stattdessen vorgeschlagen, dass wir diese Kinder als kleine Abenteurer und verkannte Kommunikations-Genies bezeichnen.[69]

Was nahm die Mutter in der Schwangerschaft wahr? Das «hereinstürmende» Schicksal einer ungewöhnlich starken, eigenwilligen, schillernden Individualität?

Die Mutter des berühmten Nuklearphysikers Edward Teller hatte keine bangen, sondern – wie man sagen würde, wenn man über den weiteren Verlauf nicht im Bilde wäre – vermessene Vorahnungen. Einmal, so wird berichtet, ging sie hochschwanger in einem Budapester Park spazieren und inspizierte denselben gründlich, als suchte oder plante sie etwas. Auf die erstaunte

Nachfrage ihres Begleiters erwiderte sie lächelnd: «Ich habe das Gefühl, dass es diesmal ein Sohn sein wird, und ich bin mir sicher, dass er berühmt sein wird, daher suche ich nach dem besten Platz, ihm ein Denkmal zu errichten.»

Wurde Teller berühmt, weil seine Mutter entsprechende Wunschträume hatte und es tatsächlich vermochte, den Jungen nach ihren ehrgeizigen Vorstellungen zu formen? Oder hatte sie Kontakt zu seinem Genius?

Fehlerlose Eltern gibt es nicht

Wer im erzieherischen Beruf um jeden Preis Fehler vermeiden will, strebt einem destruktiven Ideal nach! In anthroposophischer Betrachtung ist es ein «luziferischer» Irrweg, dem Kinde oder wem auch immer gegenüber ein übermenschliches (engelsgleiches) Selbstbild zu kultivieren. Zwar nimmt man sich das Scheitern an diesem überhöhten Anspruch zunächst selbst übel, aber es schleicht sich unweigerlich auch ein Groll gegen den (die) anderen Menschen ein, durch dessen (deren) Verhalten man mit der eigenen Unzulänglichkeit konfrontiert wird. Die luziferische Kraft, so Rudolf Steiner, «ist wirksam, wenn der Mensch sich für höher geartet hält, als es dem Grade seiner Entwicklungsreife entspricht» (GA 35).

Erstens ist diese Haltung für die Mitmenschen unerträglich, zweitens kommt nach dem Hochmut der Fall: Man wird von der irrealen Selbsteinschätzung so lange gedemütigt, bis man sie korrigiert. Wir sind «barfuß auf dem Weg», schreibt der Pädagoge Johannes Denger in einem Essay über Ideal und Wirklichkeit. «Gelingt es, das Ideal immer neu, barfuß – das heißt voraussetzungslos – anzustreben, dann ist (es) nicht mehr bloß ein zu hoch gehängtes Vorstellungsbild, das gleichsam als kategorischer Imperativ von außen fordert und den Strebenden durch Unerreichbarkeit deprimiert, sondern … das Streben selbst (wird) zum Ziel: Weg und Ziel sind eins.» Viele pädagogische Beziehungen kranken daran, dass die Erwachsenen durch bestimmte Kinder in ihrer eitlen Selbstüberschätzung angekratzt werden und ihnen dies übel nehmen. Dann heißt es zum Beispiel aus Lehrermund: «Ja, bei so einem Kind nützt die beste Pädagogik nichts!» Auch Eltern müssen sich davor hüten, dass sich in den brühmten Ausruf «Was haben wir nur falsch gemacht!» der leise Vorwurf «Undankbares Kind!» einschleicht.

Zwischenmenschliche Beziehungen sind Lernprozesse, bei denen Ungeschicklichkeiten, Missverständnisse und gegenseitige Verletzungen nicht ausbleiben können. Das gilt auch für die Eltern-Kind-Beziehung. Und für die übrigen pädagogischen Berufe. Wer die Auseinandersetzung mit den eigenen Unzulänglichkeiten scheut, darf keine Bindungen eingehen.

Oder anders gesagt: Wir binden uns, um bindungsfähig zu *werden.* Der ungeschriebene Vertrag einer jeden ehelichen, freundschaftlichen, partnerschaftlichen, therapeutischen oder sonstigen Beziehung beinhaltet die Vorbehaltsklausel: Wir riskieren es, obwohl wir es noch nicht können. Auch Eltern und Kinder – ja ganz besonders sie! – treten ihren gemeinsamen Weg unter diesem Vorbehalt an! «Bleiben Sie Sie selbst!», rät Sonja Taitz. «Liebe taucht aus Zeit, Schicksalsprüfungen und Irrtümern hervor.»

Werden Problemkinder im Leben scheitern?

Einer harmonischen Kindheit, so glauben viele, entsteige im Allgemeinen eine gefestigte, lebenstüchtige Persönlichkeit, während bei Problemkindern die Weichen in Richtung charakterlicher Labilität und Versagen gestellt seien.

Das ist, mit Verlaub, ein ganz gewöhnlicher Unsinn.

Es bleibt auch dann ein Unsinn, wenn z.B. statistisch belegt wird, dass ein vergleichsweise hoher Prozentsatz so genannter ADS-Kinder später zu dissozialem Fehlverhalten neigt. Man darf diese Statistiken nicht zitieren, ohne hinzuzufügen, dass auf der anderen Seite auffallend viele Erwachsene, die als Kinder zu diesem Typ gehörten, Überdurchschnittliches leisten. Wir haben also, was die Prognose betrifft, ein höchst widersprüchliches Bild. Offenbar gilt für diese ausgeprägte Begabungsstruktur das Sprichwort: Wo viel Licht ist, da ist auch viel Schatten. Oder anders gesagt: Menschen mit großem Freiheitsdrang tendieren dazu, sich in Grenzsituationen zu manövrieren, auch in moralische. Die pädagogische Kernfrage lautet demgegenüber nicht, wie man das Außergewöhnliche auf Normalmaß zurechtstutzt, sondern wie man es auf eine Perspektive der Sinnerfüllung hin bestärkt. Kreativität schlägt ins ernstlich Dissoziale um, wenn der «Sinnwille» (Frankl) frustriert wird. Zeitweiliges neugieriges Umherstreifen am Rande der Legalität muss, nebenbei bemerkt, noch längst keine ernstliche und nachhaltige dissoziale Tendenz anzeigen.

Im Übrigen hätte jeder von uns vermutlich einen Hang zu krummen Touren, wenn sein Selbstwertgefühl über Jahre hin dermaßen strapaziert worden wäre, wie es bei ADS-Kindern leider häufig geschieht.

Es ist keine Kleinigkeit, wenn einem Heranwachsenden in den Jahren, in denen er sein Selbstbild aufbaut, ständig der Eindruck vermittelt wird, er sei nicht richtig, missraten, fehlgeschaltet, defizitär und so weiter. Niemand darf sich wundern, wenn ein Jugendlicher, der als Kind «entseelten Funktionstrainingsprogrammen» (Gerspach 1998) unterworfen wurde und womöglich Psychopillen schlucken musste, um für die Mitmenschen einigermaßen akzeptabel zu sein, seine beruflichen und sozialen Aussichten düster einschätzt und aus dem unbewussten Drang nach Anerkennung, Status, Überlegenheit auf die schiefe Bahn gerät, um «es endlich mal allen zu zeigen» – egal wie.

Die Art und Weise, wie wir auf die ADS genannte Seelenverfassung reagieren, welche Urteile und Begriffe unser Handeln leiten, kann für das betreffende Kind zukunftsentscheidend sein. Solange in dieser Hinsicht kein grundlegender Einstellungswandel vollzogen wird, sind die alarmierenden Statistiken Makulatur. Die Folgerung, dissoziale Tendenzen lägen in dieser Wesensart als solcher begründet, geht über gravierende ungelöste Fragen hinweg. Sie bleibt eine vage Vermutung. Erst wenn wir «abrücken von dem untauglichen Versuch, eindeutige Defekte zu orten (und) mit übenden Kompensationsverfahren zu bearbeiten» – Milani-Comparetti (1987) spricht von «Reparaturtherapie» –, erst wenn wir unsere klammheimliche «Aggression gegen das Übel ‹Störung›», unsere hinter akademischen – manchmal auch anthroposophischen – Begriffsungetümen versteckte «Ablehnung der Andersartigkeit» überwinden, erst wenn wir uns darauf besinnen, dass diagnostische Klassifikationen gegenüber der Würdigung der «konkreten Bedeutungsvollzüge (in der) Dimension des subjektiven Erlebens» (Zitate Gerspach) nachrangig, ja in vielen Fällen gänzlich verfehlt sind, werden wir eines Tages Aufschluss darüber erhalten, wie es sich tatsächlich verhält mit der vorgeblichen moralischen Indifferenz «aufmerksamkeitsgestörter» Menschen.

Es setzt der Geschichte ihrer Diskriminierung – man muss den etwas überstrapazierten Begriff hier verwenden – kein Ende, dass man heute nicht mehr «verdorbenes Kind» und «schlechte Kinderstube» sagt, sondern das Modell der so genannten Teilleistungsstörungen favorisiert, die man anfangs auf minimale Hirnverletzungen zurückführte (frühkindlich exogenes Psychosyndrom) und inzwischen den allzuständigen Genen in die Schuhe schiebt, die nicht widersprechen können.[70] So verführt uns eben «die Hilflosigkeit, was zu tun sei, dazu, anstelle pädagogischer Kategorien medizinische oder pseudomedizinische Begriffe zu verwenden (und) den Erfahrungshorizont des individuellen Lebens außer Acht zu lassen» (Gerspach).

Wie, wenn diese Kinder im Grunde genommen überhaupt nicht «geschädigt» wären? Wie, wenn sich bei näherer Betrachtung die Pathologisierung ihres Wesensbildes als trauriges Ergebnis der in der heutigen Zeit eskalierenden Tyrannei des Normativen erwiese? Wer Ludwig Thomas *Lausbubengeschichten* kennt, weiß, dass sich hyperaktive Lausebengel wie er auch damals in keiner beneidenswerten Lage befanden. Aber wenngleich ein alter Schulmeister, der als Experte für schwierige Kinder galt, auf ihn angesetzt wurde – Ludwig schnitt dem ehrwürdigen Herrn, während dieser im Sessel schlief, den Rauschebart ab, womit die Therapie beendet war –, so galt er doch

251

immerhin nicht als *krank oder gestört*. Wie, wenn Thom Hartmann Recht hätte mit der Feststellung: «ADS ist beileibe keine Funktionsstörung. (Wir müssen) die Stigmata von ‹Krankheit› und ‹Behinderung› löschen» und den Kindern stattdessen «Überlebenshilfe» anbieten in dem Dilemma dass sie «in einer Gesellschaft leben müssen, die weitgehend (für Menschen mit ganz anderen Bedürfnissen und Fähigkeiten) gestaltet wird.» Das ist ein grundlegend anderer therapeutisch-pädagogischer Grundgedanke als derjenige, der «die am Reißbrett entworfene so genannte optimale Förderung» fordert, durch die «ein Schaden behoben werden soll» (Gerspach). Heilerzieherischer (Seelen-pflegender) Beistand geht nicht von einer Störungs-Diagnose aus, sondern von «einer Art Wesensschau vorweggenommenen konkreten Lebensgeschehens» (Klenner 1979). Der Therapeut versucht, wie es Paul Moor (1974) ausgedrückt hat, vom «Gegebenen» her dem «Aufgegebenen und Verheißenen» nachzuspüren. Ausgehend von «sinnvollen Grunderfahrungen» hält er «nach den jeweils noch nicht entdeckten … Fähigkeiten Ausschau» (Lotz). Ich möchte hinzufügen: Auch in der Bestätigung und Bestärkung durchaus schon entdeckter, aber von der Mitwelt nicht gewürdigter oder konsequent fehlbewerteter Fähigkeiten liegt eine große Aufgabe.

Man kann sich sicherlich darauf einigen, dass viele Menschen des hyperaktiven Typs nicht nur in der Kindheit, sondern auch im späteren Leben höhere Risiken als andere eingehen. Ihr Drang nach Grenzerfahrungen ist bekannt (ungünstigenfalls leistet dies einer erhöhten Suchtgefährdung Vorschub), desgleichen ihre ausgeprägte Neigung, immer wieder Neues zu beginnen, also – das ist die Schattenseite – ihr mangelndes Beharrungsvermögen, das bis zu extremer Unbeständigkeit gehen kann. Aber so ist das nun einmal bei Individualitäten, die über eine so «ungeheure Wandlungsfähigkeit ... und dynamische Energie» (Hartmann) verfügen.

Zur Dissozialität prädestiniert sie das nicht! Im Gegenteil. Keiner, der ein paar von diesen Kindern wirklich kennen gelernt hat, bestreitet, dass sie sich durch einen hohen Gerechtigkeitssinn und große Hilfsbereitschaft auszeichnen. Kürzlich berichtete mir die Leiterin einer integrativen Kindertagesstätte in Wien – wo schwer behinderte, «verhaltensgestörte» und «normale» Kinder zusammengefasst werden –, dass es immer ihre hyperaktiven Jungen sind, die sich ganz selbstverständlich um die Schwächsten, die im Rollstuhl sitzen, kümmern. Woran liegt es also, dass, statistisch gesehen, doch relativ viele von diesen Kindern im späteren Leben straucheln? Es liegt oft daran, stellt auch Hartmann fest, «dass ihr Selbstbild in jungen Jahren verzerrt wurde, als man sie als ‹Problemfälle› etikettierte».

Wichtiger als alle Hirnforschungsergebnisse und therapeutisch-pädagogischen Maßnahmen ist die Frage, wie wir über diese Kinder denken; ob wir unser Hauptaugenmerk auf ihre großartigen Seiten oder auf ihre Schwächen richten; ob wir sie zu Behandlungsfällen, zu lebendigen Missgeschicken degradieren, an denen alles Mögliche ausprobiert werden darf, um sie nur ja irgendwie zurechtzubiegen, oder ob wir ihnen die uneingeschränkte Wertschätzung entgegenbringen, die sie verdienen.

Ich kann nur hoffen und weiterhin beharrlich dafür eintreten, dass diese Wertschätzung kein Lippenbekenntnis bleibe, sondern auch ihren praktischen Niederschlag finden möge, indem man nicht länger versucht, die betreffenden Kinder an die pädagogischen Institutionen anzupassen, in denen sie reihenweise unglücklich werden, sondern endlich das Pferd von vorn aufzäumt und ihnen pädagogische Angebote unterbreitet, die ihren Lebens- und Lernbedürfnissen entsprechen.[71]

Da wir gerade beim Thema ADS im Zusammenhang mit der Schuldfrage sind, sei hier – nicht zuletzt auch an die Adresse von ErzieherInnen und LehrerInnen – noch einmal betont: Es gibt heute so gut wie keine ernst zu nehmende wissenschaftliche Studie mehr, in der die alte Auffassung noch aufrechterhalten würde, dieses Verhaltensbild sei in erster Linie durch die pädagogische Unfähigkeit der Eltern verursacht. Bei anderen Problemen – z.B. kindliche Angstzustände, Anorexia nervosa (Magersucht), Bettnässen, Asthma, Depressionen, Aggressionen – hält sich die Erziehungsfehler- oder Übertragungslegende hartnäckig. Bei ADS hingegen ist sie eindeutig widerlegt. Man kann einfach nicht mehr ignorieren, dass diese Kinder schon mit einer entsprechenden Disposition zur Welt kommen.

Allerdings verbirgt sich in der scheinbar die Eltern entlastenden Argumentation eine Falle. Die meisten Forscher gehen inzwischen von *genetischen* Ursachen aus; etwas anderes kann man sich eben unter «angeboren» heute nicht vorstellen. Dabei betonen sie jedoch, es sei zunächst unentschieden, ob sich diese Veranlagung zum ADS-Vollbild auswachse oder nicht. Wer gibt den Ausschlag? Die Eltern! Sind sie also durch die Hintertür doch wieder schuld, sobald größere Schwierigkeiten auftreten? (Vgl. Anm. 70.)

Ich will die Frage mit einigen Bedingungssätzen beantworten. Die Eltern werden sich im Großen und Ganzen nichts vorzuwerfen haben,

– wenn sie ihr «schwieriges» Kind lieben und (be-)achten;
– wenn sie seine großartigen Seiten erkennen und das erzieheri-

sche Verhältnis an *ihnen* orientieren statt an den Schwächen und Unbeholfenheiten (es kommt gar nicht so sehr auf das wortreiche Belobigen an, sondern auf das *Sehen);*

– wenn sie nach bestem Wissen und Gewissen das Leben mit dem Kind *gestalten* (jede Beziehung bedarf in einem gewissen Umfang der bewussten Pflege, um nicht zu verkümmern);

– wenn sie sich über einige grundlegende Dinge wie Ernährung, Spielzeug, Medien, Sinnespflege, Freizeitgestaltungsmöglichkeiten u.a. informieren;[72]

– wenn diese einfachen Voraussetzungen einer aktiven und verantwortlichen Beziehung erfüllt sind und sie ansonsten in jeder Situation genau das tun, was ihnen aus ihrer elterlichen Herzens- und Geistesgegenwart richtig erscheint; das schließt gelegentliche Maßregelungen oder Verbote natürlich nicht aus, und selbstverständlich unterlaufen ihnen im Detail trotzdem Fehler, daran ist nichts zu ändern.

Es kann sehr hilfreich sein, in Zeiten der Unsicherheit einen Lotsen zu bestellen, der das Schiff durch die stürmische See steuern hilft. Aber dabei muss immer klar bleiben: Die Kapitäne sind die Eltern! Von einem Lotsen (Erziehungsberater, Therapeuten), der die Hierarchie umkehren will, sollten sie sich schleunigst wieder trennen. (Dass misshandelnde, gleichgültige oder grob vernachlässigende Eltern hiervon auszunehmen sind, versteht sich von selbst.)

Unfehlbarkeit anzustreben wäre, ich wiederhole es, ein illusionäres, ja gefährliches Unterfangen. Aber keine Methodik oder Programmatik, kein Trainingsprogramm und kein Anweisungskatalog können dasjenige ersetzen, was ich als elterliche Herzens- und Geistesgegenwart bezeichnet habe. Nur die Intuition ist in der Lage, den konkreten Anspruch einer Situation «auf den

Sinn-Punkt zu bringen – der Verstand wäre hier überfordert. Es bedarf hier einer ganzheitlichen, gestalterfassenden Wahrnehmungswelt» (Frankl 1994). Und das ist keine exklusive Kunst, die nur wenigen Auserwählten vorbehalten wäre! Es ist auch keine Frage der Schulbildung oder Belesenheit. Worin die jedermann/ frau zugängliche erziehungspraktische Magie besteht, beschreibt Sonja Taitz sehr schön: «Woran werden sich unsere Kinder in zehn, fünfzehn Jahren erinnern? (Sie werden sich) an den Geist der Dinge erinnern, nicht an das Buchstäbliche. Diese Erinnerungen werden so tiefgreifend sein, dass niemand sie ermessen, erfassen, vergolden oder ins Album kleben kann. – Unsere Kinder wissen eines: Sie sind dazu da, uns beizubringen, was sie für *Menschen* sind. Wenn wir guten Willens sind, können wir sie sehen.» Dieses Sehen ist die eigentliche pädagogische Kunst. «Eine Form von Zen-Meistertum», sagt Taitz.

Auf wahres, d.h. liebendes Interesse kommt es an. Der bewertende Blick kränkt. «Die Möglichkeit, den Willen als Kraft der Aufmerksamkeit zu verwenden, (ist) immer da. *Diesen* Willen aufzurufen ist die Aufgabe der Heilkunst» (Kühlewind 1998). So können wir das Unsere dazu beitragen, dass Rudolf Steiners Mahnung, alle Erziehungskunst müsse Heilkunst werden, nicht immer nur zitiert, sondern *in der Tat* beherzigt werde. Die Medizinalisierung des Pädagogischen ist das ahrimanische Zerrbild dieser heil-pädagogischen Praxis der Beziehungsgestaltung.

Zum Verweilen

Wann haben Sie zuletzt am Bett ihres Kindes geses-
sen, als es schlief, und sich in den Anblick seines Ant-
litzes vertieft, ohne an etwas anderes zu denken? Tun
Sie es gelegentlich! Spüren Sie dem eigenartigen Gefühl nach, das da in Ihnen aufsteigt. Dieses Gefühl ist
unbeschreiblich. Deshalb versuche ich es nicht zu beschreiben. Rufen Sie sich dann das Bild des schlafen-
den Kinderantlitzes vor das innere Auge, wenn Sie
selbst zu Bett gegangen sind, und nehmen Sie es mit
in den Schlaf. Ohne etwas zu wollen.

Wann haben Sie zuletzt über die Hände ihres Kindes
gestaunt? In einer andächtigen Minute seine Hände
in die ihren genommen, gehalten, gespürt, betrachtet
… ohne an etwas anderes zu denken, ganz zur Ruhe
kommend – auch innerlich – für diese Minute?

Wann haben Sie zuletzt verwundert innegehalten,
wenn Sie Ihr Kind sprechen hörten, und lauschend
hingefühlt zu dem unverwechselbar Eigentümlichen
dieser Stimmlage, Sprachmelodie und Sprach-Gestal-
tung?

Wann haben Sie Ihr Kind zuletzt wirklich angesehen,
seinen Blick erwidert, jenen Moment zugelassen, in
dem man, während die Welt ringsum buchstäblich
für einen Augen-Blick versinkt, wie vom Donner ge-
rührt ist von dem – wiederum ganz Unbeschreibli-
chen –, was aus den Kinderaugen spricht?

Das sind starke, eindrückliche Erlebnisse der wachsamen Innigkeit, des «überbewussten» (Kühlewind) Verstehens, die eine Beziehung verwandeln und klären können. Diese Ebene müssen wir betreten, um von der Erziehungstechnologie zur Erziehungskunst fortzuschreiten.[73]

Noch einmal: Werden Problemkinder im Leben scheitern?

Wie mag es wohl dazu gekommen sein, dass man heute wie selbstverständlich davon ausgeht, «schwierige» Kinder hätten schlechte Voraussetzungen, später ihr Leben zu meistern? Ich sehe den Grund darin, dass verschiedene miteinander korrespondierende theoretische Beschreibungsmodelle der seelischen Entwicklung das 20. Jahrhundert beherrschten, die alle zweierlei gemeinsam hatten: Erstens mangelte es ihnen an einer brauchbaren Krisologie oder Krisosophie, also einer Weisheitslehre vom tieferen – oder besser gesagt: höheren – Sinn der Krise im menschlichen Lebenslauf; zweitens waren sie a-phänomenologisch, d.h. in jede Untersuchung wurde eine Vorauswahl in Bezug auf Statthaftigkeit oder Unstatthaftigkeit möglicher Interpretationen der Ergebnisse hineingetragen. Beispiel: Kann ein Mensch ganz offenkundig lesen, was ein anderer denkt, steht von vornherein fest, dass eine übersinnliche Erklärung des Phänomens *nicht* in Betracht kommt. Diese Spur wird a priori gar nicht verfolgt. Man betrachtet also die Phänomene durch Brillengläser, die zuvor dahingehend bearbeitet worden sind, dass sie bestimmte für irrelevant erachtete Aspekte nicht zeigen. Ähnlich verhält es sich gegenüber kindlichen Wesenseigentümlichkeiten, für die auch dann die Möglichkeit eines geistigen Erklärungsansatzes ausgeschlossen wird, wenn der seelische (Erziehung, Milieu) nicht zu belegen ist und der biologische (Gene) rein hypothetisch bleibt.

Kein Zweifel besteht daran, dass durch Vernachlässigung, emotionale Kälte, körperliche und seelische Misshandlung die kindliche Persönlichkeit in den Grundfesten erschüttert wird.

Wir dürfen uns allerdings nicht an dem inflationären Bedeutungsschwund dieser Begriffe beteiligen. Wenn gewisse Psychologenkreise mit der Unterstellung von Vernachlässigung, emotionaler Kälte und seelischer Misshandlung nach dem Motto verfahren: *Mache aus jeder Mücke einen Elefanten, dann hast du immer eine Erklärung,* tragen sie indirekt zur Verharmlosung derjenigen, seltenen, Fälle bei, in denen die Eltern tatsächlich Psychoterror ausüben. Es ist wie mit der Debatte über körperliche Strafen: Wer einen Klaps als brutale Gewalt bezeichnet, macht – sicherlich ungewollt – die Prügelei salonfähig.

Zwar gibt es keine Zwangsläufigkeit, derzufolge ein Kind, das von seinen Eltern gequält wurde, im späteren Leben scheitern müsse – mit welchen seelischen Verwundungen manche Menschen wenn schon nicht unbeeindruckt, so doch offenbar ungebrochen weiterleben, ist schlechterdings unfasslich, und die Psychologie wird es nach meiner festen Überzeugung nie erklären können, solange sie die Ebene nicht einbezieht, die ich in den Kapiteln über den Genius und den Engel, freilich nur ganz unzureichend, beschrieben habe; aber die Gefahr von psychischen Zusammenbrüchen, Depressionen, schweren Untauglichkeitsgefühlen und suizidaler Anwandlungen ist in solchen Fällen ganz ohne Frage erhöht.

Jedoch, um mit Hillman zu sprechen: Manche Dinge sind «so unzweifelhaft … dass man sich Argumente und Beweise sparen kann, (und) ein ernst zu nehmender Mann sollte seine Zeit nicht darauf verschwenden, die (in diesem Fall richtige, H.K.) Meinung der Mehrheit darzulegen».[74] Hier geht es um die Frage, ob das Gros der schwierigen Kinder, deren Eltern weder Vernachlässigung noch Lieblosigkeit, Misshandlung oder grobes Erziehungsversagen vorgeworfen werden kann, schlechtere Voraussetzungen für ein gelingendes Leben haben als harmonische, ausgeglichene Kinder. Dagegen spricht zu viel, als dass es gerechtfertigt wäre, diese These weiterhin wie eine bewiesene Tatsache herumzureichen.

Eines allerdings muss klar sein: Wenn wir den betreffenden Kindern ständig zu verstehen geben, dass sie uns so, wie sie sind, nicht ins Konzept passen und ganz anders werden müssten, um später etwas Rechtes zustande zu bringen, dann ist dies ein mindestens ebenso ungünstiger Einfluss wie die Mutter, die nie Zeit hat, oder der Vater, der wegen jeder Kleinigkeit Ohrfeigen verteilt. Die Versagensprognose kann in der Art einer selffulfilling prophecy auf das Kind zurückschlagen. «Ein Kind, das meint, seine Eltern und Lehrer hätten es als ‹gestört› abgeschrieben, wird nicht mehr an sich selbst glauben können. (…) Es ist eher gefährdet, ein Aussteiger, drogenabhängig oder straffällig zu werden. – Die jungen Menschen (fühlen) sich abgestempelt. Die damit verbundene Beschämung trägt dazu bei, dass (sie oft) straffällig werden» (Freed/Parsons 1998). Unser *inneres Bild* ist – positiv wie negativ – wirksamer als alles, was wir mit irgendwelchen pädagogischen Absichten äußerlich vollführen. Deshalb ist es ja so eminent wichtig, von diesen denk- und beobachtungsfaulen psychologischen Vorstellungen Abschied zu nehmen.

Jedenfalls bestätigt die Biografieforschung eine Kausalität *problematische Kindheit – verpfuschtes Leben nicht.* Aus der so genannten Resilienzforschung wissen wir, dass sogar «extreme … Schmerzen und Leiden in der Kindheit … einen stärkenden Effekt auf die Persönlichkeitsentwicklung … haben (können), sodass es (den betreffenden Kindern) möglich wird, ihr Leben trotz aller Widrigkeiten zu meistern» (Nuber 1995). Ein Beispiel ist der Friedensforscher und aktive Pazifist Wolfgang Sternstein. Auf die Frage, was ihn getrieben habe, nicht nur zu forschen, sondern bei den Aktionen des gewaltfreien Widerstands gegen Aufrüstung und atomare Drohpolitik immer in vorderster Reihe mitzumachen, antwortete er: «Ich glaube, das hat damit zu tun, dass ich aus extrem gewalttätigen Familienverhältnissen komme. Mein Vater war … ein bekennender Nazi und ein widerlicher Gewaltmensch und hat Frau und Kinder geschlagen. Dadurch bin ich mit dem Problem der Gewalt viel stärker konfrontiert worden, als es bei normalen Menschen vorkommt.» Daraus habe er die Konsequenz gezogen, sich ein Leben lang für den Frieden zu engagieren. Sternstein ist selbst Vater und auch als solcher seinem Ideal der Gewaltlosigkeit treu. Die Berufung, mit aller Kraft für den Frieden einzutreten, überstand nicht nur die massive Konfrontation mit der Gewalt, sondern wurde durch sie im Endeffekt bestätigt und bestärkt.

Man sieht: Der Genius ist nicht so leicht kleinzukriegen. Das gilt für weniger extreme Fälle, in denen zudem eine substanziell ungefährdete Eltern-Kind-Beziehung gewährleistet ist, allemal. Ich bin übrigens sicher, dass es in den Resilienzforschungsergebnissen – *Resilienz* ist der Fachbegriff für das Phänomen, dass extreme Kindheitsbelastungen oftmals *nicht* zu späterer psychischer Labilität oder Lebensuntüchtigkeit führen – einen blinden Fleck gibt. Man würde mit Sicherheit fündig, wenn man die betreffenden Menschen nach Schlüsselfiguren in ihrer Kindheit und Jugend – vielleicht auch erst später – fragte, die ihnen inmitten des Elends Wärme, Wertschätzung, Vertrauen und echtes Interesse entgegenbrachten.

Die Liebe ist die Kraft, die das Freiheitswesen gegen das scheinbar verhängnishaft Vorgezeichnete aufrichtet, sodass dieses zum Schicksalsgestaltungsmaterial zubereitet werden kann.

Überdurchschnittlich produktive Biografien haben eher selten mit einer ungetrübten Kindheit begonnen. Freilich sind die in Betracht kommenden Lebensläufe oft sehr wechselhaft, schillernd, aufreibend, aber das müssen wir ja tunlichst unterscheiden von «verpfuscht». Als gesichert kann gelten, dass viele bedeutende Persönlichkeiten kleine Unruhegeister, Trotzbrocken, Angsthasen, Schulversager, Kränklinge, Sonderlinge waren, die ihre Eltern (und Lehrer) zumindest zeitweise das Fürchten lehrten. Aber früher war es unüblich, solche Kinder allen möglichen Therapien, pädagogischen Spezialförderungen oder Medikationen zu unterziehen. Auch pflegten die Eltern nicht in Ratgeberbüchern nachzuschlagen, ob vielleicht ein Syndrom vorliege. Überhaupt hielt man noch nicht so viel von Funktionsstörungs-Diagnosen. Dafür gehörte das Versohlen ebenso zum Alltag wie das Einsperren.

Die Ächtung demütigender Strafen ist ein Fortschritt, hinter den wir keinen Zoll mehr zurückweichen dürfen. Aber dieser Fortschritt droht durch die Hintertür zunichte gemacht zu werden durch den allgemeinen Übereifer der Therapeutisierung und Medizinalisierung abweichender kindlicher Verhaltensweisen. Die Störungsdiagnose – mit allem, was aus ihr folgt – ersetzt, so scheint es, das erzieherische Repressions-Arsenal früherer Zeiten. «Aus dir wird nie etwas, wenn du nicht … » war und ist der diskriminierende Refrain.

Damit wir uns recht verstehen: Kinder haben Anspruch auf ein Stück heile Welt inmitten der heillosen, auf eine Welt voller Märchen und Lieder, stimmungsvoller Zeremonien und liebevoll gestalteter Festlichkeiten. Die natürliche kindliche Wildheit braucht ihren Platz – wo ist er? –, aber das Feierliche, Verträumte, Geheimnisvolle ebenfalls. Nur garantiert eben das Bemühen, eine kindgerechte Umgebung und Atmosphäre zu schaffen, noch lange keine permanente Idylle!

Das wäre ein ganz falscher Anspruch, ähnlich falsch wie jener «luziferische» Perfektionsdrang von Eltern, Erziehern und Lehrern, die sich keinen Fehler verzeihen und den Kindern nicht verzeihen, dass sie von ihnen zu Fehlern veranlasst werden.

Wir können den Kindern dadurch, dass wir Kindheitswelt für sie gestalten und bewahren, Kräfte zuführen, die ihnen im späteren Leben immer zustatten kommen werden, wenn sie schwere Zeiten durchzustehen haben und Wärmequellen in sich selbst suchen. Da zeigt sich dann, welcher Geist durch uns wirkte. War es ein guter Geist, schrumpfen die Fehler und Missverständnisse des erzieherischen Alltags zur Nichtigkeit.

Alles, was wir im Sinne der pädagogischen Seelenpflege tun, ist in erster Linie Arbeit für die Zukunft. Wenn uns das Kind unverzüglich belohnt, indem es mit sich und der Welt zufrieden wirkt – gut. Ist dies *nicht* der Fall, haben wir noch lange keinen Grund, am Sinn unserer Mühe zu zweifeln. Man muss sich langsam an die Tatsache gewöhnen, dass es Kinder gibt, bei denen die Schicksalszeichen auf Konflikt stehen, und das sind nicht wenige in der heutigen Zeit. Ihnen ist nun mal keine überwiegend harmonische Kindheit bestimmt. Sie *werden* Krisen durchmachen und uns mit hineinziehen. Ob wir damit einverstanden sind oder nicht. Also versuchen wir doch besser gleich, damit einverstanden zu sein, ja Gefallen daran zu finden! Das klingt beim ersten Hinhören abwegig. An den Entwicklungsproblemen und seelischen Krisen der Kinder *Gefallen finden!* Aber ist es wirklich abwegig?

Jeder vernünftige Eheberater legt jungen Paaren dringend nahe, sich von vornherein klarzumachen, dass zu einer lebendigen Beziehung auch deftige Reibungen und Auseinandersetzungen gehören; er warnt sie vor dem verhängnisvollen Fehler, Konflikte krampfhaft vermeiden zu wollen, statt sie als Gestaltungsherausforderung anzunehmen. Natürlich hat die Konfliktbejahung Grenzen. Zum Beispiel wenn der Gatte prügelt oder sich ständig in anderen Betten vergnügt. Aber man muss bereit sein, Krisen miteinander durchzustehen. Sonst braucht man gar nicht anzufangen.

Das gilt nicht nur für Ehen und Freundschaften, sondern auch für die Eltern-Kind-Beziehung! Deshalb dürfen sich Eltern «schwieriger» Kinder nicht irre machen lassen von dem dümmlichen Harmonie-Gerede. Das Leben ist kein Musikanten-Stadl. Das erzieherische Leben schon gar nicht. Oh ja, man kann *Gefallen finden* an den Ecken und Kanten, Ungeschicklichkeiten und Merkwürdigkeiten eines Kindes, wie man ja auch Gefallen finden kann an den Schrullen und Verrücktheiten des Ehepartners oder Freundes. Denn schließlich hat man nicht nur seine Schokoladenseiten, sondern *ihn* mit allem drum und dran gewählt.

Das Irritierende am Anderen lieben lernen – da fängt Beziehungs-Kunst an. Alles andere ist nur Vorgeplänkel.

*Er*ziehungs-Kunst ist *Be*ziehungs-Kunst.

Der Harmonieanspruch ist den so genannten Problemkindern gegenüber nicht nur unproduktiv, sondern auch *verletzend*. Vor allem, wenn wir jenen Trugschluss im Hinterkopf haben, aus ihnen könne nichts Rechtes werden.

Das ist ein pures Gerücht. Außenseiterische, verhaltensungewöhnliche Kinder haben zumeist ein großes kreatives Potential. «Es ist entmutigend, dass es so viele Forschungsarbeiten über (ihre) *Mängel* gibt, während sehr wenig über ihre bemerkenswerten Fähigkeiten geschrieben wurde» (Freed/Parsons). Auf diese Weise drängen die Experten den Eltern ein einseitiges, negativ gefärbtes Bild auf und bezichtigen sie dann womöglich noch des erzieherischen Versagens.

Kinder haben einen Anspruch auf Liebe und Aufmerksamkeit. Diesen Anspruch zu erfüllen, ist unsere Aufgabe. *Wir* haben den Kindern gegenüber *keine* Ansprüche! Ob sie in Harmonie aufwachsen oder sich ständig an der Welt reiben und stoßen, entscheidet sich jenseits unseres Einflussbereichs. Das ist eine Sache, die jedes Kind mit seinem Engel abzumachen hat, und wir müssen akzeptieren, was die beiden beschließen. Das ist mein voller Ernst! Man gebe nicht immer den Eltern die Schuld an Engelbeschlüssen!

Je länger ich mich mit diesen Fragen beschäftige, desto mehr quält mich der Gedanke, wie viele Genialitätspflänzchen wohl von Jahr zu Jahr dem großen therapeutischen Jäten zum Opfer fallen, weil man sie mit Unkraut verwechselt. Und weil uns die schlichten Gebärden des Füreinander-Daseins abhanden gekommen sind: Trösten, Schützen, Halten, Bestätigen, Ermutigen.

Die Eltern wissen davon immer noch am meisten und können es am besten, wenn sie sich nicht irre machen lassen.

Selbstauferlegte Denkverbote durchbrechen!

Die Zwangsvorstellung von der prinzipiellen Schuld oder doch immerhin verursachenden Rolle der Eltern bei kindlichen Verhaltensauffälligkeiten ist – das können wir jetzt festhalten – ein Produkt einseitiger Denkgewohnheiten, die, unter Wissenschaftlern ebenso verbreitet wie unter Laien, zeitsymptomatisch, aber deshalb noch lange nicht unantastbar sind. Dass ich den Begriff «Vorsehung» ganz untheologisch verwende, sollte nach allem bisher Gesagten klar sein. Wir brauchen ein spirituell erweitertes Verständnis des *Beziehungsereignisses,* namentlich in Hinsicht auf die Eltern-Kind-Konstellation, über die mit eigenartiger Blickverengung fast immer in kausalen Einbahnstraßen, fast nie in dynamischen Wechselbeziehungen (Korrelationen) sowohl zwischen den beteiligten Personen als auch zwischen verschiedenen beziehungsrelevanten Bewusstseins- und Wirklichkeitsebenen gedacht wird.

Um die Komplexität und Vielschichtigkeit dessen, was im «Zwischen-Uns» (Lévinas 1995) webt, zu erfassen, gilt es, «das selbst auferlegte Denkverbot des heutigen Wissenschaftsparadigmas» zu durchbrechen und das Wagnis einzugehen, «über die Schwellenpunkte von Geburt und Tod hinauszudenken», wie es Gottfried Spaleck ausdrückt, ein ärztlicher Psychotherapeut der existenzanalytischen Schule Viktor E. Frankls.[75] Mit anderen Worten: Es ist an der Zeit, eine nichtlineare, vertikale, «überbewusste» (Kühlewind), aus der Zukunft des «Über-Sinns» (Frankl) hereinwirkende – man sucht nach passenden Worten für das nicht Geläufige – Veranlassung, sagen wir ruhig: *Fügung* für das Zusammentreffen *dieser* Eltern mit *diesen* Kindern jenseits der wechselseitigen Beeinflussung «innerhalb der Schwellenpunkte» (Spaleck) in Betracht zu ziehen: ein der Beziehung als Stiftungs-Ereignis vorausgehendes, ihr innewohnendes, voranleuchtendes und über sie hinausweisendes Geheimnis der tief voneinander wissenden Verbundenheit *vor* allen Verbindlichkeiten der Biologie und Konvention.

Ich frage nach dem inneren, geistigen, «tiefennoologischen» (Böschemeyer 1999) Aspekt des Eltern-Kind-Verhältnisses, der die leidige Schuldfrage in ein neues, überraschendes und, wie ich meine, ungeheuer tröstliches Licht rückt. Nicht dass wir nicht schuldig werden könnten! Wir werden es in einer gewissen Hinsicht sogar zwangsläufig, da wir dem – noch so geliebten – Kinde immer etwas schuldig bleiben, nämlich den angemessenen Dank für das grenzenlose Vertrauen, das es uns erwies, indem es uns wählte. Aber dass es uns wählte, entlastet uns zugleich. Denn es wählte unsere Unzulänglichkeiten, unsere Verwundungen, Ängste und Schattenseiten mit. Es befand uns – so *wie wir sind* – für würdig, seine Tränen zu trocknen. Und es nahm dafür unsere Schwächen, Ungeschicklichkeiten und Verhärtungen in Kauf. Wir tilgen hundert kleine Fehler und Ungerechtigkeiten des Alltags durch jede dem Alltag entrissene Stunde, in der wir dem Kinde gegenüber so empfinden, wie es in den Worten von Janusz Korczak zum Ausdruck kommt: «Ich kann nicht anders – für wen soll ich lügen? Nur deine Tränen, mein Kind, nur dein Lächeln, du meine herzliche Sorge, gehen mich etwas an.»

Mein Vorschlag lautet: Ein so genanntes schwieriges oder be-

hindertes Kind ist durchaus nicht zufällig bei seinen Eltern ge-
landet; sie haben etwas miteinander zu tun, was die Verhaltens-
oder Entwicklungs-«Störung» sinnhaft einschließt und nur dann
ahnungsweise enträtselt werden kann, wenn man den Gedanken
an eine andere Wirklichkeit zulässt, wenn man die Möglichkeit
des Zueinander-Gerufenseins und gemeinsamen Ausgerichtet-
seins auf einen Sinn, d.h. auf etwas miteinander oder füreinander Hervorzubringendes, nicht ausschließt, einen Sinn, den erst
die Zukunft enthüllen wird, so man ihn ihr zubilligt.

Wie billigt man ihn ihr zu? Indem man jener Stimmung des
andächtig fragenden Hingeneigtseins zum Kind Raum gibt; indem man die Chance einer Übungskultur der Aufmerksamkeit
und des einschwingenden Interesses ergreift.

Und wenn die Seele ihr «genetisches Los» wählte?

Die Logik des *ergo sum, hoc propter sum* gibt nur über das Gewordene, Abgeschlossene, Unabänderliche Auskunft, nie jedoch über das *in Gestaltung Begriffene,* nie also über das Zwischenmenschliche, solange es noch *geschieht.*

Das pädagogische Denken der Gegenwart leidet unter der Übermacht zweier eng korrespondierender Erklärungsansätze für seelische und zwischenmenschliche Phänomene: des linearkausalen (dies folgt gesetzmäßig auf jenes) und des systemisch-funktionsanalytischen (alles vollzieht sich nach bestimmten immanenten Zusammenhangsmustern, psychischen bzw. interaktiven Mechanismen). «Wer systemisch denkt», merkt Dieter Lotz an, «reduziert ‹das Ganze› auf seine immanenten Prozesse und Funktionen. (…) Der Mensch als System in Systemen … reicht (das) aus für unser Menschenbild?»

Völlig fremd ist diesen Anschauungen – da ich es begründet habe, darf ich es jetzt so lapidar sagen – die Spur des Engels oder wie immer man das Verlangen nach schöpferischer Überwindung der Bestands- und Wiederholungswelt nennen will: die zukunftsoffene, zukunftsgerichtete und von Zukunft aufgeladene Gegenwärtigkeit des Seins zum Sinn; die transpersonale Identität, der *Ruf.* «Die Faszination, den Menschen (bzw. seine interaktiven Bezüge, H. K.) strukturell mit einer Maschine zu vergleichen» (Lotz), schleicht sich in die verschiedenen psychodynamischen

Modellvorstellungen ein, auch wenn sie sich expressis verbis vom mechanistischen Paradigma distanzieren. «Transzendente Erklärungsversuche», resümiert Lotz, «werden zugunsten einer deskriptiven Analyse ... zumindest zurückgestellt.»

Ganz besonders gilt dies natürlich für die gegenwärtig wieder sehr populäre Behauptung der Allzuständigkeit des genetischen Schicksals. Man weicht von seelischen Übertragungs- und Prägungsvorstellungen auf erbbiologische aus. Die Erzählung vom DNA-Verhängnis steht ganz oben in den Charts, während Alice Millers Geschichten langsam aus der Mode kommen. Von Bert Hellinger will ich jetzt nicht reden. Das muss bei Gelegenheit gründlich getan werden.[76] Einige Bemerkungen finden sich in dem Kapitel «Instinktlose Mütter, abwesende Väter und andere Legenden». Dass mit einer gewissen statistischen Häufigkeit ein Elternteil oder sonst jemand aus der Verwandtschaft von ADS-Kindern, Legasthenikern oder Bettnässern unter ähnlichen Problemen gelitten zu haben scheint,[77] wird als Beleg für die erbliche Vorbelastung in dem Sinne gewertet, dass die Symptome quasi per Blutinfusion auf die Kinder transferiert worden seien. «Im sozialen Leben der Menschheit», schrieb Hans Müller-Wiedemann (1994), ist «eine ‹wissenschaftliche› Auffassung in Erscheinung getreten, die davon spricht, die genetischen Entwicklungsprozesse kämen dadurch zustande, dass von den Genen Informationen transformiert würden, und diese Transformationen von Genfaktoren führten schließlich dazu, dass wir ein fertiges Produkt, einen Menschen vor uns haben. Diese ... Auffassung ... ist eine Art von Phrase, eine Abblendung der Wirklichkeit, nicht nur die halbe Wahrheit, sondern eine Lüge, weil sie das Wesentliche des Menschwerdens verbirgt.» Müller-Wiedemann zitiert den bedeutenden Genetiker Paul Weiss: «Es

gibt nichts in unserer praktischen Erfahrung in der ... Entwicklungsbiologie, was die Illusion rechtfertigt, dass die Gene die
Quelle der Morphogenese sein könnten, ohne eine extra-geneti-
sche Matrix zu berücksichtigen. – Die Behauptung, dass Gene
Ordnung aus Chaos schaffen könnten, beruht weder auf fakti-
schen noch logischen Grundlagen. Diese Phraseologie ist ein
Rauchvorhang vor dem wirklichen Problem.» Wenn man auf die
Darstellung Rudolf Steiners eingeht, dass sich eine Kinderseele
in langer präkonzeptioneller Vorbereitung auf den erbbiologischen ‹Ort› seiner Ankunft einstimmt, ergibt sich ein ganz anderes, zwar zunächst ungewohntes, aber, wie ich meine, viel inter-
essanteres und ergiebigeres Bild. So sieht es auch Hillman (1998).
Er weist zunächst anhand von Zahlen die «unendlich kleine»
Wahrscheinlichkeit nach, dass jemals zwei Menschen, Zwillinge
eingeschlossen, genetisch identisch sein könnten. «Der genetische Code (führt) zu einer einzigartigen Konfiguration ... aus
dem Genmaterial beider Elternlinien.» Das ist ein unbestrittener
Grundsatz der Emergenese. Wer oder was besorgt die je einzigartige, individuelle Ausgangskombination? Der Zufall? Oder ist,
wie Hillman sagt, «Ihre (genetische, H. K.) Kombination ... das
Los, das Ihre Seele wählte, noch bevor Sie den ersten Atemzug
taten»? Drücken wir es, um nicht weitschweifig zu werden, so
aus: Wenn in einer Familie – vielleicht durch drei, vier Generationen hindurch – ein bestimmtes typologisches Grundmuster,
das unter anderem auch (!) mit dem so genannten ADS einher-
gehen kann, relativ verbreitet ist, dann ist die Wahrscheinlichkeit
relativ hoch, dass sich weitere Seelen, die in dem betreffenden
typologischen Grundmuster – nicht in den marginalen Symptomen, auf die sich der defektologische Blick fixiert! – gute Voraussetzungen für ihre individuellen Schicksals-Absichten erkennen,

272

in diesem erbbiologischen Umfeld inkarnieren und dann natürlich ihrerseits anfällig für die Symptome sind.[78]

Auch z.B. im Hinblick auf Angst- oder Schwermutszustände
ist die biologische Hypothese wieder auf dem Vormarsch. Da das
materialistische Welt- und Menschenbild über den Dualismus
Milieu oder Vererbung nicht hinauskommt und keine dritte Lösung zulässt, kommen als Alternative zu den schlechten Erziehungseinflüssen nur die Gene in Betracht. «Der so genannte
Wiederholungszwang, der nach Ansicht der Trauma-Theoretiker
immer dann droht, wenn frühere Erfahrungen nicht therapeutisch aufgearbeitet werden, muss nicht unbedingt psychologisch
begründet sein, er kann auch biologische Ursachen haben. –
Wenn das Kind einer depressiven Mutter später selbst depressiv
wird, dann kann das eine Folge der niederdrückenden Kind-
heitserfahrungen sein; ebenso denkbar aber ist, dass die Mutter
ihre Anfälligkeit für die Depression an das Kind vererbt hat»
(Nuber 1995).

Man sieht: Falls kein schicksalhaftes Ereignis – Schock, Unfall,
schwerer Verlust – ermittelt werden kann, stecken auf jeden Fall
irgendwie Mutter oder Vater dahinter. Die Begründungspräfe-
renz schwankt zwischen psychodynamischen und genotypischen
Kettenreaktionen. Wie aber, wenn das Denken in Übertragungs-
mechanismen, Prägungen und gesetzmäßigen Abwicklungen aus
der Vergangenheit in die Zukunft als solches zumindest ergän-
zungsbedürftig, wenn nicht in gewisser Hinsicht grundverkehrt
wäre? Das Kernproblem besteht darin, dass man den menschlichen Lebenslauf reduziert «auf Sätze wie: *Dieses folgt im Entwick-
lungsverlauf jenem;* als ob das Leben durch eine Formel wie *eins
führte zum anderen* erfasst werden könnte» (Hillman 1998). An
dieser Entwicklungslogik melden heute nicht nur irgendwelche

273

Mystiker und Phantasten Zweifel an. Hillman ist ein angesehener, wenn auch unbequemer und an den Grundfesten der akademischen Psychologie rüttelnder Wissenschaftler. Der renommierte Physiker Frederick Turner schreibt in der Zeitschrift *Lettre Internationale* (2/1999): «Am meisten verstörte es (die moderne naturwissenschaftliche Anthropologie, H. K.), als deutlich wurde, dass der Entwicklungsprozess ... nicht bloß ein Befolgen genetischer, in der DNA angelegter Anweisungen darstellt, sondern ... selbst ein originärer und kreativer Prozess ist, der ein einzigartiges Individuum aus einem dynamischen und offenen Zusammenspiel von Zellen erschafft. – Als ob der individuelle Organismus von einer lockenden Form angezogen würde, als ob die Gene nicht so sehr Blaupausen seien, die diese Form festlegen, sondern vielmehr Schleusen, die dem Entwicklungsprozess erlauben, seiner Vollendung entgegenzujagen.» Damit ist nichts anderes gesagt, als dass zwar für Eigentümlichkeiten der Persönlichkeitsentwicklung die dazu passenden genetischen Strukturen bzw. «Schleusen» gefunden werden können, daraus jedoch nicht ohne weiteres abgeleitet werden darf, diese lägen jenen *ursächlich* zugrunde.

Verena Kasts Satz (1998), «Ziel des Individuationsprozesses ist es, dass man zu dem Menschen wird, der man eigentlich ist», erhält von unerwarteter Seite Bestätigung. Turner bricht, indem er von einem «originären und kreativen Prozess» in Richtung auf eine «lockende Form» spricht, nicht nur den genetischen Determinismus, sondern auch die simple Prägungs-Vorstellung auf, derzufolge wir sind und bleiben müssen, was die Verhältnisse, vor allem unsere Eltern aus uns gemacht haben. Er führt den Begriff der «seltsamen Attraktoren» ein: aus der Zukunft (!) anziehende Felder der individuellen Idealbildung und Wertorientierung. Dies ist ein hoch relevanter Gedanke für Pädagogik und Therapie. Denn leidende Menschen, verunsicherte Menschen, angstgeplagte und traurige Menschen, klein oder groß, «fragen nach einem ‹Über- Sinn›, nach Sinndeutungen, die ihren ‹Ort› system-extern haben» (Lotz), also außerhalb der analytisch, lebensgeschichtlich, systemisch, genetisch lokalisierbaren Einflussfaktoren.

Gleichgültigkeit, Abneigung, Gewalt

Auch Liebende tun einander weh, ja sie tun es fast unweigerlich. Das gilt für jede Art von Liebesbeziehung, die Eltern-Kind-Beziehung eingeschlossen.

Kein Schmerz jedoch, den ein Liebender dem anderen zufügt, geht so tief wie der Schmerz der unerwiderten Liebe, ganz besonders dann, wenn der Zurückgewiesene keine Chance hat, sich aus der Situation zu befreien. Und genau das ist bei ungeliebten Kindern der Fall.

Erwachsene können sich immerhin trennen. Sie können mehr oder weniger sinnvolle Strategien gegen die Trauer entwickeln. Sie können sich damit trösten, dass jede Wunde irgendwann heilt. Sie können mit Freunden reden. Sie können nach einer anderen, glücklicheren Liebe suchen. Sie können ihre Liebe – auch das gibt es – in einen geistigen Bereich hineinverwandeln, wo es keine Rolle mehr spielt, ob sie im gewöhnlichen Sinne erwidert wird oder nicht. Aber was tut ein *Kind* mit der überströmenden Liebe, von der es auf die Erde herab und zu den Eltern hin getragen wurde, wenn das Echo nicht Gegenliebe, sondern Gleichgültigkeit, Abneigung, Gewalt ist?

Viel wird davon abhängen, dass andere Schlüsselfiguren[79] in Erscheinung treten und das Licht der an-*erkennenden* Liebe hereintragen in das Leben derjenigen Kinder, deren Eltern, aus welchen Gründen auch immer, zu verhärtet oder zu sehr aus der

Bahn geworfen sind, als dass sie mit dem Herzen erfassen können, was geschehen ist, als das Kind sie wählte, sich *ihnen* übergab. Voll bewusst, im eigenen grenzüberschreitenden Denkvollzug, werden es die meisten noch lange nicht erfassen – die Magie der materialistischen Anschauungen ist zu groß, sie schleichen sich überall ein, selbst wenn man glaubt, sie überwunden zu haben –; aber auch wenn es *nur* mit dem Herzen erfasst ist, kann der gute Geist einströmen, der alles, sogar die Fehler und Missverständnisse, segnet.

Die hell-sehende Liebe, durch die, wie Rudolf Steiner sagt, die ungeborene Seele zu *diesen* Eltern hingetrieben wird, ist im «Allerheiligsten» – dort, wo der Genius an den Engel angeschmiegt bleibt – unzerstörbar aufgehoben, auch wenn sie tragischerweise keine Erwiderung findet. Ein Teil des sich inkarnierenden Menschenwesens bleibt in der Ungeborenheit zurück und schützt das Bild. Deshalb wird ein Kind seine Eltern nie wirklich hassen, gleich was sie ihm antun. Es hat sie ja in ihrer *wahren,* unverzerrten Gestalt gesehen, gesucht und gewählt. Man kann durchaus sagen, dass eine Art Realitätsverkennung, die auf der anderen Seite ein überlegener Realitäts*sinn* ist, das – vom Kinde her – empfängnisvorbereitende Geschehen mit einem Risiko behaftet. Das ist sehr vereinfacht, aber nicht falsch. Jeder kennt das Phänomen des liebenden Blickes, der *den Anderen in der Gestalt seiner schönsten Entfaltetheit vorwegnehmend schaut* und insofern ein *geschärfter* Blick ist, andererseits aber über die Schattenseiten des betreffenden Menschen *hinwegsieht* und insofern ein *getrübter* Blick ist. Dies nun muss man sich tausendfach gesteigert vorstellen – dann bekommt man eine Ahnung davon, mit welcher unendlichen Wertschätzung die geburtsbereite Seele auf ihre künftigen Eltern hinblickt, welchen unendlichen und manchmal in gewisser Hinsicht unrealistischen Vertrauenskredit sie ihnen gewährt.

Es ist eine Wärmeflut, die den Damm zwischen dieser und jener Welt bricht, und weil ein *Mensch* diese Wärme trägt und von ihr getragen wird, heißt sie Liebe.

Das Empfängnisereignis ist die Quelle der Liebekraft auf der Erde. Immer, wenn wir von wahrer Liebe ergriffen sind, wenden wir uns unwillkürlich dorthin zurück.

Kinder sind dieser Quellregion noch ganz nahe.

Nachträge

Kinder brauchen Grenzen?
Na sowas!

Ein Buch nach dem anderen erscheint auf dem Ratgebermarkt, um Ihnen, liebe Eltern, klarzumachen, dass Sie Ihre Kinder nicht einfach ohne Regeln und Strukturen aufwachsen lassen dürfen. Kinder brauchen nämlich Grenzen! Hätten Sie das gedacht?

Es war einmal vor langer, langer Zeit etwas im Gange in Westeuropa. Da demonstrierten überall auf den Straßen der Städte langhaarige, verzottelte, unhöfliche junge Leute gegen Aufrüstung, Geldgier, Intoleranz, Umweltzerstörung und Nationalismus sowie – man höre und staune – gegen autoritäre Strukturen und Gewohnheiten. Ganz allgemein. Deshalb nannte sich diese herumstreunende und an allem herummäkelnde Minderheit auch «antiautoritäre Bewegung». Die Vordenker dieser seltsamen Bewegung führten lang und breit aus, dass und inwiefern der Nationalsozialismus keine Chance gehabt hätte, wenn die Menschen nicht zum Obrigkeitsgehorsam und zur Duckmäuserei erzogen worden wären. Damit so etwas wie Auschwitz nie wieder passieren könne, müsse eine so genannte antiautoritäre Erziehung eingeführt werden, um bei den Kindern so früh wie möglich demokratische Kompetenz zu veranlagen und einen kritischen, widerspruchsfreudigen Geist zu wecken.

Es kam, wie es kommen musste: Manche Anhänger der Bewegung, überwiegend ganz junge Leute, kapierten nicht so richtig, worum es eigentlich ging, und verwechselten antiautoritäre Erziehung mit Null-Erziehung. Das tat den Kindern natürlich nicht gut – wenn es auch immer noch besser war als dauerndes Maßregeln und Bestrafen.

Um es kurz zu machen: Die antiautoritäre Bewegung mit ihren antiautoritären Erziehungsvorstellungen war zwar im Großen und Ganzen ziemlich harm- und einflusslos und ist längst von der Bildfläche verschwunden, aber sie hat dem Establishment damals einen derartigen Schrecken eingejagt, dass bis heute mit unermüdlichem Missionseifer gegen sie gepredigt und vor ihr gewarnt wird. Eine richtige Tragikomödie läuft da ab: Ganze tabubrecherische Bücher werden vollgeschrieben und todesmutige Essays verfasst gegen den fürchterlichen Ungeist eines kleinen kulturoppositionellen Aufruhrs von anno dazumal, also eigentlich gegen ein Gespenst. Seit ungefähr zehn Jahren ist es besonders schlimm. In so genannten Intellektuellenkreisen gehört die Jagd auf das antiautoritäre Gespenst zu den Kult-Sportarten, und die Oberjäger sind zumeist solche, die damals, vor langer Zeit, bei den zotteligen Unruhestiftern ganz vorneweg marschierten.[80] Offenbar lassen sie die Öffentlichkeit am bitteren Abschied von ihrer eigenen Jugend teilnehmen, wogegen gar nichts einzuwenden wäre, wenn sie es zugeben würden. Aber nein, sie tun so, als befänden wir uns heute noch mitten in den Turbulenzen der sechziger und siebziger Jahre, mehr noch, als seien die damaligen Anarcho-Freaks soeben im Begriff, die Macht an sich zu reißen. Zwar ist von den in Frage kommenden Putschisten weit und breit keiner zu sehen – mit Loriot gesprochen: «Ja wo laufen sie denn?» –, aber das tut ihrer Gefährlichkeit offenbar keinen Abbruch.

Und nun finden Sie, liebe Eltern, in den Auslagen der Buchhandlungen immer neue Erziehungsratgeberbücher, in denen Sie beschworen werden, Sie sollten nur ja nicht vergessen, Ihren Kindern Grenzen zu setzen, die weit verbreitete antiautoritäre Laisserfaire-Haltung sei ebenso unangebracht wie die schwarze Pädagogik der repressiven Willkür. Sicher haben Sie sich schon verwundert gefragt, an welche Art von Eltern das adressiert sein mag, da Ihnen schon lange niemand mehr begegnet ist, der die Auffassung verträte, man brauche Kindern *keine* Grenzen zu setzen …

Jetzt kennen Sie des Rätsels Lösung. In der Tat vertritt so gut wie niemand diese Auffassung. Die Kinder-brauchen-Grenzen-Autoren – jedenfalls einige von ihnen – gehören zu den Gespensterjägern. Vielleicht schreiben Sie denen mal einen Brief und machen sie darauf aufmerksam, dass die Kinder und Jugendlichen, die uns heute am meisten Sorgen bereiten, etwa die rechtsradikalen Gewalttäter und Brandstifter, nicht im allerentferntesten aus einem antiautoritären Milieu stammen. Auch die vielen magersüchtigen Mädchen nicht. Auch die Zappelphilippe nicht …

Klar brauchen Kinder Grenzen. Unter den Hunderten von Eltern, die ich in den letzten Jahren zu beraten hatte, gab es, wenn ich mich recht entsinne, gerade mal zwei Personen, die anderer Meinung waren. Übrigens: Auch die meisten Antiautoritären hatten damals keine prinzipiellen Einwände gegen Grenzen. Sie wollten nur das Kommandieren vermeiden und die Regeln für das Zusammenleben möglichst *einvernehmlich* mit den Kindern finden, und damit hatten sie im Prinzip eigentlich Recht. Auch wenn die Art, wie sie dieses Ideal umzusetzen versuchten, manchmal hanebüchen war.

Die große graue Eminenz der antiautoriären Erziehungsszene hieß Alexander S. Neill. Lesen Sie einmal ein paar Seiten seiner Hauptschrift *Theorie und Praxis der antiautoritären Erziehung*. Da steht mehr Gescheites drin als in zehn Kinder-brauchen-

Grenzen-Büchern. In seinem Modell-Internat Summerhill in England gab und gibt es durchaus Disziplin! «Die Freiheit des Einzelnen darf (dort) nicht auf Kosten anderer durchgesetzt werden. Es gibt ein festes Regelwerk, das die Kinder maßgeblich mitbestimmen» (Raffauf 1998).

Gehören Sie zu denen, die nicht so begeistert vom Grenzenziehen sind, vielleicht weil Sie bei allen großen Pädagogen des 20. Jahrhunderts einschließlich Rudolf Steiner gelesen haben, dass Verbote nicht gerade das beste Erziehungsmittel sind? Dann wird man Ihnen, falls eines ihrer Kinder verhaltensauffällig wird, erklären, Sie hätten *strenger* sein sollen. Nun achten Sie vielleicht beim nächstjüngeren Geschwister darauf, möglichst von vornherein und konsequent Grenzen zu setzen. Falls nun auch dieses Kind Verhaltensauffälligkeiten zeigt, wird man ihnen vorhalten, Sie hätten *nicht so streng* sein dürfen. Und dann gibt es ja noch einen dritten Standard-Vorwurf: die ambivalente, schwankende Erziehungshaltung – *mal streng, mal nicht streng –,* die sei am allerschlimmsten, sagen manche Experten.

Was am Ende immer herauskommt, ist die berühmte Hohlformel vom goldenen Mittelweg. Ja aber – wo verläuft der von Fall zu Fall? Und wann ist er kein schwankender, sondern ein stabiler Mittelweg?

Dies alles herauszufinden, kann Ihnen niemand abnehmen, kein Buchautor, kein Elterntrainer.

Und angenommen, Sie finden den stabilen goldenen Mittelweg, ist dann eine harmonische, konfliktfreie Kindheit gewährleistet? Eben nicht! Das ist ja gerade der große Irrtum.

Summa summarum lenkt die Grenzen-Debatte nur vom Wesentlichen ab. Was das Wesentliche ist, habe ich in diesem Buch zu beschreiben versucht.

Überbehütende Mütter, gefühlskalte Mütter ...

Eine Auswertung von 125 Fachartikeln aus zwölf Jahren in neun verschiedenen Zeitschriften ergab, dass die Mütter für 72 (!) verschiedene Problemfelder ihrer Kinder verantwortlich gemacht wurden, vom Bettnässen bis zur Schizophrenie, von aggressivem Verhalten und Lernproblemen bis zu Sexualstörungen, also praktisch für alles, was irgendwie ‹stören› kann an einem Kind. Die verantwortlichen Mütter sind demnach entweder gefühlskalt oder überbehütend, sie sind schizophrenogen oder schizoid und so fort. – Wer sucht, der findet. (Mit leichten Abwandlungen aus: Beckmann 1999). Die psychologische Wissenschaft leidet unter einem monströsen Mutterkomplex. Solange alles gut geht, sind manche Frauen geneigt, sich dieser fixen Idee anzuschließen, denn es tut gut, Göttin zu sein. Deshalb sind vielleicht diejenigen, deren Kinder sich zur allgemeinen Zufriedenheit entwickeln, verstimmt, wenn ich sage: Mütter (und Väter) haben *nicht* den überragenden Einfluss auf die Psyche und die Zukunft ihrer Kinder, den man ihnen andichtet. Die Eltern so genannter Problemkinder werden jedoch dankbar sein, zu erfahren, dass «die kindlichen Seelen keine Tonbänder sind», sondern «der wichtigste Faktor in der Entwicklung» ein ganz anderer ist (Jerome Kagan, einer der bekanntesten Entwicklungspsychologen der Gegenwart, in *Psychologie Heute*, März 2000). «Weil der (primäre) Prozess sowohl geheimnisvoll als auch unanschaulich ist», resümiert Kagan, «verkennen wir seine Macht.» Ein Kind – mit all seinen entzückenden und schwierigen Seiten – ist mehr, *viel* mehr als das Resultat mehr oder weniger gelungener erzieherischer Beeinflussungen.

In einem Punkt freilich kann die Rolle der Mutter gar nicht überschätzt werden: «Ihre Aufgabe ist (insofern) unbestreitbar gewaltig, (als) sie den Daimon (= Genius, H. K.) ihres Kindes erkennen und verteidigen kann» (Hillman 1998).

Dazu dient der Übungsweg der Aufmerksamkeit, auf dem ich auch in diesem Buch – wie schon in *«Schwierige» Kinder gibt es nicht* – mit einer gewissen Radikalität bestehe, weil er eine zwar zunächst ungewohnte, aber für jedermann/frau sofort praktikable Möglichkeit bietet, verlorenes Selbstvertrauen zurückzugewinnen und an die brachliegende situative Kompetenz heranzukommen, über die jede liebende Mutter, jeder liebende Vater verfügt. Die Andacht des Hinschauens und Hinlauschens auf die geheimnisvollen Vorzeichen dessen, was sich ausfalten will, antizipierend im *Wahrnehmen* – nicht bewertend oder beurteilend –, ist *die* erzieherische Kraft jenseits aller Zwänge und Manipulationen. «Das Tun aus der Sammlung hat das Antlitz des Ruhens. Das Eingreifen (hingegen) spaltet die ihm ausgelieferte Seele in einen gehorchenden und einen sich empörenden Teil; aber das verborgene Einwirken aus der Ganzheit des Wesens hat die gänzende Kraft» (Buber 1998).

Mit dieser Liebesmacht ist zu rechnen! Viel weniger hingegen mit der determinierenden Macht von Erziehungs- oder Umgangsstilen. Zweifellos macht jede Mutter (jeder Vater) einen enormen Eindruck auf ihr (sein) Kind. Aber keinen bezwingenden Eindruck. In Wahrheit haben die kleinen, andächtigen Momente im Schwingungsfeld – die Momente echter Du-Bezogenheit – mehr Wirkung als jeder hünenhafte Auftritt, aber die Wirkung ist nicht bezwingend, sondern befreiend. Man *soll* die Kinderseele nicht überwältigen – solange wir uns *aufdrängen,* kann der «sanfte» (Kühlewind), herausrufende Wille, der im Beziehungsraum der viel stärkere, der heil-kräftige ist, nichts ausrichten – , und man *vermag* es letztlich auch gar nicht. Denn sobald der Ein-Druck zu stark wird, schützt sich das Ich mit aller Kraft, offensiv oder defensiv. Manche Kinder trotzen und bocken in der Abwehr des auf-dringlichen Vorbildes oder Fremdwillens ohne Unterlass. Andere verkriechen sich in sich selbst wie die Schnecke in ihr Schneckenhaus oder der Igel in sein Stachelkleid. Was dann geprägt wird, ist die Erscheinung, das Verhalten, aber nicht der innere Bezirk.

Erinnern wir uns an Wolfgang Sternstein. Der äußerst brutale Vater war nicht fähig, das *Bild* zu verdunkeln. Golda Meir, die große israelische Gründergestalt, wurde von ihrer Mutter massiv gegen den *Ruf,* den sie früh vernahm, beeinflusst. Golda sollte nicht nach Höherem streben, sondern nach Abschluss der Pflichtschule irgendeine Arbeit annehmen und, wie es sich gehörte, beizeiten heiraten. Alle pflichteten der Mutter bei – nur nicht Goldas ältere Schwester Shejna. *Sie* begriff. Als Golda sechzehn war, lief sie von zu Hause weg und zog zu Shejna. *Ihr* kam die Rolle der vorwegnehmend Sehenden zu. Der Genius ist nicht so leicht aus dem Konzept zu bringen.

Das Wichtigste ist, dass Sie sich als Mutter oder Vater nie – etwas überspitzt gesagt – mit dem Kind verwechseln; dass Sie niemals vergessen: Dieser kleine Mensch steht Ihnen gegenüber als ein radikal *Anderer,* und es wird wohl so sein, dass Sie und Ihr Kind, wie es Hillman ausdrückt, «an unterschiedlichen Altären beten».

Das Kind erscheint «wesenhaft als der Fremde, der Andere,

der mich zur Fürsorge aufruft» (Kirchner 1997), als «das Antlitz, das mich einfordert … in seiner Nacktheit und Unbeholfenheit. – Der Andere, der Fremde, das Kind ist die Bedingung der Möglichkeit meines pädagogischen Wirkens» (Lévinas 1993). «Fremd» bedeutet hier nicht «unvertraut», sondern dass sich zwei Welten begegnen, in denen verschiedene Sprachen gesprochen werden; zwei Welten, die einander befruchten wollen und doch – oder gerade deshalb – ihre Sprachen nicht vermischen dürfen.

Wir müssen die Souveränität des eingeborenen Eigen-Willens voraussetzen und seine Unantastbarkeit respektieren. Mein Kind ist von der ersten Stunde an ein autonomes, von mir und allen anderen unterschiedenes Wesen. Ich bin der erwählte Schicksalsbegleiter, der, wenn man es genau nimmt, keine Vollmachten hat außer denen, die ihm das Kind erteilt. Nun folge ich dem Aufruf, der «Einforderung», und versuche, so gut ich es vermag, die rechte Haltung, das rechte Maß und Fingerspitzengefühl zu finden. Keine Bücherweisheit, kein Elterntrainings-Seminar kann mir das abnehmen.

Behütet und umsorgt eine Mutter ihr Kind ganz so, wie sie es, ihrem Herzen folgend, für richtig hält, und es treten «Verhaltensstörungen» auf, heißt es: «Aha! Eine überbehütende Mutter!» Also bemüht sich die gute Frau vielleicht beim nächsten Kind um mehr bewusste Distanz.

Hoffentlich gibt es nun nicht wieder Schwierigkeiten! Sonst heißt es: «Aha! Eine gefühlskalte Mutter!»

«Wird ein Kind von seiner Mutter nicht hinreichend vor den ihm drohenden Gefahren geschützt – und dies zeigt sich immer dann, wenn etwas passiert ist –, hat sie ihr Kind vernachlässigt. Schützt die Mutter dagegen ihr Kind vor drohender Gefährdung, so ist sie eine überbehütende Glucke, die die gesunde

Entwicklung ihres Kindes blockiert» (Schön 1994). Aber, gibt die Autorin zu bedenken, ist nicht «bei den raschen und teilweise … sprunghaften Veränderungen, die die kindliche Entwicklung durchläuft … das, was heute vielleicht genau richtig ist, morgen vielleicht schon längst falsch?»

Folgen Sie Ihrem Herzen. Und vergessen Sie den Unsinn, Sie dürften keine Fehler machen. Sie *werden* Fehler machen. Aber keine wirklich schlimmen – wenn Sie aufhören, Göttin sein zu wollen und die leise Kraft – Georg Kühlewind würde sagen: den «sanften Willen»[81] – des dienenden «Tuns aus der Sammlung» entdecken.

Zur «Suchtpersönlichkeit» fehlerzogen?

Viele Psychologen gehen davon aus, dass Erziehungsfehler (Verwöhnung, Vernachlässigung) oder familiäre Beziehungsstörungen für die Entwicklung einer «Suchtpersönlichkeit» ausschlaggebend seien. Auch vertuschter sexueller Missbrauch ist im Gespräch. Demzufolge wird natürlich, wenn ein Jugendlicher zu Drogen greift, im Umkehrschluss das Elternhaus misstrauisch beäugt, und – wie gesagt – wer sucht, der findet. Denn wo Menschen zusammenleben, gibt es nun einmal Konflikte. Verwöhnung und Vernachlässigung sind dehnbare Begriffe, die, wenn man partout will, immer irgendwie zutreffen. Das gilt auch für die paranoide Missbrauchsdefinition mancher Expertenkreise, wonach ein Vater mit seinen kleinen Mädchen – oder eine Mutter mit ihren kleinen Buben – weder Zärtlichkeiten austauschen noch ihnen bei der Körperpflege helfen dürfte. Wenn ein Jugendlicher zur Droge greift, muss im Elternhaus irgendetwas schiefgelaufen sein. Man rückt von dieser Grundannahme einfach nicht ab, obwohl «die Suche nach einer spezifischen Suchtpersönlichkeit» und spezifisch suchtbegünstigenden Sozialisationsmustern «so erfolglos geblieben ist wie die nach dem Yeti» (Beckmann). Auch der international renommierte Suchtforscher Karl F. Mann bezeichnet das «Konzept einer Suchtpersönlichkeit (als) reine Fiktion. – Bei den Abhängigen finden sich alle sozialen Schichten, Temperamente oder Altersstufen: Arbeiter und Lehrer, Phlegmatiker oder Choleriker, Akademiker, Ärzte, Psychologen, Pfarrer oder Bierkutscher» (*Psychologie Heute*, 2/2000). Mehrere aufwändige Studien der letzten zwanzig Jahre kamen übereinstimmend zu dem Ergebnis, dass Drogenabhängige – gemessen an Vergleichsgruppen – nicht überdurchschnittlich häufig aus zerrütteten Familien stammen oder auf traurige Kindheiten zurückblicken. «Ein seriöses Fazit», schreibt Beckmann, muss lauten: Die Süchtigen «kommen zu einem erheblichen Teil aus ganz durchschnittlichen Familien». Dies deckt sich mit meinen Erfahrungen aus der Praxis der Jugendberatung, wo ich natürlich oft mit Drogenproblemen konfrontiert bin.

Dasselbe gilt auch für nicht stoffgebundene Süchte. Zu meinen Arbeitsschwerpunkten gehört die Magersucht. In den allermeisten Fällen sind die Familien ganz entschieden *keine* Treibhäuser dieser Erkrankung (vgl. in meinem Buch *Die stille Sehnsucht nach Heimkehr* vor allem das Vorwort zur Neuausgabe 1995). Etwas anderes ist es, wenn die anachronistische Situation der modernen Frau zwischen Emanzipationsstreben und hochgeschraubten Erwartungen an perfekte Mutterschaft in einer mehr denn je von männlichen Leitbildern beherrschten Kultur untersucht und in diesem Zusammenhang auch die Belastungen der Mutter-Tochter-Beziehung unter sozialpsychologischen Gesichtspunkten erörtert werden, wie es feministisch orientierte Forscherinnen versuchen (vgl. z.B. Orbach 1997). Hier wird den Eltern (Müttern) keine Schuld zugeschoben, sondern sie werden im Gegenteil dadurch entlastet, dass sie ihr vermeintliches individuelles Versagen im Kontext des Versagens der Gesellschaft verstehen und relativieren können.

«Die Familie (mag) der Ort der Entstehung psychischer Stö-

291

rungen (sein), aber (sie ist in der Regel) bei Gott nicht ihre Ursache» (Dörner u.a. 1984). Bei Suchtproblemen mag sie der Schauplatz sein, wo die Missverständnisse eskalieren und die Wunden aufbrechen, aber «bei Gott» sind die Eltern in den seltensten Fällen schuld.

Auch hier müssen wir freilich wieder vorsichtig sein mit dem Störungsbegriff. Ich ziehe es vor, wie ehedem – bevor die Maschine unsere Begriffswelt zu beherrschen begann – schlicht und gerecht von *Leiden* zu sprechen, von «Leiden am sinnlosen Leben» (Frankl 1997), von «Weltangst» (Richter 1992). Irgendwann können wir als Eltern nicht mehr genügend Schutz bieten, um die Lockungen der künstlichen Paradiese fernzuhalten. Irgendwann können wir unsere Kinder nicht mehr gegen die Medienmagie abschirmen. Irgendwann können wir nicht mehr ausgleichen, was – man muss es erwähnen – die Schule durch Bewertungsdemütigung, organisierte Langeweile und systematisches Verkümmernlassen von kreativen und sozialen Fähigkeiten anrichtet. Süchte aller Art sind in der heutigen Zeit der soziale Leim, durch den notdürftig zusammengehalten wird, was sonst mangels Beziehungsfähigkeit und sinngebender Perspektiven zerbräche. Deshalb ist es berechtigt, von der süchtigen Gesellschaft zu sprechen. Wenn Karl F. Mann diesen Befund nicht gelten lassen will, kann das nur daran liegen, dass er, bei allem Renommee, den Suchtbegriff zu eng fasst und nur die Spitze des Eisbergs wahrnimmt.

Ob ein junger Mensch in dieser Situation die allgegenwärtige Versuchung der «Selbstmedikation» gegen Gefühle der Minderwertigkeit, Sinn- und Hoffnungslosigkeit, Einsamkeit, Freudlosigkeit und Existenzangst abzuwehren vermag oder ihr erliegt; ob er es beim neugierigen Experimentieren belässt oder eine

Droge Macht über ihn gewinnt, das hängt in der Orientierungskrise der Pubertät[82] oft an einem seidenen Faden, und die Eltern
haben nach meiner Erfahrung *vordergründig* – auf der Ebene der
pädagogischen Strategien – relativ wenig Einfluss darauf, ob dieser Faden hält oder reißt.

Ich mache die Einschränkung «vordergründig», weil wir als
Mütter und Väter trotzdem nicht in der hilflosen Zuschauerrolle
zu verharren brauchen. Wir können durch die Kraft unseres un-
beirrbaren Vertrauens große Stützen sein. Es geht darum, dass
wir gerade in solchen Zeiten, in denen der Jugendliche richtungslos umherzuirren scheint, *stellvertretend für ihn* seinen
Stern im Auge behalten, sein unverzerrtes Bild hüten, uns an
dieses Bild wenden auf einer metakommunikativen Ebene der
inneren Zuwendung und Zwiesprache. Ich spreche nicht von der
lässigen Es-wird-schon-gut-gehen-Haltung, sondern von einem
Weg der aktiven Kontemplation und der Beziehungsgestaltung
durch unaufdringliche – absichtslose – einseitige Vorleistungen:
Gesten der Freundschaftsbezeugung, Nachrichten der aufrichti-
gen Anteilnahme. Natürlich gibt es auch pragmatische pädagogische Entscheidungen zu treffen, manchmal harte Entscheidungen. Aber die *innere Ebene* wird umso wichtiger, je stärker die
Dämonen attackieren.[83] «Wahre Liebe ist tatsächlich dasselbe
wie Gewahrsein» (Jack Kornfield in: Kotler 1999).

Wenn die Krise eingetreten ist, sollte – solange der Jugendliche noch mit sich reden lässt – ein Berater eingeschaltet werden,
der als freundschaftlicher Begleiter und fachkundiger Gesprächspartner allen Beteiligten zur Verfügung steht. Was dann im Einzelnen zu tun ist, muss immer von Fall zu Fall erörtert und
entschieden werden. Es ist sehr wichtig, diese fremde (!) Person
einzubeziehen. Wenn sie das Vertrauen des Jugendlichen ge-

winnt und niemand Wunder erwartet – steht das Drogen-
gespenst einmal im Raum, kann man es nicht in drei, vier Wochen vertreiben –, ist schon viel gewonnen.[84]

Dennoch bleibt natürlich die Frage, was vorbeugend zu beachten sei. Da dies hier nicht unser Thema ist, will ich mich auf
Stichworte beschränken.

Zwar wird die Fahndung nach einer speziellen charakterlichen
Prädisposition mit Sicherheit weiterhin ergebnislos bleiben, aber
das spricht nicht dagegen, sich Gedanken darüber zu machen,
welche Faktoren heute, ganz allgemein gesprochen, viele junge
Menschen in eine Lage bringen, in der sie ein solches Verlangen
nach Verbesserung der Lebensqualität – oder genauer: der Qualität des Daseinsgefühls – verspüren, dass Genussgifte und Drogen
eine Versuchung darstellen. Wenn man die Fälle, in denen Misshandlung, Missbrauch, grobe Vernachlässigung oder zerrüttete
Familienverhältnisse[85] im Hintergrund stehen, ausschließt, kommen nach meiner Erfahrung die folgenden Hauptfaktoren in Betracht, die übrigens auch im Zusammenhang mit der Frage der
wachsenden Gewaltbereitschaft relevant sind:

a) eine unspezifische Angstgestimmtheit infolge von zivilisa-
tionsbedingten Unsicherheiten im basalen Sinnesfeld; dies
schließt den Verlust der elementaren Erlebnisfelder bzw. der
Naturbegegnungen ein;

b) Sozial- bzw. Beziehungsangst als weit verbreitetes – kollektives
– Phänomen mit verschiedenen Ursachen, von denen die Situation im Elternhaus (z.B. Eheprobleme, Trennung) *eine* sein
kann;

c) Ohnmachtsgefühle, «Angst vor Sinn- und Heillosigkeit»
(Richter) angesichts der diffus wahrgenommenen bedrohli-
chen Zeitlage; das Gefühl, nichts gegen die lauernden Gefah-

ren ausrichten zu können, nicht gebraucht zu werden; die Sorge, auf der Verliererseite zu landen;

d) die Werteverschiebung von echten (idealischen) Leitbildern auf materiellen Erfolg und äußere Attribute; damit zusammenhängende Versagensängste;

e) das Brachliegen kreativer Fähigkeiten im bildnerischen wie auch im handwerklichen materialverarbeitenden Bereich; der Mangel an entsprechenden Anreizen und Bewährungsfeldern (was in hohem Maße auch ein Problem der Schule ist).

f) Maßgeblich mitbeteiligt an a bis e sind die Lähmung der Fantasiekräfte und der Wirklichkeitsverlust durch die Medien.

Über alle diese Punkte habe ich mich in zahlreichen Büchern, Essays, Interviews und Vorträgen ausführlich geäußert. Die dort unterbreiteten Gestaltungsvorschläge schließen somit die Frage der Suchtprävention ein.[86] Welche vorbeugenden erzieherischen Heilfaktoren in Betracht kommen – und durch enge Zusammenarbeit zwischen Schule (Kindergarten), Eltern, freizeitpädagogischen Initiativen und (gegebenenfalls) heilpädagogischen Fördereinrichtungen auch realisiert werden können –, ergibt sich unmittelbar aus den oben aufgezählten Gefahrenquellen.[87]

Nur kontraproduktiv ist das Herumgemurkse auf der Ebene der Beschuldigungen und Verdächtigungen, persönlich oder pauschal.

Kinder, die von Gewalt,
Krieg und Monstern fasziniert sind

Am Ende meiner Erörterungen über die «Hingabe» mancher Kinder an skurril wirkende Dinge, Vorgänge und Themen versprach ich, noch die Frage aufzugreifen, ob denn auch das hingebungsvolle Durchspielen von kriegerischen oder dämonischen Fantasien als unbedingt zu respektierende Botschaft des Genius zu betrachten sei wie etwa Teilhards Eisen-Fetischismus oder Manolettes Träume von schrecklichen gehörnten Tieren.

Ich kann zunächst nur mit einem «Jein» antworten. Carl Gustav Jungs Angstfantasien vom Menschenfresserkönig und von den unheimlichen Dingen unter der Erde sprechen dafür. Über Teilhard de Chardin wird – außer seiner Obsession für Eisenstücke und Steine – noch etwas anderes berichtet: Er war fasziniert von Blut. Der kleine Junge, der sich anschickte, ein moderner Mystiker zu werden, war einmal zugegen, als man draußen einen tödlich Verunglückten fand. Da prallte er nicht etwa entsetzt zurück, sondern beobachtete mit großem Interesse, wie sich das Blut des Toten mit dem Regenwasser mischte. Die Konsistenzfrage (was die Materie im Innersten zusammenhält); das Rätsel der menschlichen Seele im Fleisch («et incarnatus est de Spiritu Sancto: et homo factus est»), im Stoff, mithin das Geheimnis des Blutes – das waren zentrale Themen seines Lebenswerkes.

Blicke ich in meine eigene Kindheit zurück, gab es für mich zwischen dem vierten, fünften und neunten, zehnten Lebensjahr

nichts Wichtigeres, als mit meinen kleinen Wijkinger-, Norman-
nen- und Römer-Soldaten dramatische Kriegsszenarios durchzu-
spielen, die sich oft über Tage hinzogen. Es gab gute Helden,
unsägliche Bösewichter, Monster (Drachen), Waffen, Tote, Ver-
wundete. Kaum des Schreibens mächtig, fing ich an, entsprechende Geschichten zu verfassen (einige von den zum Teil schau-
erlichen «Frühwerken» sind noch erhalten).

Nun waren meine Eltern ausgesprochen friedfertige Leute! Ich
wuchs in einer Atmosphäre der Gewaltlosigkeit auf und litt keinen Mangel an Zuwendung. Einen Fernseher besaßen wir nicht.
Dafür wurden Märchen erzählt. Trotzdem: Ich spielte ständig
Krieg. Mit Begeisterung las und ersann ich Ritter-, Indianer-,
Räuber- und Spukgeschichten und hatte meine helle Freude daran, zwei Pistolen umzuschnallen und vor dem Spiegel «Schnell-
ziehen» nach Whyatt-Earp-Manier zu üben. Kurz: Ich war ganz
einfach ein Junge. Zwar ist damit, wie wir gleich sehen werden,
nicht alles erklärt. Aber manches.

Das ist das eine, was manche Vertreter der heutigen Eltern-,
Erzieher- und Lehrergeneration in ihrer friedensbewegten Über-
beflissenheit offenbar vergessen: Zu allen Zeiten hatten die Jungen – jedenfalls viele von ihnen – einen neugierigen Hang zu
kampfbetonten Spielen und Fantasien von Gespenstern und
Ungeheuern. Bei Mädchen ist die Sympathie für das Kriegeri-
sche viel weniger ausgeprägt. Auch von Monstern und dergleichen sind sie nicht sonderlich angetan. Die Gründe will ich jetzt
nicht erörtern, obwohl das ein interessantes Thema wäre.[88]

Aber nicht immer ist die Erklärung, dass in kindlicher Unbefangenheit die typischen Knabenfantasien von Männlichkeit
und Heldenmut inszeniert werden, ausreichend. Nimmt das gewaltbetonte Spielverhalten zwanghafte, verbissene, freudlose,

fantasielose, stereotype Formen an,[89] muss zuerst geklärt werden, wie es die Eltern mit dem Fernsehen halten; wenn das die falsche Fährte ist, besteht der Verdacht, dass das Kind reale Gewalt erlebt (hat) oder sich bedroht fühlt. Die Bedrohung muss nicht von der Familie ausgehen. Häufig stecken andere Kinder dahinter. Manchmal auch Lehrer. Oder das Kind hat etwas Schreckliches erlebt, worüber es nicht sprechen kann. Oder es wird zu wenig abgeschirmt gegen die täglichen Horrormeldungen, die uns über Fernsehen, Radio und Zeitungen erreichen. Vielleicht diskutieren die Eltern beim Essen ständig über Krieg, Umweltzerstörung und so weiter und vergessen dabei, dass die Kinder sehr wohl auf ihre Weise verstehen, was sie da hören, aber noch nicht in der Lage sind, es rational zu verarbeiten.

Andererseits gibt es Kinder, bei denen sich das gewaltbetonte, dunkle Bedrohungen thematisierende Spiel durchaus fantasievoll, farbig, sinnig entfaltet, aber so, dass man als Zuschauer zuweilen die jungenhafte Unbekümmertheit vermisst. Mit einem eigenartigen, versonnenen Ernst scheinen sie irgendetwas Geheimes mit sich abzumachen. Ich kann wiederum meine eigene Kindheit als Beispiel heranziehen. Die Auseinandersetzung mit dem Bösen hatte streckenweise keinen naiven Charakter mehr. Ich war tief bewegt, schwankend zwischen Bekümmerung und – so seltsam es klingen mag – unklarer Vorfreude. Klar, manchmal machte es einfach Spaß. Aber dann wieder mischte sich in die ganz gewöhnliche Knabenvorliebe für Schwerter, Pfeil und Bogen, Schießeisen, Ungeheuer etc. noch etwas anderes hinein. Ohne dass es mich über die Maßen belastet hätte – die damit verbundenen melancholischen Anwandlungen waren verkraftbar –, musste ich mich aus rätselhaften Gründen immerfort spielend, lesend, schreibend, grübelnd damit auseinandersetzen, warum Menschen Böses tun. Dabei gab es – bis zur Pubertät – nie eine Unsicherheit in Bezug auf die Identifikation: Meine ganze Sympathie gehörte den guten Helden und ihren edlen Herzensdamen. Die Bösen taten mir allerdings leid. Ich verabscheute sie nicht wirklich, sondern fantasierte gern, wie eines Tages ihr guter Kern zum Vorschein käme. Auch träumte ich mich oft – teils fasziniert, teils beängstigt – in Begegnungen mit Monstern, Gespenstern, bösen Kobolden etc. hinein, und erst als mir zu Bewusstsein kam, dass die dämonischen Wesen nicht in dem Sinne real sind wie etwa die Tiere des Waldes, dass man sie aber auch nicht einfach als Fantasiegebilde abtun kann, sondern dass sie sich in unserem *Inneren* aufhalten, war der Bann gebrochen. Dieser Gedanke gehörte zu den ersten, die mir – etwa im Alter von zehn Jahren – eine regelrechte *Erkenntnisbefriedigung* verschafften. In der frühen Jugendzeit ließ mir dann die Frage keine Ruhe, ob ich wohl unter gewissen Umständen dazu fähig wäre, jemanden zu töten. Es beunruhigte mich kolossal und faszinierte mich doch zugleich, dass ich darauf *nicht* mit einem klaren Nein antworten konnte …

Das eine steht fest: Meine Eltern hatten mit alledem nichts zu tun! Heute verstehe ich rückblickend, welche vorzeichenhafte Bedeutung die Spiele, Fantasien und Obsessionen der Kindheit hatten. Da kündigte sich in der Tat das Thema an, das mich nie wieder loslassen sollte: Die Frage nach der Quelle des Guten, des Schöpferischen, der Liebe – und damit natürlich auch nach der «Anatomie der menschlichen Destruktivität» (Erich Fromm).

Was ich nicht weiß, sondern nur ahne, ist der mögliche karmische Hintergrund. Ich bin aus verschiedenen Gründen der Meinung, dass man solche Ahnungen nicht in die Welt hinausposaunen sollte. Nur das eine: Wenn ich mein Schwanken zwischen

Bekümmerung und Vorfreude erwähnte, so gibt es Gründe für die Annahme, dass sich die *Bekümmerung* auf Einstiges, Wiedergutzumachendes beziehen könnte und das freudige Vorgefühl auf die Gnade des Wiedergutmachendürfens. – Aber das soll nicht mehr sein als eine spekulative Fußnote.

Wir leben in einer Zeit, in der die Botschaften und Bilder des Bösen allgegenwärtig sind und die Seele des Kindes auf den verschiedenen Wahrnehmungsebenen (!) berühren und belasten.

Letztlich können wir die kleinen Kinder gar nicht dagegen abschirmen.

Zwar liegt es in unserer pädagogischen Verantwortung, die Macht dieser Einflüsse zu begrenzen und Gegengewichte zu setzen, indem wir an die *nachahmungsbereite Hingeneigtheit zum Guten*[90] appellieren, aber die Kinder sind doch – ob es uns gefällt oder nicht – bewusst, halbbewusst, unbewusst, sinnlich und außersinnlich verwickelt in das gegenwärtig «zu einer ‹Blüte› treibende» (Kalisch 1998) Wirken der Gegenmächte. Es ist der reale Kampf zwischen dunklen und lichten Kräften im Weltgeschehen, an dem sie Anteil nehmen, zwar unreflektiert, eher träumend, aber doch so nahe an der Schwelle des Wachbewusstseins, dass entsprechende Frage-Bilder auftauchen, die nach Be- und Verarbeitung verlangen. Manche sind mehr, manche weniger betroffen. Der Grad der Betroffenheit hängt davon ab, wie weit sich in der Seele des Kindes Ahnungen des – auf welche Weise auch immer – direkten Hineingerufenseins in dieses Kampfgeschehen einstellen (vgl. dazu das Kapitel «Leuchtendes Eisen, ein Hasenfuß wird Torero …»).

Nachts behütet der Engel diese Vorgänge und gleicht die Angst, das Erschrecken aus, indem er Hoffnungskraft, Tatkraft in die andere Waagschale wirft. Deshalb sage ich immer wieder: Die Pflege und zuverlässige Behütung des Schlafes; das stimmungs- und friedvolle Hineingeleiten des Kindes in den Schlaf; die Gestaltung der Stunden zuvor; die Zusicherung, dass alles beim Rechten bleibt, wenn das Kind «ins Traumland» geht, der beherzte Empfang am Morgen – das sind eminent wichtige, vielleicht die wichtigsten heilpädagogischen Hilfestellungen bei der Bewältigung dämonischer Bilder und dunkler Ahnungen. Der Impuls, sich am Tage kreativ – d.h. spielerisch, bildnerisch, durch Märchen und Geschichten – mit dem Bösen zu beschäftigen, muss im Prinzip als Engel-inspiriertes Unterfangen willkommen geheißen werden. Anders kann ja ein Kind mit diesen Dingen nicht fertig werden! Uns obliegt es, die entsprechenden Spiele aus dem Wissen um ihre Bedeutung zu begleiten und behutsam zu beeinflussen, in der Auswahl der Märchen und Geschichten pädagogisch sorgsam zu verfahren und die natürliche kindliche Sehnsucht nach Religiosität dadurch zu befriedigen, dass wir, ganz unabhängig von unserer eigenen Weltanschauung, den heilenden Bildern und Ritualen der naiven Gläubigkeit Raum geben. Auf der anderen Seite müssen wir die Kinder – namentlich die stark betroffenen – vor Bildern schützen, die das Thema auf groteske, grobschlächtige, grelle, niveaulose Art besetzen, also vor Filmen, Hörspielen, Geschichten, Spielzeugen, die zwar den Kampf zwischen Gut und Böse zum Inhalt haben, aber nicht wahrbildhaft, sondern künstlich, oberflächlich, sensationell. – Schließlich will ich an den Zusammenhang zwischen basaler Sinnespflege und Stärkung der moralischen Immunkräfte erinnern, den ich in meinem Buch *Von ängstlichen, traurigen und unruhigen Kindern* eingehend beschrieben und begründet habe.

Es gehört zur Signatur der Zeit, dass viele Kinderseelen die große Frage nach der Überwindung des Bösen in sich tragen und sehr früh schon auf irritierende Weise, hin- und hergerissen zwischen Neugier und Erschrecken, ihr Interesse auf die Potenziale und Phänomene menschlicher Destruktivität richten.

Bereits in einem Alter, in dem man noch ein unerschütterliches Vertrauen in das Gute voraussetzen möchte, zumal dann, wenn die Eltern alles getan haben, um Geborgenheit und Zuversicht zu vermitteln (vgl. dazu das Kapitel «Vom Urvertrauen in die Güte» in meinem Buch *Jugend im Zwiespalt)*, entwickeln sie ein anfängliches Problembewusstsein einerseits für die Bilder, die aus den dunklen Regionen der Seele aufsteigen, andererseits für die Umtriebe des Bösen in der Welt. Gleichzeitig sind *genau diese Kinder* unerhört empfänglich für das *Gütige,* wo es ihnen schlicht, ungekünstelt, geradlinig und offenherzig entgegenkommt.

Begehen wir als Berufspädagogen oder Therapeuten nicht den fatalen Fehler, die kleinen, in gewisser Hinsicht frühreifen michaelisch gestimmten Seelen ungeprüft einer moralischen Schädigung zu bezichtigen und die Eltern vorverurteilend in Gewissenshaft zu nehmen!

Aggressive Kinder – miese Eltern?

Zweifellos können die Ursachen für kindliche Aggressionen im Elternhaus liegen. Hier sind in erster Linie zu nennen: emotionale Vernachlässigung (ich habe auf die Gefahr der inflationären Abnutzung dieses Begriffs hingewiesen), Gewalt in der Familie, unkontrolliertes Fernsehen. Dabei sollte nie vergessen werden: Kleine temperamentvolle Raufbolde, denen immer mal wieder der Gaul durchgeht, sind keine aggressiv verhaltensauffälligen Kinder! Ein gewisses Aggressionspotenzial bei Kindern aller Altersstufen ist, ob es uns gefällt oder nicht, einfach vorhanden. Aggressivität, Erstarrung (Paralyse) und Flucht sind naturgegebene Verhaltensvarianten in Konflikt- bzw. Gefahrensituationen. Das Temperament bestimmt mit, welches Reaktionsgrundmuster bei einem Kind zunächst im Vordergrund steht und ob eher eine Tendenz zur Täter- oder zur Opferrolle veranlagt ist. Nach und nach müssen dann die *kreativen*, vernunftgeleiteten Möglichkeiten der Konfliktbewältigung entdeckt und eingeübt werden: Dialog, Kompromiss, lösungsorientierte Gestaltungsideen, die richtige Mischung von Durchsetzungsvermögen und Rücksichtnahme, Verständnis für andere, Geduld, Verzeihen. Natürlich ist hierbei die Vorbildfunktion der Erziehungsverantwortlichen von großer Bedeutung. Ein Klima der gegenseitigen Wertschätzung – auch unter den Erwachsenen! – in der Familie, im Kindergarten und in der Schule trägt mehr zur Friedenserziehung bei als alle Belehrungen, Verbote und Strafen.

Darüber hinaus werden heute in der kompetenten Ratgeber-literatur (z.B. Train 1997; Haug-Schnabel 1996) folgende mögliche Hintergründe für aggressives Fehlverhalten erwähnt: unentdeckte gesundheitliche Probleme, die Schmerzen, Unwohlsein, Überforderungsgefühle oder Orientierungsunsicherheit mit sich bringen; konstitutionsbedingte Überempfindlichkeiten; allgemeiner Stress; Erzieher oder Lehrer, von denen sich die Kinder gedemütigt, zurückgewiesen, unter Druck gesetzt fühlen (vgl. dazu auch Singer 1998); Versagensängste im Zusammenhang mit Leistungsbewertungen und Leistungsvergleichen; besondere Begabungsstrukturen, die den (schul-)pädagogischen Normen zuwiderlaufen und deshalb nicht gefördert, sondern als abwegig und störend eingestuft werden; entwicklungsbedingte seelische Krisen; übertriebene Schuldgefühle und Angst vor Strafe aufgrund geringfügiger Verfehlungen, die aufzufliegen drohen (das kommt erfahrungsgemäß auch bei Kindern vor, deren Eltern eigentlich überhaupt nicht dazu neigen, harte Strafen zu verhängen oder Gewissensdruck auszuüben); soziale Spannungen innerhalb des Klassenverbandes oder im Kindergarten; Mobbing durch Mitschüler; Rangordnungskämpfe in der Peergroup; und schließlich *auch* mögliche familiäre Belastungen oder grobe Erziehungsfehler (s.o.). Den Bereich der Behinderungen im engeren Sinne lassen wir jetzt außer Acht. Aggressionsforscher weisen im Übrigen darauf hin, dass der Nachahmungseffekt «gern unterschätzt» wird. «Ein Kind kann ... auch deshalb angreifen, weil es ... erfolgreiches aggressives Auftreten ... auf der Straße, auf dem Spielplatz oder ... im Fernsehen gesehen hat» (Haug-Schnabel).

Wäre noch einmal hervorzuheben: Die Unart, *besondere* Kinder als *absonderlich* und gestört einzustufen und dadurch ihr

Selbstwertgefühl zu untergraben (vgl. das Kapitel «Werden Problemkinder im Leben scheitern?»), führt mit Sicherheit oft dazu, dass sich ein Untauglichkeitskonzept aufbaut, das schließlich in Aggressionen mündet. Aggressivität ist, wo sie über das natürliche Maß hinausgeht, im Allgemeinen eine Mischung aus Minderwertigkeitsgefühlen, Versagensängsten und ins Destruktive abirrenden – weil verkannten – kreativen Potenzialen.

Vergessen wir bei alledem nicht, dass es in einer Gesellschaft, in der das Recht des Stärkeren, der gnadenlose Konkurrenzkampf, die Verachtung der Schwachen und Verlierer sozusagen zur halbamtlichen Staatsphilosophie erhoben werden, nachgerade lächerlich ist, wenn diejenigen, die dieses Spiel mitspielen, ein großes Klagelied anstimmen angesichts der Tatsache, dass sich im Verhalten der Kinder begreiflicherweise der Ungeist der Zeit widerspiegelt. Aus der Position der Bejahung des Status quo sind heute keine substanziellen Beiträge zur pädagogischen Diskussion zu erwarten. Alle noch so gut durchdachten Konzepte der aggressionseindämmenden Erziehung sind Makulatur, wenn diejenigen, die sie ersinnen und anwenden, in ihrem Denken und Fühlen, in ihren Grundüberzeugungen und ihrem Umgang miteinander nicht beispielgebend sind für das, was sie von den Kindern erwarten. Es ist widersinnig, sich einerseits in die «große Koalition der Einverstandenen» einzureihen und eine gesellschaftliche Entwicklung aktiv mitzutragen, die dem schlichten Grundsatz folgt, «dass Gewalt sich auszahlt und edle Gesinnung das Nachsehen hat» (Gronemeyer 1996), und andererseits die Kinder und Jugendlichen von der Verwerflichkeit aggressiven, selbstsüchtigen Verhaltens überzeugen zu wollen. Allenfalls «die unappetitlichen, rohen, hässlichen Formen der Gewalt» sind heute gesellschaftlich geächtet, stellt Gronemeyer ganz richtig fest, während die «subtile Gewalt ... das Ingrediens ist, das die moderne Welt im Innersten zusammenhält». Eine allgemeine aggressive Stimmung, auch wenn sie nur unterschwellig brodelt, begünstigt bei Kindern und Jugendlichen die Bereitschaft zur offenen Gewalt. Grundhaltungen der Feindseligkeit, Missgunst, Intoleranz und Rivalität, die in sozialisierten Gewaltprinzipien ihre Entsprechung finden – Gewinner triumphieren über Verlierer; wer hat, dem wird gegeben; Versager, Schwache und Kranke dürfen der Allgemeinheit nicht zur Last fallen –, wirken auch dann aggressionsfördernd, wenn sie nicht unverhohlen proklamiert werden, sondern hinter der Fassade bürgerlicher Wohlanständigkeit versteckt sind. Deshalb sage ich wieder und wieder: Die Orte der Begegnung zwischen Erwachsenenwelt und Kindheitswelt müssen mit dem Anspruch gestaltet werden, soziale Wärmezentren inmitten der sozialen Kälte der Gegenwart zu sein; Zukunftswerkstätten, wo ein neuer Gemeinschaftsgeist gepflegt wird; wo man umeinander bekümmert und aneinander interessiert ist; wo man Schwächen zeigen und Fehler begehen darf, ohne sich schämen zu müssen; wo sich Menschen versammeln, die ganz bewusst Gegengewichte gegen die paranoide Normalität setzen, statt die Kinder an dieselbe anpassen zu wollen.

Es gibt keine wirksamere Gewaltprävention, als die Kinder in das Bemühen um eine Praxis der aktiven Toleranz, Hilfsbereitschaft und Achtsamkeit einzubeziehen. Eine pädagogische Institution, die sich nicht zugleich als sozialkünstlerisches Laboratorium versteht und nicht ganz konkret dazu übergeht, neue Formen der Zusammenarbeit, des Gesprächs und der gegenseitigen Fürsorge zu erproben, verfehlt von vornherein einen großen Teil ihres Auftrages.

Zum Schluss

1. Man kann in einem Buch nicht auf alles eingehen. Deshalb ist jetzt schon klar, dass mich Briefschreiber und Rezensenten auf verschiedene Punkte aufmerksam machen werden, zu denen ich mich im Zusammenhang mit der Elternschuldfrage unbedingt hätte äußern müssen. Viele Einzelfragen behandle ich in Vorträgen und Seminaren. Wer Interesse hat, kann sich erkundigen. Außerdem habe ich mich in früheren Schriften oft zu diesem Thema geäußert. Beispiele: Das Kapitel «Was haben wir nur falsch gemacht» in *Jugend im Zwiespalt*; das Kapitel «Ein Exkurs zur Frage nach Ursache und Schuld» in *Vom Rätsel der Angst;* das Kapitel «Der ‹werterkennende Blick›» in *«Schwierige» Kinder gibt es nicht;* das Vorwort zur Neuausgabe 1995 in *Die stille Sehnsucht nach Heimkehr.* Im Übrigen nehme ich hoffnungsfroh an, dass mir noch Kraft und Zeit für einige weitere Bücher bleibt.[91]

2. Ich glaube und hoffe, dass die Gedanken dieses Buches zu einem Einstellungswandel beitragen können bei Eltern, aber auch bei LehrerInnen und ErzieherInnen, die sich mit Schuldgefühlen plagen, obwohl sie den ihnen anvertrauten Kindern von Herzen zugetan sind und ihr Bestes geben. Es schien mir angebracht, den Text so gestalten, dass ich nicht sozusagen mit der Tür ins Haus falle, sondern zunächst sorgfältig den Hintergrund ausleuchte, um erst dann direkt auf die Kernfrage zuzugehen. Meine treuen Leser sind ja mit dieser Vorgehensweise schon ver-

traut. Es ging mir darum, eine Fülle von unterschiedlichen Wahrnehmungen und widerstreitenden Empfindungen auf ein bestimmtes Motiv hin – Hans Müller-Wiedemann, dem ich die entscheidende Anregungen verdanke, betonte unermüdlich die «Schicksalsabsichten» der sich inkarnierenden Individualität; ich bevorzuge den Ausdruck «biografischer Richtungsimpuls» – zu ordnen, welches zugleich ein Angebot zum Perspektivenwechsel ist, um dann, im Finale sozusagen, Schlussfolgerungen in Hinsicht auf das Leitthema «Schuldgefühle» zu ziehen.

3. Auf Eltern, die ihre Kinder tyrannisieren, schlagen, missbrauchen oder denen sie nur lästig sind, bin ich – außer in dem Kapitel «Gleichgültigkeit, Abneigung, Gewalt» und andeutungsweise im Zusammenhang mit der Resilienzforschung («Werden Problemkinder im Leben scheitern?») – nicht eingegangen, weil ich zu diesen gottlob immer noch seltenen Fällen nichts anderes zu sagen weiß, als dass sie mich fassungslos machen und alles getan werden muss, um die betroffenen Kinder in eine Obhut zu geben, wo die Chance besteht, dass ihre Wunden wieder heilen.

Ich will an dieser Stelle ganz persönlich (!) meine in langem inneren Umgang mit dem Thema gewonnene Überzeugung zum Ausdruck bringen, dass die höhere Weisheit, aus der heraus die Kinderseele ihren Inkarnationsentschluss fasst, eine mit dem gewöhnlichen, körpergebundenen Selbstgefühl, mit dem Vorstellungsleben im Raum-Zeit-Kontinuum – in der Sphäre der Sterblichkeit – überhaupt nicht vergleichbare Bewusstseinsverfassung ist. Viele auf der Erde uns beherrschende Emotionen und Handlungsantriebe (Todesangst, egoistische Selbstbezogenheit, Gewinn-, Besitz- und Bedeutungsstreben etc.) sind dort, wenn überhaupt, nur in Spuren vorhanden. Andere Seelenhaltungen hingegen, die im körperhaften Sein zunächst weit zurücktreten (der reine Wille zum Guten, bedingungslose Liebefähigkeit, Leidensbereitschaft im tiefen Vertrauen auf die Führung des Engels, weit über die kleine Lebensstrecke gedehntes Zeitmaß, unerschrockenes Verhältnis zum Tod, dafür umso größere Erschrockenheit angesichts des Wirkens der Mächte der Lieblosigkeit im Erdenraum), stehen dort ganz im Vordergrund. Vielleicht hilft diese Überlegung nachzuvollziehen, dass selbst in die dunkelsten, aussichtslosesten Szenarios Kinderseelen hereinströmen, um «das graue Gesicht der Menschenerde licht (zu) machen», wie es Martin Buber (1998) ausdrückte.

Auch bitte ich, in dem folgenden Punkt recht verstanden zu werden: Es fällt mir nicht ein, in Abrede zu stellen, dass sich ein Kind genau so, wie es die Muttersprache aufnimmt, zunächst auch an der Sprache des elterlichen Verhaltens, der elterlichen Wesensart orientiert und bis in die feinen leiblichen Strukturen hinein davon beeinflusst wird. Nur darf man dies nicht als irreversiblen Einprägungs-Vorgang auffassen. Führende Entwicklungspsychologen sind längst darauf aufmerksam geworden, dass in der Nachahmung von Anfang an ein erstaunlicher «selektiver Mechanismus» wirksam ist, durch den aus dem Angebot an Umwelteinflüssen gewissermaßen ausgewählt wird. In Wahrheit ist das natürlich kein Mechanismus, sondern das genaue Gegenteil, nämlich eine die mechanischen Vorgänge individuell modifizierende Kraft: der Genius. Anders als zu Lebzeiten Rudolf Steiners weiß man heute außerdem, dass die neuronale Plastizität, d.h. die Veränderbarkeit von Hirnstrukturen, bis ins Alter erhalten bleibt. Das bedeutet nichts anderes, als dass der Genius zeitlebens, ganz besonders aber in den Kindheits- und Jugendjahren, dazu fähig ist, im Zusammenspiel mit den Umwelteinflüssen dasjenige, was früher angelegt wurde, bis ins Leibliche hinein wiederum umzubilden.

4. Einem häufig geäußerten Wunsch entsprechend habe ich mich diesmal so allgemein verständlich wie möglich ausgedrückt, streckenweise auf Kosten der Genauigkeit. Einiges, was der gründlichen Herleitung bedürfte, ist in Bildern dargestellt, die als unzulässige Vereinfachungen kritisieren wird, wer eine hohe gedankliche Messlatte anlegt. Aber nachdem *Vom Ursprung der Sehnsucht* von vielen als zu abstrakt empfunden wurde und das Bonmot die Runde machte, «Schwierige Kinder gibt es nicht – aber schwierige Bücher schon», glaubte ich, den Versuch wagen zu dürfen, statt eines stringent durchgeführten Gedankenweges (was nicht ohne komplizierte Erörterungen abgegangen wäre) sozusagen ein Mosaik aufzubauen, d.h. aus Einzelteilen – Erörterungen, aphoristischen Gedankensplittern, poetischen Miniaturen, Zitaten – ein Ganzes zusammenzusetzen, das allmählich Gestalt annimmt.

5. Rezeptartige Erziehungsratschläge finden Sie in diesem Buch nicht, davon gibt es mehr als genug. Aber Sie finden eine Fülle von Hinweisen auf Phänomene, die gewöhnlich gar nicht oder nur ganz am Rande gewürdigt werden, sowie, anknüpfend an meine früheren Bücher, weitere Meditations-, Übungs- und Gestaltungsanregungen, die geeignet sind, die innere Ebene der Beziehungspflege zu eröffnen. Je besser wir uns dort bewegen lernen, desto überflüssiger werden Rezepte. Man kann im Grunde sehr einfach ausdrücken, was Erziehung ist:

> An das Kind denken.
> Mit dem Kind fühlen.
> Für das Kind handeln.

6. Wussten Sie, dass es die meisten Kinder sehr lieben, wenn man ihnen von früher erzählt? Von ihren originellen Eigenheiten in der Kleinkindzeit; von der Art, wie sie sprechen lernten; welche Worte sie zuerst sagen konnten; wie und womit sie am liebsten spielten; welche Verse und Geschichten ihnen am besten gefielen; welche Bemerkungen sie dazu machten; wogegen sie sich sträubten; von Krankheiten, Tollpatschigkeiten und plötzlichen, erstaunlichen Entwicklungsschritten; wie es bei ihrer Geburt zuging; wie Vater und Mutter einander kennen lernten; und so weiter. Nehmen Sie sich ein- oder zweimal in der Woche regelmäßig ein halbes Stündchen Zeit, um von früher zu erzählen.

7. Wann haben Sie zuletzt für Ihr Kind eine Geschichte erfunden?

Es ist gar nicht so schwer! Sie kreieren eine kleine Hauptfigur, von der Sie meinen, Ihr Kind werde sich gern mit ihr identifizieren. Und nun lassen Sie diese Gestalt allerlei Abenteuer und Prüfungen erleben.

8. Wandern Sie gelegentlich in Gedanken zurück zur Stunde der Geburt des Kindes. Vergegenwärtigen Sie sich die Szene in der Erinnerung so genau wie möglich.

Sie waren vermutlich hin- und hergerissen zwischen Glücksgefühlen und Niedergeschlagenheit, Erleichterung und unsäglicher Erschöpfung.

Aber da gab es noch etwas anderes: Momente, in denen Sie nur von einem großen *Erstaunen* erfüllt waren.

Sie blickten Ihr Kind an und waren bis tief innen hinein *verwundert*.

Es kam Ihnen so vor, als träumten Sie; als sei das alles gar nicht möglich: Auf einmal war dieses Menschlein da! Dieses bei aller

Vertrautheit doch so fremde, verwetterte kleine Gesicht! Wissen Sie noch?

Spüren Sie diese Gefühlsmomente in der Erinnerung auf und halten Sie sie fest. Es gibt Zeiten im Leben mit Kindern, da muss die erste Begrüßung wiederholt und bekräftigt werden ...

Anmerkungen

Wie schon in meinen letzten Büchern haben auch hier eine Reihe von An-
merkungen aphoristischen Charakter und stellen eine wichtige Ergänzung des
Textteils dar. Damit sich der Leser im Hinblick darauf leicht orientieren kann,
sind die betreffenden Anmerkungen mit kurzen Überschriften versehen.

1 In *Springerin,* Hefte für Gegenwartskunst, Heft 4, 1999/2000.

2 **«Befleckte» und «unbefleckte» Empfängnis. Schwangerschaftsabbruch**
Die sexualfeindliche Interpretation des Geschlechtsaktes – auch wenn er
in gegenseitiger Zuneigung vollzogen wird – als Befleckung der Jungfrau
durch den Mann gehört glücklicherweise der Vergangenheit an. Unbefleckte Empfängnis war nach dieser Auffassung *Zeugung ohne körperliche*
Vereinigung. Demnach hatten alle Kinder dieser Erde (außer Jesus) als *in*
Sünde gezeugte zu gelten. Wenn diese nie und nimmer *christliche* Vorstellung ausscheidet, könnte man auf entwürdigende *Umstände* der biologischen Zeugung abheben. Aber bleibt nicht die Empfängnis in der spirituellen Dimension auch davon unberührt? Das Ereignis des Schwellen-
übertritts einer sich verkörpernden Seele kann essenziell so wenig
befleckt – was ja wohl heißen soll: im moralischen Sinne unrein – sein
wie der Augenblick des Todes. Auch dieser muss von den Umständen
unterschieden werden, unter denen er eintritt. Tod und Empfängnis
sind die unfasslichen Augenblicke, in denen das Raum-Zeit-Kontinuum
aufbricht und die Engel «Felder der Aktivität … und Verbindung» zwischen dieser und jener Welt schaffen, wie es Matthew Fox und Rupert
Sheldrake (siehe Literatur) ausdrücken. Gegenüber der Majestät des Todes als «Grund und Abgrund des Denkens» (Günter Schulte in seinem
Buch *Philosophie der letzten Dinge)* hört alles Rechten und Bewerten auf
Man kann sich nur noch stumm verneigen. Das ist eine Urerfahrung der
spirituellen Demut. Es gibt unwürdige Todesumstände, aber keinen un-

würdigen Tod. Der Tod ist ehrfurchtgebietend. Immer. Und das gilt auch für das Schwellenereignis am Gegenpol, die Empfängnis, mit Maria Montessoris Worten der «Vorgang der Fleischwerdung», der «die wunderbare Überraschung der Individualität» in sich birgt. Schlicht gesagt: Das Kind ist *rein,* gleich unter welchen Umständen es gezeugt wird. Daraus lässt sich – wohlgemerkt – keine prinzipielle Stellungnahme zur Frage des Schwangerschaftsabbruchs ableiten. Dass eine rational unerklärliche Tragik darin liegt, bestätigen die meisten Frauen, die es getan haben. Aber manchmal scheint keine andere Wahl zu bleiben. Das Problem ist so ernst und vielschichtig, dass ich mich (nur so viel sei hier gesagt) weder den unbarmherzigen Moralkeulenschwingern noch den gnadenlos pragmatischen Verharmlosern anschließen kann, für die es keinen grundsätzlichen Unterschied macht, ob man Unkraut jätet oder einen sich bildenden Menschen entfernt.

3 **Karma – Freiheit – soziale Frage**

Rudolf Steiner hinterließ a) eine umfassende Darstellung karmischer Zusammenhänge, b) eine Pädagogik der individuellen Wesensentfaltung, c) eine pointiert auf den Freiheitsanspruch des *Einzelnen* und die Verpflichtung der Gemeinschaft gegenüber dem Individuum (nicht umgekehrt) abhebende Sozialmethodologie (Dreigliederung des sozialen Organismus), d) einen epochalen freiheitsphilosophischen Entwurf (ethischer Individualismus). – Schaut man dies alles zusammen, wird deutlich, dass die anthroposophische Aktualisierung der im amtskirchlichen Christentum verschütteten Wiederverkörperungsidee völlig fehlinterpretiert wäre, wenn man sie so auffasste, als könnten mit Hinweis auf die *Wahl* des «Grundrisses der Lebensweise» Ungerechtigkeiten, strukturelle Ungleichheiten, Repressalien, soziale Benachteiligungen etc. spirituell legitimiert werden. Wir sind alle füreinander verantwortlich. Im Zentrum des anthroposophisch verstandenen Solidaritätsbegriffs steht die konkrete Utopie der *Freiheitsgestalt des sozialen Organismus* (Wilhelm Schmundt). Da frei immer nur der Einzelne sein kann, heißt dies nichts anderes, als dass die gesellschaftlichen Verhältnisse einschließlich des Schul- und Bildungswesens so einzurichten wären, dass jeder die bestmöglichen Voraussetzungen hätte, um wirklich *sich zu wählen* – was also nicht in der Stunde Null *unwiderruflich geschieht* und dann nur noch seinen vorherbestimmten Lauf nimmt, sondern zeitlebens *immer aufs*

Neue zu leisten ist und durch die Lebensumstände erleichtert, erschwert, ja sogar vereitelt werden kann. Ob der Einzelne den Platz findet, an dem er *seiner* Berufung folgen und gemäß *seinen* Begabungen wirken kann, hängt nicht zuletzt von der Mitwelt ab, einerseits im Kleinen – man muss gelegentlich erkannt werden, um sich selbst zu erkennen –, andererseits im Großen: Bieten die gesellschaftlichen Strukturen genügend Freiräume für Selbstentfaltung? Besteht wirkliche Chancengleichheit? Was sieht der *contrat social* für die Gescheiterten, Entgleisten, Mittellosen, Benachteiligten vor? Werden sie aufgefangen? Haben sie die Möglichkeit, neu zu beginnen? Werden auch hervorragende Begabungsstrukturen erkannt und gefördert, die nicht in das vordergründige Konzept von nützlicher Arbeit passen? Und so weiter. Damit ist aber zugleich klar, dass diejenigen, die in der gesellschaftlichen Hierarchie den «Bodensatz» bilden, dieses Los nicht kurzerhand auf sich genommen haben (wie es Platon noch sah). Es ist durchaus möglich, dass der *Genius* z.B. ein Leben in materieller Bescheidenheit wählt. Wer ohne Scheuklappen durch die Welt geht, ist Menschen begegnet, denen, solange sie nur das Nötigste zum Leben hatten, Geld zutiefst gleichgültig war oder die lukrative Chancen ausschlugen aufgrund eines tiefen ethischen Vorbehalts gegen die Aussicht, zu den Wohlhabenden aufzusteigen. Aber niemand kommt mit der Absicht zur Welt, ein sinnleeres Leben zu fristen, sich überflüssig und wertlos zu fühlen, jahrzehntelang auf der Stelle zu treten bzw. in eine Lage zu geraten, in der er von allen geistigen Interessen, kreativen Impulsen und Zukunftsvisionen abgeschnitten ist. Diejenigen, denen dies geschieht, können nicht unbedingt von jedem Eigenverschulden freigesprochen werden, aber ganz gewiss sind sie Leidtragende gesellschaftlicher Missstände, nicht zuletzt eines geisttötenden Bildungs- und Ausbildungswesens, in dem die Menschen sich selbst fremd werden. Oft scheinen dann Sucht, Gewalt, Kriminalität die einzigen Möglichkeiten zu sein, der Resignation noch etwas entgegenzusetzen. Wer sich nicht konstruktiv einbringen kann, tut es destruktiv; alles ist besser als in eintönigem Grau ohne Aussicht auf Licht und Farbe dahinzuleben. – Die moderne, an die christlich-esoterische Tradition anknüpfende Idee des *paradeigma*, des inneren Bildes künftiger Entfaltetheit, ist also ganz und gar nicht fatalistisch, sondern im eminentesten Sinne sozialethisch relevant.

4 Diese Spur wird namentlich in den Kapiteln über die Psychologie des Genius weiterverfolgt.

5 Wie ein Fanal brennt an der Schwelle zum 17. Jahrhundert (17. Februar 1600) der Scheiterhaufen, auf dem Giordano Bruno (geb. 1548) den Tod findet, der ehemalige Dominikanermönch, der das Unmögliche versucht hatte: den alten Glauben an die alles beherrschende, alles beseelende, allgütige Gottheit mit der aufkommenden neuzeitlichen Kosmologie zu verbinden, den Bruch also abzuwenden. Bruno meinte dies in Opposition zum Christentum tun zu müssen, zurückgreifend auf naturreligiöse Traditionen und vorgreifend auf moderne kybernetische Vorstellungen. Der grimmige Versuch eines Brückenschlags zwischen Zukunft und Vergangenheit wurde in Rom mit der sterblichen Hülle des Brückenbauers symbolisch zunichte gemacht. – Ich betone, dass die Diagnose «spirituelle Orientierungslosigkeit», was die damalige Zeit betrifft, keine negative Wertung enthält. Rom repräsentierte längst nicht mehr das Christentum, sondern hatte alle, die es retten wollten, brutal zum Schweigen gebracht. Der Humanismus konnte nur im Durchgang durch eine lange Periode des Abgeschnittenseins von spirituellen Erfahrungsquellen und der Zurückweisung klerikaler Machtansprüche errungen werden.

6 **Christus-Impuls und Kindheitsidee**
Dort versuche ich andeutungsweise zum Ausdruck zu bringen, dass die für unsere Zeit geweissagte Wiederkunft Christi «in den Wolken», also im geistatmosphärischen Erdumkreis, vielleicht doch kein Ammenmärchen ist, sondern gedacht werden kann als ein *Wärmefeld* oder eine Zone reiner, wesenhafter Liebe-Substanz im *Grenzgebiet* (Johannes Stüttgen spricht im *Beuysnobiscum* – siehe Literatur – mit Blick auf das Todesereignis von «Überzeit» und «Gegenraum», was sich, ohne den gedanklichen Kontext zu verlassen, auch auf das polare Schwellenereignis übertragen lässt), wo sich jede Kinderseele unmittelbar «vor» der Empfängnis aufhält. Um diesen Gedanken vom Verdacht wilder unwissenschaftlicher Spekulation zu befreien, ist freilich eine intensive begriffsklärende Vorfeldarbeit nötig, die an dieser Stelle nicht geleistet werden kann. Ich habe mich aber in meinen früheren Veröffentlichungen bemüht, in klaren Denkschritten zu zeigen, inwiefern von einem übersinnlichen, präkonzeptionellen Ursprungs-«Ort» der Sehnsucht nach Freiheit und Lie-

be nicht nur ausgegangen werden *kann,* sondern – Vorurteilslosigkeit vorausgesetzt – eigentlich *muss.* – Mir scheint, dass immer mehr Kinder mit einer geradezu halsbrecherischen Liebefähigkeit und -bereitschaft zur Welt kommen, was in merkwürdigem Kontrast dazu steht, dass sie in eine Ära der ahrimanischen Eskalation (Macht der Maschine; organisierte Lieblosigkeit) hineingeboren werden. Diesem Bild zufolge wäre die angekündigte Scheidung der Geister voll im Gange, und zwar so, dass zunehmend die *Kinder* und diejenigen Erwachsenen, die sich mit ihnen verbünden, den Christus-Impuls repräsentierten. Der ahrimanische Gegenzug besteht u.a. darin, dass Christus-inspirierte neue Begabungsstrukturen als Beschädigungen diffamiert und mit wesensverändernden, therapeutisch genannten Techniken und Substanzen bekämpft werden.

7 Vor diesem Hintergrund kann die eigentümliche Tatsache, dass viele Kinder sich schon in frühen Jahren für ihre Eltern mindestens so *zuständig* fühlen wie diese für sie und schon Drei-, Vierjährige *Schuldgefühle* entwickeln, wenn es ihnen nicht gelingt, von Mutter und Vater Unheil abzuwenden, in neuem Licht erscheinen: Verantwortung für die erwählten Schicksalsbegleiter steht *am Anfang* und ist möglicherweise (nach meinem Dafürhalten ganz gewiss!) ein ausschlaggebender Beweggrund für den Entschluss des Zur-Welt-Kommens.

8 Vom ersten Tag an sind alle Entwicklungsschritte des Kleinkindes darauf angelegt, den Leib zum Ausdrucksorgan a) des Gestaltungsdranges, b) des Mitteilungsdranges zuzubereiten. Urphänomenal steht hierfür der Spracherwerb. Vgl. dazu Georg Kühlewind, *Der sprechende Mensch,* Vittorio Klostermann, Frankfurt a. M. 1991).

9 Näheres dazu in meinem Buch *Vom Ursprung der Sehnsucht* (siehe Literatur).

10 **Kreativität und Destruktivität**
Psychoanalytisches Denken unterstellt, kreatives und soziales Handeln sei sublimierte (veredelte) Aggressivität. Halten wir einen Moment inne. *Wer* veredelt *was?* Der Veredelnde muss *vor* oder *über* dem veredelungsbedürftigen Gegenstand sein. Es ist widersinnig, den Veredelnden (Intention, Aktivität) als ein resultatives Epiphänomen dessen zu betrachten, was er veredeln wird (Angriffsfläche, Gestaltungsraum). Zuerst ist also der Veredelnde da und stößt auf das Zu-Veredelnde. Der Veredelnde ist der Begütigende. Was begütigt er? Das Weltverhältnis. Dieses ist

zunächst weder destruktiv noch konstruktiv, sondern *fragend, suchend, gestaltungsoffen*. Die begütigende Ur-Motivation trifft fragend und suchend auf einen gestaltungsoffenen, zur Gestaltung auffordernden Raum. Nur wenn sie dort zurückprallt, in die Enge gerät, bedroht wird, ins Leere läuft, schlägt sie in Destruktivität um. Jetzt haben wir den psychoanalytischen Grundsatz vom Kopf auf die Füße gestellt: Kreatives und soziales Handeln verdankt sich nicht der Veredelung eines Rohzustandes der Zerstörungslust, sondern destruktive Tendenzen rühren daher, dass sich kreative und soziale (begütigende) Handlungsimpulse verzerren und in ihr Gegenteil umschlagen. Natürlich haben auch diejenigen Recht, die es etwas anders beschreiben, indem sie zwischen Aggressivität und Destruktivität unterscheiden und geltend machen, dass am Anfang das Zugreifenwollen als wertfreier, quasi aggressiver Drang steht, der für sich genommen noch lange nichts Zerstörerisches habe. Man muss eben nur berücksichtigen, dass dieser Drang im Kern ein *Gestaltungs*drang ist, der sich zwar in die Destruktivität *verirren* kann, aber nicht primär auf Destruktion (Entstaltung) angelegt ist und in sein Gegenteil veredelt werden müsste.

11 Hölderlin ist dafür ein Beispiel, auch Beethoven. Von ihm wird, ebenso wie von Georg Trakl und anderen, noch die Rede sein. Für die zweite Hälfte des 20. Jahrhunderts ist besonders Samuel Beckett hervorzuheben. Wer sich z.B. sein Stück *Das letzte Band* ansieht oder den Roman *Der Namenlose* liest, weiß, wovon ich spreche.

12 Wie eng beieinander der Tiefpunkt der spirituellen Resignation («Gott ist tot») und die Hymne auf den freien Menschen lagen; wie in der tiefsten Finsternis der Gottverlassenheit eine neues, wiederum zur spirituellen Bewahrheitung hindrängendes Individualitätsverständnis aufblitzen konnte, wird in den Schriften des Individualanarchisten Max Stirner deutlich (siehe Literatur). Dass Rudolf Steiner ausgerechnet bei *ihm,* diesem, wie es scheinen mag, Erz-Atheisten und Vorsänger der schrankenlosen Ich-Bezogenheit anknüpfte – auch wenn er ihn später, unter anderen Gesichtspunkten, wiederum kritisierte –, ist der beste Beleg für Steiners intellektuelle Redlichkeit.

13 Einen guten, unparteiischen Überblick gibt Andreas Flitner in seinem Buch *Reform der Erziehung* (1996), wo zwar Rudolf Steiner nicht vorkommt, dies aber in der Einleitung mit der Notwendigkeit begründet

wird, die Waldorfpädagogik als «große Synthese» gesondert zu behandeln.

14 Vgl. Jean Paul Sartre, «Der Existenzialismus ist ein Humanismus», in: *Gesammelte Werke, Philosophische Schriften I, Band 4* (Reinbek 1994).

15 «Wer das einzelne Individuum verstehen will, muss bis in dessen besondere Wesenheit dringen und nicht bei typischen Eigentümlichkeiten stehen bleiben. In diesem Sinne ist jeder einzelne Mensch ein Problem. Und alle Wissenschaft, die sich mit abstrakten Gedanken und Gattungsbegriffen befasst, ist nur eine Vorbereitung zu jener Erkenntnis, die uns zuteil wird, wenn uns eine menschliche Individualität ihre Art, die Welt anzuschauen, mitteilt, und zu der anderen, die wir aus dem Inhalt ihres Wollens gewinnen» (Rudolf Steiner in *Die Philosophie der Freiheit*, Kapitel «Individualität und Gattung»).

16 «Wenn wir einem Menschen gegenüberstehen, dann nehmen wir (sein) Ich selber wahr. (Wir müssen) einen besonderen Ich-Sinn, einen Sinn für die Ich-Wahrnehmung (des Anderen, H. K.) statuieren. Indem wir (diesen Sinn betätigen), gehen wir am meisten aus uns selbst heraus.» Auf diese Weise stellen sich von Angesicht zu Angesicht «Intuitionen, tingiert mit Wesenhaftem» ein. – In Bezug auf diese von R. Steiner (GA 199) beschriebene Wahrnehmungsqualität befinden wir uns heute, wenn wir nicht bewusst übend Abhilfe schaffen, in einem Zustand der Seelenblindheit, der uns namentlich im pädagogisch-therapeutischen Bereich im Dunkeln tappen lässt.

17 Ich habe mich über das Problem des Verlustes der elementaren Erlebnisfelder unter pädagogischen, sinnes- und entwicklungspsychologischen, auch religiösen Gesichtspunkten ausführlich geäußert, u. a. in *Flensburger Hefte*, Themenheft 50 (Erziehung) und in meinem Buch *Von ängstlichen, traurigen und unruhigen Kindern* (siehe Literatur).

18 Gemeint ist die Skulptur *7000 Eichen*, Dokumenta 7 (1982). Vgl. dazu das gleichnamige Buch (Verlag der Buchhandlung Walter König, Kassel 1987), sowie Beuys, Blume, Rappmann, *Gespräche über Bäume*, Wangen 1994 (FIU).

19 Kaum mehr ein vernünftiger Pädagoge bestreitet heute, dass die Erlebnisverarmung im basalen Sinnesfeld große Probleme aufwirft. Nur Teilen der psychomedizinischen Expertenschaft bleibt es vorbehalten, ungeachtet des erdrückenden phänomenologischen Indizienmaterials über

die «Unbewiesenheit» dieser Behauptung zu lamentieren, etwa im Hinblick auf das so genannte Aufmerksamkeits-Defizit-Syndrom, das sie so schrecklich gern als genetisch bedingte Stoffwechselstörung verbuchen würden. Es handelt sich aber nicht um eine funktionelle Anomalie (das wäre so schön einfach!), sondern um das Zusammentreffen einer besonderen Begabungsstruktur mit Lebensverhältnissen, in denen sie sich – nicht immer, aber oft – aus nachvollziehbaren Gründen verzerrt. Zu diesen nachvollziehbaren Gründen gehört der Verlust der elementaren Erlebnisfelder und Bewegungsanreize.

20 Vgl. z.B. GA 193, 5. Vortrag, GA 296, 5. Vortrag. Steiner zufolge ist sowohl der Vorgang des Sich-Verbindens des Geistig-Seelischen mit dem Physisch-Naturhaften tendenziell «tragisch», als auch die Konfrontation des vom Himmel herabsteigenden Geistes mit der spirituellen Verödung der Zeit, wörtlich: mit dem, «was die in materialistische Gesinnung … und auch in materialistisches Tun getauchte Menschheit auf der Erde durchmacht» (GA 193).

21 **Die pädagogische Bedeutung des sozialen Engagements**
Mäeutik = geistiger Hebammendienst. Diesen leisten Menschengemeinschaften, in denen der Geist der gegenseitigen Hilfe, der praktizierten Nächstenliebe spürbar – in Stimmung, Wort und Tat – waltet. Jede Familie, jeder Kindergarten, jede Schule sollte heute nicht nur aus allgemeinen ethischen, sondern auch aus pädagogischen Gründen in irgendeiner Weise an sozialen Projekten beteiligt sein oder bedürftige Menschen unterstützen und die Kinder daran erlebend – und in gewissem Umfang tätig mitwirkend – teilhaben lassen. Es müssen keine großen Dinge sein. Für die alten Leute im nahe gelegenen Altersheim malen, singen, basteln; einen alleinstehenden, vereinsamten Menschen als regelmäßigen Ehrengast zu den großen festlichen Ereignissen des Jahres einladen, Solidaritätspartnerschaft mit einem Kindergarten, einer Schule in Osteuropa: Worauf können wir verzichten, um den Freunden dort etwas zukommen zu lassen? Was können wir unternehmen, um Geld für sie zu sammeln? Und so weiter. Dem sozialen Unternehmungsgeist sind keine Grenzen gesetzt. Es gibt *immer* Möglichkeiten. – Natürlich sind auch die zwischenmenschlichen Umgangsformen *innerhalb* der jeweiligen Gemeinschaft wichtig. Gehen wir achtsam miteinander um? Die Kinder lassen sich nicht täuschen. Sie

nehmen genau wahr, ob wir uns umeinander bemühen, füreinander interessieren oder nicht.

22 **Anthroposophie und Existenzialismus**

Das mag verwegen klingen, aber es ist der Existenzialismus, der *die Freiheit des Menschen, sich selbst zu entwerfen,* radikal setzt. Durch die Aufhebung des Dualismus zwischen Diesseits und Jenseits wird jede Art von Determination oder externer Zielbestimmung ausgeschlossen: Wir sind zur Freiheit «verurteilt». Diese Prämisse kann in eine nihilistische Stimmung münden, insofern man absolute Autonomie als absolute Einsamkeit im Angesicht des unausweichlichen Todes definiert: Jeder individuelle Sinn-Entwurf endet im Nichts. Aber das ist nur eine Möglichkeit. Was die Freiheitsfrage und den monistischen Ansatz betrifft, war Steiner im eminentesten Sinne Existenzialist. Aber er destillierte aus der Tragik der Geworfenheit (vgl. Anm. 20) einen Gedankenweg zum ungeborenen (!) existenziellen Kern. Da nicht im banalen Sinne vergehen (sterben) kann, was gar nicht angefangen hat bzw. in der Anfänglichkeit verbleibt, war der Bann gebrochen, *ohne* Rückfall in eine dualistische Metaphysik. Die große philosophische Herausforderung ist nun die Frage: Was tue Ich, der Ungeborene, in der Zeitenthobenheit, während ich (derselbe!), der Geborene, meine Zeit verlebe, das heißt: sterbe? Die Tatsache, dass diese Frage überhaupt gestellt werden kann, ist schon die erste Antwort.

23 Bevölkerungsstatistisch verschiebt sich das Verhältnis zwischen älteren / alten Menschen und Kindern / Jugendlichen immer mehr zu Ungunsten der Letzteren.

24 Die beiden Zitate stammen aus der Sammlung «9000 Zitate aus drei Jahrtausenden», Hrsg. Christian Greiff, Pawlak-Verlag (ohne Jahresangabe).

25 Hartmut von Hentig hat den Begriff in seinem Essay «Kreativität – Hohe Erwartungen an einen schwachen Begiff» (München/Wien 1998) dankenswerterweise hart auf den Prüfstand gestellt. Dass er in diesem Zusammenhang die Ideen Joseph Beuys' nicht diskutiert, ist freilich ein unverzeihliches Versäumnis, so ähnlich, als würde man in einem Buch über die wichtigsten pädagogischen Denker der letzten Jahrzehnte Hartmut von Hentig unerwähnt lassen. Seit Beuys steht eigentlich der alte, verschwommene Kreativitätsbegriff gar nicht mehr zur Debatte, denn

Beuys hat den Ursprungscharakter, das Substanzielle des anthropologischen Phänomens herausgearbeitet, das man u.a. als Kreativität bezeichnen kann.

26 Das gibt mir einmal Gelegenheit, wenigstens in einer Fußnote zu sagen, dass ich keinen Grund sehe, meinen herzlichen Anti-Amerikanismus zu leugnen, auch wenn man sich damit neuerdings dem absurden Verdacht aussetzt, mit rechtsextremen Kräften gemeinsame Sache zu machen. Früher galt Anti-Amerikanismus als Charakteristikum der Neuen Linken, bis die Neue Rechte Begriff und Habitus okkupierte, und nun werden große Teile der Linken plötzlich Amerika-freundlich oder doch zumindest sehr nachsichtig mit dem Weltzentrum des Militarismus und Turbokapitalismus, um nur ja nicht mit den Verfechtern eines chauvinistischen «europäischen Weges der nationalbewussten Vaterländer» in einen Topf geworfen zu werden. Für mich ist dieses ganze Lager-Hickhack uninteressant (obwohl ich mich bekanntlich auf meine Weise zur anarchistisch-pazifistischen Linken zähle). Man mag nehmen, was man will – Philosophie, Musik, Literatur, Politik, Justiz, Pädagogik, Religion –, der US-amerikyanische Mainstream-Einfluss führt zur geistigen Verflachung, sozialen Abstumpfung und – was das Gefährlichste ist – kriegsgewogenen Gesinnung. – Wenn mir von irgendwoher unablässig und penetrant der sagenhafteste Schwachsinn aufgedrängt wird, werde ich mich wohl dagegen verwahren dürfen. Auch hindern mich die entsetzlichen Vorgänge im Europa des 20. Jahrhunderts, namentlich die von Deutschland ausgegangenen, nicht, die Vereinigten Staaten von Amerika, wie sie sich heute präsentieren, als ein aggressives, intolerantes, mitleidloses Land zu bezeichnen. Dass es das «andere Amerika» der Menschenrechtsorganisationen und einer unerhört kreativen, brodelnden künstlerischen und spirituellen Subkultur gibt, ist mir dabei völlig bewusst.

27 **Bedeutet Erwachsenwerden Höherentwicklung?**
Wir entwickeln uns, wenn ich es einmal etwas überspitzt ausdrücken darf, von unserem menschlichen (kindlichen) Wesen aus *abwärts* in eine immer menschenunähnlichere spirituelle Verarmung, emotionale Vermauerung und egoistische Verengung. Das lehne ich nicht etwa ab, ganz im Gegenteil. Der Einzelne kann sich nur zu seinem individuellen Freiheitswesen durcharbeiten, wenn er das gnadenhalber ihm geschenkte

uranfängliche Freiheitswesen – seine unversehrte MENSCH-Ebenbild-
lichkeit – *aufgibt,* zur Disposition stellt, man könnte auch sagen: seinen
nicht-menschlichen *Schatten* annimmt, integriert und verwandelt. Nur
muss, allein schon um der Klarheit der Begriffe willen, das unsinnige
Gerede aufhören, die unvermeidliche entmenschlichende Abwärtsbewegung sei eine Emporentwicklung. In der Talsohle, am Wendepunkt
(man befindet sich nicht nur einmal im Leben dort) bietet sich die
Chance des Aufbruchs in eine neue, nunmehr errungene, dem Dunkel
abgerungene Freiheitserfahrung. Wir haben als Pädagogen dafür zu sorgen, dass die entmenschlichende, entfremdende Abwärtsbewegung, die
dem Kind nicht erspart bleibt, gewissermaßen glimpflich abgeht. Sie
geht dann glimpflich ab, wenn wir dem Kind helfen, aus dem uranfäng-
lichen Reservoir seines unverdunkelten Menschentums genügend Substanz zu schöpfen, sich zu erhalten und mitzunehmen, um später, wenn
die *religio* abreißt, von diesem Kapital zehren, es (geistig) gewinnbrin-
gend anlegen und vermehren zu können.

28 Vgl. dazu meinen Beitrag «Die Idee der Kindheit» in der Zeitschrift
Seelenpflege, Michaeli 1999.

29 **Simple Reinkarnationsvorstellungen**
Diese simple Vorstellung verlängert sozusagen das Raum-Zeit-Kontinuum des gewöhnlichen, körpergebundenen Bewusstseins rückwärts (vor
die Geburt) und vorwärts (über den Tod hinaus). Sie will das Unermessliche mit den Maßeinheiten der leib-haftigen Wahrnehmungswelt vermessen; das Denken in Kausalketten und Quantitäten unternimmt den
grotesken Versuch, die Welt der a-kausalen, überzeitlichen (!), rein qualitativen (wesenhaften) Beziehungen, Sinnzusammenhänge und Ver-
wandlungen seiner Gesetzesmacht zu unterwerfen. In Hinsicht auf die
Ungeborenheit lässt sich der erste Schritt über das untaugliche intellektuelle Instrumentarium hinaus mit Jean Gebser wie folgt beschreiben:
«Der Ursprung ist immer gegenwärtig. Er ist kein Anfang, denn aller
Anfang ist zeitgebunden.» Übertragen auf die Frage der wiederholten
Erdenleben würde der sinnidentische Satz lauten: «Die früheren Inkar-
nationen sind immer gegenwärtig. Sie sind nicht vergangen, denn alles
Vergangene ist zeitgebunden.» Man sieht schon: Die Angelegenheit
sprengt entweder unseren gemütlich bipolar eingerichteten Denkappa-
rat auf, oder wir kommen ihr beim besten Willen nicht bei.

30 Ich habe dazu einiges ausgeführt in *Vom Ursprung der Sehnsucht,* Kap. «Kreativität und Menschenarbeit».

31 Nicht nur Anthroposophen haben auf diesem Gebiet etwas anzubieten. In der Zeitschrift *Psychologie Heute* (April 2000) findet sich ein bemerkenswertes Interview mit der Transaktionsanalytikerin Angela Seifert («Zurückkehren zum Ursprung»), die davon ausgeht, dass jeder Mensch ein ureigenes «Lebensthema» verfolge. Sie nennt den Genius das «freie Kind» (im Unterschied zu dem ganz und gar nicht freien «inneren Kind», das als frustriertes infantiles Ego durch die trivialanalytische und halbesoterische Modepsychologie geistert), welches «eine Vision für das eigene Leben» in sich berge. Und natürlich ist auf die logotherapeutische Schule Viktor E. Frankls zu verweisen. Hochinteressant ist in diesem Zusammenhang die scharfsinnige Polemik des Philosophen Günther Anders gegen Frankl, die auf den Vorwurf hinausläuft, die sinnorientierte Therapie gaukle den in einer entfremdeten Arbeitswelt seelisch geknechteten Menschen nur vor, dass es ein gutes Leben im schlechten geben könne. G. Anders argumentiert klug – man muss bereit sein, sich mit diesen grundsätzlichen Einwänden, die auch auf anthroposophische Biografiearbeit gemünzt sein könnten, unvoreingenommen auseinanderzusetzen –, aber er verkennt völlig, welche revolutionäre Sprengkraft gerade darin liegen könnte, die Menschen, wenn ich so sagen darf, gegen die Sinnlosigkeit zu mobilisieren, auch im gesamtgesellschaftlichen Maßstab. (Günther Anders, *Über die Zerstörung des Lebens im Zeitalter der industriellen Revolution,* dort: «Die Antiquiertheit des ‹Sinns›», München 1980, C.H. Beck).

32 **Wird die Waldorfbewegung ihrer heutigen Aufgabe gerecht?**
Randbemerkungen zu den Rassismus-Vorwürfen
Es ist mir bewusst, welche gesellschaftlichen Hindernisse dem entgegenstehen. Dennoch meine ich, dass die Zeit günstig ist, neue Konzepte zu erarbeiten und auf den Tisch zu legen. Die Waldorfbewegung könnte dabei maßgeblich mitwirken. Dazu müsste sie jedoch – ich sage es in unverbrüchlicher Solidarität – aus dem trügerischen Traum erwachen, sie repräsentiere in ihrer heutigen real existierenden Verfassung noch ein wegweisendes Zukunftsmodell. Mindestens mittelfristig werden ihr die Ereignisse davonlaufen, wenn sie sich nicht darauf besinnt, dass es in der gegenwärtigen Zeit ihre spirituelle Aufgabe ist, sich in vorderster Reihe

an den Bemühungen zu beteiligen, «die Schule (neu) zu denken» (H. von Hentig) – sich selbst, die eigene Tradition, in das neu zu Bedenkende einschließend. Man kann die in letzter Zeit sich häufenden, größtenteils unhaltbaren Angriffe, denen sie ausgesetzt ist, als völlig unverschuldetes Unglück betrachten oder als karmisches Feedback auf schwerwiegende Versäumnisse. Hat man sich nicht gar zu lange einer spirituellen Schläfrigkeit hingegeben, aus der man nun durch die gegnerische Mobilmachung aufgeschreckt wird? Als was, wenn nicht als Schläfrigkeit, soll man es bezeichnen, wenn die unannehmbaren Darlegungen gewisser Autoren der anthroposophischen Frühzeit immer noch ohne ein Wort der Distanzierung herumgereicht werden; wenn man erst durch externe Kritiker unsanft darauf aufmerksam gemacht werden muss, dass *auch Steiners Werk* nach Auschwitz einer kritischen Rezeption bedurft hätte, wie sie unter Marxisten, Freudianern, Jungianern in schmerzlichen Auseinandersetzungen geleistet wurde? Ich habe selbst kürzlich erlebt, wie bei einer Diskussionsveranstaltung über Steiners angeblichen Rassismus kein anwesender Anthroposoph – außer meiner Wenigkeit – bereit war, sich von gewissen, zumindest verunglückten Äußerungen des Meisters zu distanzieren. Hierfür ist Schläfrigkeit noch die höflichste Diagnose. Als ich bei jener Versammlung den anwesenden Antifa-Leuten hochgradig chauvinistische Zitate von Marx, Engels, Kautsky und anderen Gallionsfiguren vorlas, reagierten sie souverän. Sie hatten keine Mühe, sich von diesen Entgleisungen, die ihnen bekannt waren, zu distanzieren, und fragten zurück, warum sich die meisten Anthroposophen weigern, dasselbe zu tun. – Der menschenkundliche Hintergrund der Waldorfbewegung prädestiniert sie für eine Vordenker-Rolle im Bemühen um zeitgemäße Konzepte auf dem Weg «von der Lehranstalt zur Lebensschule» (Titel einer Vortragsreihe, die ich kürzlich an der Jenaer Waldorfschule hielt und die in Bälde als Buch erscheinen wird). Konzeptionell bleibt sie in ihrer gegenwärtigen Verfassung – Ausnahmen bestätigen die Regel – hinter ihren eigenen Möglichkeiten und Ansprüchen zurück. Es ist gewiss nicht der richtige Weg, prinzipiell beim Alten zu bleiben, dafür aber immer mehr therapeutische Ergänzungsangebote zu installieren nach dem kurzschlüssigen Motto: Da wir immer mehr Kinder mit unserem pädagogischen Angebot offensichtlich nicht erreichen, sind diese Kinder «gestört» und müssen durch therapeutische Maßnahmen für unser Angebot empfänglich gemacht werden. – Hier offenbart sich ein fataler Denkfehler, den ich in meinem Buch *«Schwierige» Kinder gibt es nicht* aufzudecken versucht habe. Zwar wurde und wird dieser Versuch mit viel Beifall quittiert, aber wie es scheint, hat man sich zum Selbstschutz auf die Lesart geeinigt, meine Absicht sei es gewesen, durch polemische Schärfe «aufzurütteln», so ganz wörtlich dürfe man das alles jedoch nicht nehmen. Ich halte dagegen: Wer dieses Buch nicht ganz wörtlich nehmen will, braucht es gar nicht zu lesen.

33 Illichs Bücher *Entschulung der Gesellschaft* (München 1970) und *Schulen helfen nicht* (Reinbek 1972) sind ganz zu Unrecht im Archiv der Absonderlichkeiten verschwunden. Ihre Aktualität ist heute sogar noch höher zu veranschlagen als damals.

34 Die Philosophie-Professoren Christoph Fehige, Georg Meggle und Ulla Wessels haben soeben eine voluminöse Textsammlung zum Thema «Der Sinn des Lebens» herausgegeben (dtv). Im Vorwort, wo auch Rudolf Steiner kurz – und aus dem Zusammenhang gerissen – zitiert und in die Frage eingeschlossen wird: «Quasselt man einfach drauflos?», bekennen die Herausgeber ihre Sympathie für die analytische Philosophie und stellen lobend fest, deren Vertreter seien stets bemüht, «Poesie und Argument auseinanderzuhalten». Immer noch feiern Teile der Philosophenschaft das Begräbnis ihrer Zunft als deren höchste Blüte.

35 Es hat im 20. Jahrhundert viele Versuche gegeben, diese degenerativen Kräfte bzw. dehumanisierenden Tendenzen zu beschreiben. Zumeist wird «die grundsätzliche Spaltung des Menschen», die «Zerstörung der ursprünglichen Einheit» (Erich Neumann), «der abgrundtiefe Ambivalenzcharakter alles Psychischen» (Jean Gebser), der Triebdualismus zwischen Eros und Thanatos (Freud), also im weitesten Sinne die Entzweiung des Menschen mit sich selbst als Quelle des Bösen identifiziert. Auch Erich Fromm ging in seiner *Anatomie der menschlichen Destruktivität* von diesem Grundbild aus, leitet davon allerdings eine sehr interessante Differenzialphänomenologie ab. Die antike Vorstellung von der Rivalität zwischen dem lichthaften und dem dunklen Daimon – treue und gefallene Engel im Christentum – lebt in immer neuen Variationen fort. Rudolf Steiner beschrieb die der ethischen Evolution zuwiderlaufenden Kräfte als Wesenswirksamkeiten bzw. als Felder kosmischer Intelligenz, die ins Zerstörerische umschlagen, wenn sie sozusagen außer

Kontrolle geraten und den Menschen zu beherrschen beginnen. Eine lesenswerte Zusammenfassung der Genealogie des Bösen aus anthroposophischer Sicht hat Michael Kalisch vorgelegt (siehe Literatur).

36 Vgl. dazu in meinem Buch *Von ängstlichen, traurigen und unruhigen Kindern* das Kapitel «Die Nachahmung und das Verlangen nach dem Guten». – Ich weise in dem hier vorliegenden Text an verschiedenen Stellen auf die *plastisch-bildnerische Grundorientierung* und die *fundamentale Du-Gerichtetheit* der frühen kindlichen Entwicklung hin. Beides zusammengenommen rechtfertigt die Feststellung einer vorbegrifflichen Neigung des kindlichen Wesens zum «begütigenden Weltverhältnis».

37 Vgl. *Von ängstlichen, traurigen und unruhigen Kindern* sowie *Flensburger Hefte*, Nr. 50 (Themenheft Erziehung).

38 **Die Kindheitsidee als Keim einer neuen Kultur der Zwischenmenschlichkeit. Hans Müller-Wiedemann**
Für meine Bemühungen, einen kindheitswissenschaftlichen Diskurs-Stil zu entwickeln, der pädagogische Philosophie, entwicklungspsychologische Phänomenologie, Poesie und Anthroposophie verbindet, verdanke ich dem Arzt, Heilpädagogen und Dichter Hans Müller-Wiedemann *(Mitte der Kindheit)* die entscheidenden Anregungen. Ich glaube verstanden zu haben, was er damit meinte, dass der Weg geebnet werden müsse «zu einer kindorientierten Kultur» (1971). Dies war für ihn gleichbedeutend mit einer neuen Kultur der Zwischenmenschlichkeit überhaupt: «Begegnung als Bildung des Ich-Sinnes» (1999). Davon handelt mein Buch *«Schwierige» Kinder gibt es nicht*, welches ich Müller-Wiedemann widmete, weil ich wusste, dass auch er von der tiefen Überzeugung ausging, das (heil-)pädagogische Feld sei *das* Übungsfeld für soziale Zukunftsfähigkeiten. Dort könne und müsse eine weit über das heutige Verständnis hinausweisende Seelen- und Geisteshaltung des unvoreingenommenen Interesses, der aktiven Toleranz und unsentimentalen Empathie bei gleichzeitig hoch gesteigerter Aufmerksamkeit errungen werden – nicht als karitativer Luxus in pädagogischen Provinzen, sondern als Keimlegung für gesamtgesellschaftliche Heilprozesse. Im anthroposophischen Raum hat sich meines Wissens niemand *so* radikal gegen die defektfixierte Betrachtungsweise kindlicher Wesenseigentümlichkeiten verwahrt wie Müller-Wiedemann. In nie nachlassendem Gedenken an ihn widme ich meine Arbeit einer langsam sich aufbauenden «Pädoso-

phie» (es werden noch einige Jahre ins Land gehen, ehe dieser innerlich immer deutlichere Konturen annehmende Begriff auf einem Buchdeckel erscheint), wobei es um nichts anderes geht als um das Wiederauffinden der verschollenen *Kindheitsidee* und ihre zeitgemäße Ausgestaltung. Der lebendige Begriff der *Kindheitswesenheit* beschränkt sich (auch das wusste Müller-Wiedemann) keineswegs auf die Lebensstrecke zwischen Geburt und Jugend, sondern deutet, altersunabhängig, auf den primären individuellen Entwicklungsfaktor jenseits von Vererbung, Milieu und Erziehung, der als plastisch-bildnerische und Du-gerichtete Grundorientierung (vgl. Anm. 36) – eigentliche Quelle sowohl des ethischen, als auch des kreativen Vermögens – den Befremdungen und Prägungen des Lebens *frei gesetzte Intentionen* abzuringen versucht. Dass diese Frage für alle Humanwissenschaften, namentlich für das Menschenbild in den heilenden, helfenden und pflegenden Berufen hoch relevant ist, versteht sich von selbst.

39 Entsprechende erziehungskünstlerische Anregungen und meditationsgeeignete poetische Miniaturen sind, zum Teil ohne entsprechende Kennzeichnung, in den Text eingestreut, d.h. man muss das Buch sorgfältig lesen, um sie zu entdecken. In *«Schwierige» Kinder gibt es nicht* hatte ich die Übungsvorschläge deutlich abgesetzt. Auch in *Von ängstlichen, traurigen und unruhigen Kindern* finden sich einige Angaben. Ich gehe seit einiger Zeit mit der Frage um, ob es sinnvoll wäre, die zur Rede stehenden Textpassagen in einer Übersichtsbroschüre zusammenzufassen, um dem gelegentlich geäußerten Einwand entgegenzutreten, ich redete immerfort über Seelenübungen, ohne konkret zu werden. Bis jetzt konnte ich grundsätzliche Bedenken gegen dieses Vorhaben nicht überwinden. Eine solche Broschüre hätte unweigerlich den rezeptartigen Charakter, den ich ja gerade vermeiden will. Die Seelenübungen wären aus dem jeweiligen Gedankenzusammenhang gerissen. Wie sollte da ihre spirituelle Logik ersichtlich werden?

40 Über die Einbeziehung der Engelwesenheit in die Erziehung habe ich mich erstmals in *Von ängstlichen, traurigen und unruhigen Kindern* geäußert, wo dieses Motiv im Zusammenhang mit einer spirituellen Sinneslehre das ganze Buch durchzieht. – Im vorliegenden Text beschränke ich mich, den angelologischen Aspekt betreffend, weitgehend auf knappe Worte und Zitate.

41 Diese Möglichkeit hat Rudolf Steiner für die Bewusstseinslage des modernen (westlichen) Menschen eröffnet. Vgl. z.B. *Wie erlangt man Erkenntnisse der höheren Welten?* (GA 10) oder *Ein Weg zur Selbsterkenntnis des Menschen – Die Schwelle der geistigen Welt* (GA 16/17).

42 Der Begriff «Bestands- und Wiederholungswelt» wird in meinen Büchern *Das biografische Urphänomen* und *Vom Ursprung der Sehnsucht* eingehend erläutert.

43 Eine pädosophische Grundthese lautet ja gerade (sehr vereinfacht ausgedrückt): Die verkörperungsbereiten Seelen sind von den ihnen bevorstehenden Lebensverhältnissen betroffen, *ehe* sie in dieselben eintreten. Der Zeitgeist färbt nicht einfach auf das kindliche Wesen und Verhalten ab, sondern teilt sich ihm auf einer Ebene mit, auf der die Seele vor allen irdischen Färbungen geschützt ist. Die Abfärbungs- oder Prägungsvorstellung verharrt in der materialistischen (schematischen) Sichtweise, auch wenn man sie ins Vorgeburtliche verlängert. Vielmehr kommen die Kinder so zur Welt, dass ihnen alles, was sie dort antreffen, *von der Innenseite her* schon bekannt ist, während sie sich in das Reich der durchaus befremdlichen *äußeren Erscheinungsformen* des zuinnerst längst Bekannten einleben. Sie sind einerseits geborene Zeitgenossen und als solche a priori in Mitleidenschaft gezogen, aber auch besser gerüstet, als wir oft glauben, und andererseits Boten aus der Zukunft, die neue, über die vorgefundene Welt hinausweisende und somit Konflikte heraufbeschwörende Fähigkeitenkeime hereintragen.

44 Siehe Anm. 28.

45 **Aufhebung des Widerspruchs zwischen Erkenntnis und Liebe**
Zunächst ist der Standpunkt des Be-Urteilens ein distanzierter (zurückweisender = antipathischer). Ereignisse und Erscheinungen, die uns spontan zur Distanzierung veranlassen, rufen diejenige Verstandesseelentätigkeit in uns wach, die zu einem Schluss kommen, d.h. die Beziehung mit einem beendenden (end-gültigen) Urteil *abbrechen* will. Oder andersherum: Der tendenziell abschließen-wollende, auf eine befriedigende Antwort zustrebende Urteilsakt veranlasst uns, ob wir wollen oder nicht, dem betreffenden Menschen, Gegenstand oder Ereignis gegenüber eine zurückweisende, Beziehung abbrechende (antisoziale) Haltung einzunehmen. Sind wir hingegen in Sympathie hingeneigt, werden wir auf der Verstandesseelen-Ebene urteilsschwach. Die Zu-

kunftsaufgabe für den pädagogischen und im weitesten Sinne sozial-zwischenmenschlichen Bereich besteht nun darin, sympathische Hinge-neigtheit mit gesteigerter (nicht bewertender, taxierender, kategorisie-render, einordnender) Aufmerksamkeit zu verbinden, damit sich der bewertende Blick in den werterkennenden verwandle und der Wider-spruch zwischen Erkenntnis und Liebe in einer höheren Form des Inte-resses aufgehoben sei. Hierüber findet sich ein wunderbarer Aufsatz von Hans Müller-Wiedemann («Begegnung als Bildung des Ich-Sinnes») in dem von Rüdiger Grimm herausgegebenen Buch *Menschenbild und Menschenbildung* (siehe Literatur).

46 Vgl. Anm. 40, einen weiteren Hinweis gibt Anm. 17 in *Vom Ursprung der Sehnsucht.*

47 Vgl. *Das biografische Urphänomen.* Dort zeichne ich einen stringenten, für jeden nachvollziehbaren Gedankenweg zum Begriff des «biografi-schen Empfängnisaugenblicks».

48 **Hingabe und Ichheit**

«Liebe ist Hingabe des eigenen Wesens an das fremde Wesen» (Rudolf Steiner). Dies muss mit dem Vorbehalt des Sich-Bewahrens im Zentrum des Wärmeereignisses der Hingabe geschehen, damit es *frei* geschehen kann. Andererseits ist die unvermeidliche Konsequenz der Hingabe ein – wenigstens vorübergehendes – Ausgeliefertsein als Tribut des freien Entschlusses: das berühmte Vertrauensrisiko, dessen konsequente Ver-meidung qualvolle Beziehungslosigkeit bedeutet. Sich bewahren – sich ausliefern. Ein Widerspruch? Sehen wir das Kind an: höchstmögliche Hingabe im Akt des Zur-Welt-Kommens, beschlossen im Zustand eines für das Erdenbewusstsein unfasslichen Willens zur liebenden Verbin-dung. *Völlige* Hingabe? Nein, ich sagte: *höchstmögliche.* Derjenige We-sensanteil, aus dem der unfassliche Liebe-Wille strömt, bleibt *Quellort* dieses Willens, strömt also nicht mit aus, sondern veranlasst das Ausströ-men. In der Hingabe neigt sich die Seele aus dem Raum ihrer künftigen Entfaltetheit in den Raum des körperhaften Seins herein. Der Quellort des reinen Liebe-Willens ist der voranleuchtende Stern, der das Kind aus der Zukunft ruft – und somit auch wieder herausruft aus der Ausgelie-fertheit. Ich weiß, es ist schwer zu denken: Dieselbe Kraft, die zur höchstmöglichen Hingabe befähigt, bewahrt die Unabhängigkeit des «Ich-bin-der-Ich-bin».

330

49 Meditation: Der im Raum-Zeit-Gefüge gefangene Ich-Wille hat die Vergangenheit hinter sich und strebt in die Zukunft. Der überweltliche Ich-Wille hat die Zukunft hinter sich. Er strebt *aus* der Zukunft jenem entgegen. Wo sie aufeinandertreffen, ereignet sich – vertikal – «Jetzt». *«Jetzt* kann nur ewig sein» (Georg Kühlewind).

50 **Mathematik**
Mathematik ist eigentlich eine Kosmologie und zudem die Denkschule der Bewusstseinsseele par excellence. Heute ist das mathematisch-logische Weltprinzip zum Maschinengötzendienst verkommen und verantwortlich dafür, dass Vernichtungskapazitäten unvorstellbaren Ausmaßes erdacht wurden und auf der Erde angehäuft sind. Es wäre eine unerhört verdienstvolle Aufgabe, das Reich der Mathematik und Physik zurückzuerobern für die *lebendige* Wissenschaft, es mit Poesie und Musikalität zu durchdringen. Solange aber Rechnen, Kalkulieren, logisches Operieren Inbegriffe des kalten intellektuellen Prinzips bleiben, werden sich in Zukunft immer mehr und mehr Kinder dagegen abschließen. «Dyskalkulie» als Massenphänomen – aus pädosophischer Sicht eine höchst sinnvolle Opposition, gegen die auf lange Sicht kein therapeutisches Kraut gewachsen sein wird. Nur ein methodisch-didaktischer Kurswechsel kann Abhilfe schaffen: Das intellektuelle Prinzip muss so verwandelt werden, dass es für die wachsende Zahl von Kindern mit hoher *imaginativer* Begabung annehmbar wird.

51 Vgl. Anm. 35 und 43; «Ahrimanisch» (vergleichbar mit der nekrophilen Grundorientierung bei Erich Fromm) ist ein Begriff, der in Steiners Genealogie des Bösen eine große Rolle spielt.

52 Was die *Freundschaft* betrifft, besteht – damit ich nicht missverstanden werde – kein prinzipieller Widerspruch zwischen ihr als einer ethisch dominierten Beziehung und dem leidenschaftlichen Moment. Zwischen Mann und Frau (bzw. zwischen homosexuellen Partnern) ist es das größtmögliche Glück, wenn am Anfang eine leidenschaftliche Beziehung steht, die Freundschaft einschließt, und im Laufe der Jahre daraus eine Freundschaft wird, die das leidenschaftliche Moment einschließt – so lange, bis es altersbedingt seine Bedeutung verliert und in forderungsloser Zärtlichkeit ausklingt.

53 Vgl. Anm. 39 u. 45; intensiv arbeitet an dieser Frage (immer stärker mit Blickrichtung auf die Pädagogik) auch Georg Kühlewind.

54 Absurdität des Normbegriffs

Immer mehr fachlich bestens ausgewiesene Autoren hinterfragen die Tendenz zur Medizinalisierung bzw. Therapeutisierung von Entwicklungs- und Wesenseigentümlichkeiten im Kindesalter und greifen einen zunehmend sich selbst ad absurdum führenden Norm-Begriff an (Gerspach, Schön, Lotz u.a.; siehe Literatur). Autoren aus dem Spektrum der anthroposophischen Heilpädagogik wie Hans Müller-Wiedemann oder Georg von Arnim vertraten diesen kritischen Standpunkt schon in den sechziger, siebziger Jahren, sodass man sagen könnte: Es zeigt sich einmal wieder, dass der anthroposophische Igel meistens schon da ist, wenn der akademische Hase ins Ziel stürmt. Aber leider ist es auch in Waldorfkreisen üblich geworden, Initiativen für innerschulische Spezialförderungsprogramme mit der irgendwo abgeschriebenen Kassandra-Meldung zu begründen, bereits 30, 40, ja 70 Prozent aller Kinder seien verhaltensgestört und bedürften einer speziellen – quasimedizinischen – Diagnosestellung und Behandlung. Abgesehen davon, dass ein statistisches Dilemma in Hinsicht auf den Normbegriff entsteht, wenn so genannte Abweichungen die 30-Prozent-Marke überschreiten, hätte ich von den pädagogischen Wortführern in der Nachfolge Rudolf Steiners erwartet, sie an der *Spitze* der skeptischen Gegenbewegung anzutreffen, deren Vertreter die Gleichungen *Integration = Uniformierung* und *Angepasstheit = Gesundheit* ablehnen. Ich wiederhole (vgl. Anm. 32), dass ich keineswegs durch Überspitzung aufrütteln will, sondern eine wohlerwogene und mit 25-jähriger Berufserfahrung als Kindertherapeut und Erziehungsberater unterlegte Überzeugung ausspreche, wenn ich sage: Die so vielen «schwierigen» und vermeintlich therapiebedürftigen Kinder sind größtenteils keineswegs gestört, sondern *wir fühlen uns durch sie gestört,* und das ist nicht ihr, sondern unser Problem.

55

Damit soll nicht in Abrede gestellt werden, dass die beschützende, fürsorgliche Grundhaltung gegenüber einem Kind, das zunächst genau diese Haltung braucht, über ein förderliches Maß hinausgehen kann, indem die Eltern den Entwicklungszeitpunkt des Kindes verpassen, der eine offenere, stärker an Eigeninitiative und selbstständige Konfliktbewältigung appellierende Haltung ermöglichen würde. Manchmal stehe ich als Erziehungsberater vor der Aufgabe, Müttern oder Vätern deutlich zu machen, dass es auch so etwas wie eine pädagogische Übergewissen-

haftigkeit gibt, die möglicherweise auf jenes Grundmissverständnis zurückverweist, die Zukunft des Kindes sei, im Guten wie im Schlechten,
zu 90 Prozent von den Erziehungseinflüssen abhängig, und so ein kleines, prägsames Wesen sei der Welt wehrlos ausgeliefert und könne sich
selbst nicht vor negativen Eindrücken schützen und so weiter.

56 Taktiles Abwehrverhalten (Zurückweisung von zärtlicher Berührung
und körperlicher Nähe) wird als *ein* Indiz in Richtung autistische Züge
gewertet. In den achtziger Jahren war das Thema ein ähnlicher Mode-
renner wie heute das hyperkinetische Syndrom (ADS). Etwas ironisiert:
Hatte ein Kind gelegentlich genug vom Betatschtwerden und zeigte dies
deutlich, bestand die Gefahr, dass es sich die Diagnose «leichtgradig
autistisch» zuzog; so wie heute jeder kleine Fritz, den die Lust am Toben
juckt und den folglich die stillsitzende Konzentrationsfähigkeit verlässt,
mit einer ADS-Diagnose rechnen muss. In zehn, fünfzehn Jahren wird
auch dieses aufgeblähte Thema auf ein realistisches Maß zurückge-
schrumpft sein, man kann sich drauf verlassen.

57 Nach der Übersetzung der deutschen Bibelgesellschaft, dokumentiert in
Connection Spezial, Februar / März 2000.

58 In *The Myth of the ADD,* zitiert nach Freed/Parsons 1998 (siehe Literatur).

59 **Die Tücke der Statistik**
Es ist dasselbe Problem wie mit den Statistiken, die bis zu 30, 40 (Spit-
zenwert: 70) Prozent verhaltensgestörter Kinder ermitteln. Die Ergebnisse sind immer abhängig von den erwünschten Resultaten, die in die
Frage- bzw. Untersuchungsanordnung hineingetragen werden, sowie
von den ebenfalls nicht voraussetzungslosen Kriterien der Auswertung.
Es wäre bei entsprechender Absicht kein Kunststück, statistisch zu ermitteln, dass weit über 50 Prozent aller männlichen Bundesbürger tat-
sächliche oder potenzielle Kinderschänder seien, denn welcher Vater
hätte nicht schon einmal irgendwie mit dem Intimbereich eines seiner
Söhne oder Töchter Berührung gehabt, also etwa Fieber gemessen, einen
Einlauf gemacht, eine entzündete Stelle gesalbt? Würde man nun,
scheinbar ganz harmlos, die Väter zusätzlich fragen, ob sie sich schon
mal Gedanken darüber gemacht hätten, wann die Schamschwelle durch
Pflegehandlungen überschritten sei, und die Befragten würden antworten: «Ja, da ist man manchmal unsicher …», dann wäre es nicht gelogen,

wenn eine Zeitschrift das Umfrageergebnis folgendermaßen referierte: «60 Prozent aller deutschen Väter haben schon einmal oder mehrmals den Intimbereich eines oder mehrerer ihrer Kinder berührt und geben an, ihr Verhältnis zum Inzesttabu sei ambivalent.» – Man müsste also sehr genau hinschauen, wie die 60 Prozent erzieherisch hilfloser (mithin versagender) Eltern ermittelt wurden, zumal ja hinzukommt, dass das gesellschaftliche Vorurteil in hohem Maße die Selbsteinschätzung beeinflusst und somit in die Antworten eingeht.

60 Standardisierte Testverfahren

Wir lehnen in unserem Institut standardisierte Tests zur Diagnoseerhebung bis auf ganz wenige Ausnahmen ab, weil wir über Jahre hin die Erfahrung gemacht haben, dass das Verfahren der zwanglosen Beobachtung und Interaktion – in freilich mit Bedacht vorbereiteten und ausgestatteten Spielzimmern – vor dem Hintergrund einer gründlichen biografischen und Familienanamnese zwar mehr Zeit kostet, aber dafür viel genauere und viel differenziertere Wahrnehmungen ermöglicht, wobei auch diese noch lange nicht erschöpfend sind. Es ist doch eigentlich klar: Man muss einen Menschen *kennen lernen,* um ihn zu verstehen! Und um das Verstehen geht es doch, oder? Unsere vielfältigen Kontakte mit Fachkollegen außerhalb des anthroposophischen Spektrums zeigen deutlich, dass eine allgemeine Tendenz zum Abrücken von standardisierten Tests im Gange ist, die man häufig nur noch pflichtgemäß durchführt, weil es von Behörden oder Kostenträgern verlangt wird. Kein kompetenter Psychologe, Kinderpsychiater oder nichtärztlicher Therapeut misst der schematisch ermittelten Anfangsdiagnose großes Gewicht bei. Ein schwerpunktmäßig mit Tests beauftragter Psychologe sagte mir, um zu einem leidlich zuverlässigen Bild zu kommen, müsse er ein und denselben Test drei- bis fünfmal durchführen, weil erfahrungsgemäß das Leistungsniveau erheblich schwanke und vielen unwägbaren situativen Einflüssen unterworfen sei. Bevor er aber den Test mehrmals wiederhole, könne er auch gleich alles mögliche mit dem Kind spielen und komme auf diese Weise zu mindestens ebenso genauen Ergebnissen. Aber da das heutige Schubladenbewusstsein im Zweifelsfall dem Test mehr traut als der gesunden und berufserfahrenen Menschenbeobachtung, muss der Mann leider doch bei der Testerei bleiben. – Wir haben uns glücklicherweise mit dem Kostenträger darauf einigen können, dass sorgfältige Entwicklungsberichte und intime Beobachtungen aussagekräftiger sind als Testergebnisse. Wird seitens einer Schule dennoch hartnäckig ein Test verlangt, macht ihn eben unsere Psychologin, und wir haben noch nie erlebt, dass er irgendwelche Neuigkeiten erbracht hätte. Im Übrigen ist das Testen den Kindern gegenüber, milde gesagt, eine Unhöflichkeit, die ich, wenn ich an ihrer Stelle wäre, ebenso unhöflich beantworten würde.

61 Man muss immer wieder klarstellen, dass zu allen Zeiten jede authentische esoterische Schule ihre Schüler lange und sorgsam auf den Gebrauch und die Kontrolle ihrer höheren Bewusstseinsfähigkeiten vorbereitet und ihnen untersagt hat, im Umgang mit anderen Menschen davon Gebrauch zu machen, solange noch die geringste Unsicherheit in moralischer Hinsicht, aber auch in Bezug auf die Unterscheidung zwischen Trugbildern und wirklichen Einsichten bestand. Hinzu kommt, dass der andere Mensch, dem möglicherweise etwas enthüllt werden kann, den entsprechenden Mitteilungen gewachsen sein muss. Wenn ich dann höre – es kommt nicht selten vor –, dass irgendwelche Wundertherapeuten, die sich u.a. auf Rudolf Steiner berufen, ihren Klienten die unglaublichsten Geschichten über die geheimen Hintergründe ihres Leidens auftischen und sie damit nicht etwa erlösen, sondern bis ins Mark treffen, dann überkommt mich ein heiliger Zorn. So wurde kürzlich einer angstgeplagten Frau von ihren Verbrechen als KZ-Aufseher im letzten Leben erzählt und ihr gesagt, dass ihr tyrannischer Gatte damals angeblich zu ihren Opfern gehört habe und ihr nun deshalb das Leben so schwer mache. Die Betroffene nahm das zunächst alles für bare Münze und stürzte in einen Besorgnis erregenden Zustand ab. Ob nun die so genannte Seherin, die für den Schlamassel zuständig war, einen Hokuspokus veranstaltet oder wirklich etwas Richtiges wahrgenommen hat (ich glaube es kaum), spielt für die Beurteilung des Vorganges gar keine Rolle. So oder so: Man müsste ihr das Handwerk legen. Sie ist ihren eigenen übersinnlichen Fähigkeiten, falls vorhanden, menschlich nicht gewachsen.

62 Die ganze Ursache-Wirkung-Debatte krankt an grundsätzlichen Denkfehlern. Das Erste, was man klarstellen muss, ist, dass die organischen Vorgänge unter der Schädeldecke oder wo auch immer im Körper genauso zum *Verhalten* gehören wie das äußerlich sichtbare Behavior. Man kommt nicht weiter, wenn man einen Teil des Verhaltensspektrums (z.B. den neurochemischen) als Ursache für einen anderen (das, was man

äußerlich wahrnimmt) setzt. Das ließe sich mit derselben Logik umkehren, und so dreht man sich im Kreis, Sehen wir mal vom Gehirn ab und nehmen eine andere Region des Körperinneren: Ist der Durchfall die Ursache der Angst oder umgekehrt? Blöde Frage, nicht wahr?

63 Die Passage ist aus verstreuten Textfragmenten des Buches *Charakter und Bestimmung* (siehe Literatur) zusammengesetzt.

64 In diesem Zusammenhang sind Hans Müller-Wiedemanns Überlegungen zur Rolle des «genetischen Materials als Gestaltbegrenzung» aufschlussreich («Menschwerdung und Gentechnologie» in: Müller-Wiedemann 1994; siehe Literatur); vgl. zu diesem Thema auch weiter unten das Kapitel «Und wenn die Seele ihr genetisches Los wählte?»

65 Ob dieser Sinn auch erfasst und die in ihm liegenden Chancen ergriffen werden, ist eine andere Frage. Ich erlebe als Elternberater immer wieder, wie dieser neue und zunächst befremdliche Gedanke im Laufe der Zeit eine wirkliche Verwandlungskraft entfalten kann, und zwar unabhängig davon, ob die betreffenden Eltern mit anthroposophischen Gedanken vertraut sind oder nicht. Es hängt viel davon ab, wie eine Schicksalssituation (in diesem Fall die charakterologische Ähnlichkeit) betrachtet bzw. übersetzt wird. Die simple Übertragungstheorie erzeugt Schuldgefühle ohne Wiedergutmachungs-Option. Sie lähmt. Das gilt auch für die Vorstellung der genetischen Automatik. Die Idee einer in der Ähnlichkeit verborgenen Intentionalität bzw. positiven Erwartung des Kindes ist in sich schon tröstlich und handlungsleitend.

66 Rückblickend zeigt sich dann oft, dass der hinzutretende Fremde – es ist ja ein völlig fremder Mensch, der die Familie eine Zeit lang begleitet und mit ihnen einen Vertrag schließt, sich bis zu einem gewissen Grad in ihre Angelegenheiten einmischen zu dürfen – zwar zunächst wegen des Kindes konsultiert wurde, sich aber dann als Dreh- und Angelpunkt für neue Weichenstellungen im Leben der Mutter und/oder des Vaters erweist, sodass der Eindruck entsteht, das Kind habe eine Krise heraufbeschworen, um die Eltern an einen für *sie* wichtigen Ort zu führen. Das hat nichts mit der Redewendung zu tun, im Grunde seien ja immer die Eltern therapiebedürftig! Vielmehr damit, dass die Kinder für die Erwachsenen Schicksalsbegegnungen herbeiführen. Ich rate unter diesem Aspekt allen Eltern, die einen Kindertherapeuten aufsuchen, genau darauf zu achten, ob er ihnen beim Erstkontakt mit Freundlichkeit und

Wärme begegnet oder nicht. Tut er es nicht, sollte – wissend um die verborgenen Intentionen des Kindes – höflich Abschied genommen und weitergesucht werden.

67 Ohne die Möglichkeit einer sich inkarnierenden Individualität in Betracht zu ziehen, kommen die maßgeblichen Entwicklungspsychologen heute immer mehr zu der Ansicht, dass eine starke selektive Komponente der Eigenregulation ganz unabhängig von äußeren Einwirkungen schon beim Kleinkind zu beobachten sei. Vgl. z.B. Largo 1999, I und II (siehe Literatur). «Das Ausmaß der Vielfalt, wie es in Entwicklungsstudien zu beobachten ist», schreibt Largo, «ist unvereinbar mit irgendwelchen Normvorstellungen.» Letztere hätten heute noch ihre Berechtigung im Hinblick auf die «biologischen … Gesetzmäßigkeiten der kindlichen Entwicklung».

68 **Hochbegabungen**
Bei der frühen Förderung spezieller Hochbegabungen ist dies die große Frage: Muss das Kind zum Training seiner Talente ständig hingezwungen bzw. hinmanipuliert werden, während es aus eigenem Antrieb ganz andere Interessen entwickelt, für die es womöglich *keine* besondere Begabung mitbringt? Oder zeigt es von sich aus eine unverkennbare Neigung, dasjenige auszubilden, wofür es sich besonders zu eignen scheint, sodass man mit dem Förderungsansinnen offene Türen einrennt (was allerdings nicht ausschließt, dass auch solche Kinder Motivationskrisen und Schwächeperioden durchleben)? Im ersten Fall liegt die Annahme nahe, dass die Spezialbegabung zwar zur mitgebrachten Grundausstattung gehört, aber für den Lebensentwurf nur von untergeordneter Bedeutung ist: Sie soll nach dem Willen des Genius den Hintergrund für die Entwicklung neuer Fähigkeiten bilden, aber als solche nicht in den Vordergrund treten. Im zweiten Fall ist davon auszugehen, dass das Talent in die Zukunft weist, oder besser gesagt: sich aus der Zukunft hereinarbeitet. Zukunftsträchtige Talente unterscheiden sich nach meinem Dafürhalten von den – wenn ich so sagen darf – *schon in der Kindheit alten* dadurch, dass jene nicht so sehr durch technische Brillanz und souveräne Formsicherheit imponieren, also in gewisser Hinsicht weniger ausgeprägt sind, dafür aber einen Zug zur kreativen Ungeduld und eine extravagante Note haben: Improvisation geht vor Präzision, die Lust am Experiment vor Gründlichkeit. Die kreativen Genies waren in

der Schule oft den disziplinierten, tendenziell pedantischen Hochbegab-
ten, die später *nichts* mit dem ihnen in die Wiege gelegten Kapital anfin-
gen, weit unterlegen. Das zeigen biografische Studien. Nebenbei bemerkt halte ich es grundsätzlich für falsch, ein Kind ehrgeizig in Richtung Wunderkind zu trimmen, ganz gleich, ob es im Großen und
Ganzen willig mitmacht oder nicht. Auch Hochbegabungen des kreativ-
zukunftsweisenden Typs werden durch übereiltes Extremtraining in einen Vergreisungs- bzw. Abnutzungsprozess hineingetrieben. – Die Ten-
nisprinzessin Andrea Jäger musste ihre sensationelle Karriere verlet-
zungsbedingt abbrechen, geriet in eine schwere Krise und entdeckte
dann ihre Berufung, bedürftigen Kindern zu helfen. Heute sagt sie,
schon während der Jahre auf der Tour habe sie sich immer wieder zu
kranken Kindern hingezogen gefühlt und gespürt, dass dies eigentlich
ihre Lebensaufgabe war. Zwar kommt es ihr heute beim Geldeintreiben
zugute, dass sie damals viele Kontakte zu Prominenten knüpfte, aber
man kann sich trotzdem fragen, ob der Umweg über den extremen
Leistungssport, von ehrgeizigen Eltern «gefördert», nötig gewesen wäre.
Wie auch immer: Fest steht, dass wir hier ein Beispiel für die Unbeirr-
barkeit des Genius haben, der auch unnötig erscheinende Umwege rück-
wirkend sinnvoll zu integrieren vermag.

69 Eine Monografie zum Thema ADS ist in Vorbereitung; sie erscheint im
Frühjahr 2001.

70 Ob die Hirnverursachungstheorie, gegen die es stichhaltigere Einwände
gibt, als man gemeinhin glaubt, wirklich einen die Eltern entlastenden
Effekt hat, wie immer wieder behauptet wird, ist sehr zu bezweifeln.
Wenn nämlich die «entlasteten» Mütter und Väter genau lesen, was in
der Fachliteratur geschrieben wird, muss ihnen auffallen, dass es immer
heißt: Zwar ist eine genetisch bedingte Hirnstoffwechselstörung die Ursache, aber ob sich dieselbe zum ADS-Vollbild auswächst oder im Hintergrund bleibt und dem Kind nicht weiter zum Schaden gereicht, liegt
allein an der Erziehung.

71 Interessante Vorschläge finden sich bei Hartmann 1997 und Freed/Par-
sons 1998 (siehe Literatur). Ich bin im Übrigen davon überzeugt, dass es
nachhaltig günstige Auswirkungen auf die schulische Situation hätte,
wenn sich schon in den Kindergärten Ideen durchsetzen würden im
Hinblick auf den sinnespflegerischen Nachreifungsbedarf, flexiblere

pädagogische Gestaltungen und – vor allem – eine grundsätzliche Neuorientierung in der *Wahrnehmung* dieser Kinder. Dennoch drängt die
Zeit, aus dem Fundus der anthroposophischen Menschenkunde in Zusammenarbeit mit Therapeuten auch für die Schulen ganz neue Konzepte für ungewöhnliche Begabungsstrukturen zu erarbeiten.

72 Natürlich gibt es da sehr verschiedene Auffassungen, aber überall dort,
wo *aus rein pädagogischen Gesichtspunkten* argumentiert wird, wo also
keine wirtschaftlichen bzw. von wirtschaftlichen Interessen unterlegten
bildungspolitischen Erwägungen einfließen, ist man sich über die *grund-
legenden Dinge* wie z.B. die Schädlichkeit übertriebenen Fernsehkon-
sums einig. Beraten Sie sich also, was *die allgemeinen erziehungshygieni-
schen und medizinischen Fragen* betrifft, am besten mit *unabhängigen
Fachleuten,* von denen bekannt ist, dass sie ein bisschen (oder auch
kräftig) gegen den kommerziellen und bürokratischen Mainstream
schwimmen und keine anderen Interessen im Auge haben als allein
diejenigen der Kinder. Da ist es dann nicht gar so wichtig, aus welcher
weltanschaulichen Richtung sie sprechen, ob sie mehr kirchlich,
montessorianisch, waldorfmäßig, ökologisch-alternativ oder kritisch-er-
ziehungswissenschaftlich orientiert sind. Die prinzipiellen Meinungs-
unterschiede beziehen sich eher auf schulische Fragen und auf die
Grenzbereiche der Pädagogik. Dass ich persönlich am ehesten eine wal-
dorforientierte Beratung empfehlen würde, versteht sich von selbst.
Nachdem ich so viele nicht im entferntesten anthroposophische Autoren zustimmend zitiert habe, darf ich das wohl sagen, ohne gleich in den
Verdacht des Sektierertums zu geraten.

73 Vgl. Anm. 39.

74 Es schon vorgekommen, dass mir, nur weil ich es nicht für extra erwäh-
nenswert hielt, belehrend vorgehalten wurde, man müsse ja nun doch den
Kindern auch gelegentlich mal etwas verbieten. Oder ob ich nicht wisse,
dass manche Eltern ihre Kinder vernachlässigen. Oder ob mir unbekannt
sei, dass es sehr wohl krankheitswertige Krisen, Entwicklungsdissonanzen
oder Beeinträchtigungen bei Kindern gibt. Ich entgegne mit einem leicht
abgewandelten Hillman-Zitat: Ein ernst zu nehmender Mann sollte seine
Zeit nicht darauf verschwenden, zu wiederholen, was sowieso jedem klar
ist.

75 Dr. Spaleck – der bei Koblenz praktiziert – und ich arbeiten zur Zeit an

einem Dialog in Briefform zwischen anthroposophischem und existenz-analytischem Therapieverständnis, den wir publizieren werden, wenn er abgeschlossen ist (wann immer das sein mag). Das Zitat stammt aus einem seiner Briefe.

76 Ich wurde verschiedentlich aufgefordert, öffentlich zum Hellinger-Boom Stellung zu nehmen, will aber im Moment nicht in dieses Wespennest hineinstechen. Da auch ich ein bisschen weiser geworden bin, habe ich inzwischen begriffen, dass man oft besser daran tut, erst das Wort zu ergreifen, wenn sich das große Durcheinandergerede über eine aufsehenerregende Neuheit gelegt hat. Manches rückt sich von selbst zurecht. Dennoch habe ich mir einige vorsichtige Bemerkungen erlaubt in dem Kapitel «Instinktlose Mütter, abwesende Väter und andere Legenden».

77 Ich sage «scheint», weil hier wieder einmal das Wort gilt: «Wer sucht, der findet.» Namentlich LRS und ADS sind Überbegriffe, unter die sich so viel subsumieren lässt, dass es keinerlei Mühe macht, unter den Vorfahren oder Verwandten jemanden zu finden, der zur Not dazugerechnet werden kann.

78 Es ist ein Grundgesetz des Lebens: Wen oder was man auch wählt, man wählt die Schattenseiten und Gefahren mit. Rudolf Steiner wählte, um für seine Ideen überhaupt Gehör zu finden, das theosophische Milieu, das ihm in mancher Hinsicht zur Krux wurde. Viele Kinder wählen, um ihrer Berufung folgen zu können, ein «typologisches Milieu», welches ihnen, weil dort auch eine gesellschaftlich diskriminierte Symptomatik (ADS) angesiedelt ist, zur Krux werden kann. Nichts fügt sich maschinenmäßig widerspruchsfrei im Leben. Alles bewegt sich in Paradoxien und Brüchen. Das gilt auch für karmische Zusammenhänge.

79 Das kann ein Therapeut sein. Ein Großelternteil. Ein Pate. Ein Lehrer. Ein Freund. Manchmal ist es ein anderes Kind. Schon eine kurze Lebensbegegnung des gekränkten, missachteten Kindes mit einem Menschen, der es *erkennt und bewundernd ansieht,* kann die Rettung bedeuten. Jeder Mensch, der mit ungeliebten Kindern zu tun hat, sollte davon ausgehen, dass er oder sie vielleicht zum Retter ausersehen ist – und sich entsprechend verhalten!

80 Auch hier schlägt der kollektive Masochismus der berühmten 68-er-Generation durch: Sie muss zwanghaft ihre eigene Geschichte diffamie-

ren. Das verstehe, wer will. Mag der antiautoritäre Erziehungsansatz A. S. Neills auch in mancher Hinsicht unausgegoren gewesen sein, so gehört er doch zu den Fanalen, die im 20. Jahrhundert gegen den Geist der pädagogischen Menschenverplanung gesetzt wurden. Ich habe mich dazu etwas ausführlicher geäußert in dem Büchlein *Vom Wunder des Kindseins* (siehe Literatur).

81 Zuerst gehört auf der internationalen Tagung der Vereinigung der Waldorfkindergärten in Wien 1999. Es geht um den Willen, der es vermag, mit dem, worauf er sich richtet, identisch zu werden, also um den Aufmerksamkeitswillen. Inzwischen ist das gleichnamige Buch erschienen (siehe Literatur).

82 Vgl. *Jugend im Zwiespalt*, 5. Auflage (Neuausgabe) 1999, ergänzt um einen Essay zur aktuellen jugendsoziologischen Situation. Dort finden sich im Schlussteil («Liebe Eltern») erziehungspraktische Hinweise, deren Befolgung, wie mir viele Rückmeldungen bestätigen, viel zur Deeskalation beitragen kann.

83 Ich darf mir die bildhafte Redeweise von «Dämonen» ganz unabhängig von einer Erörterung des Begriffsinhaltes erlauben, weil mir viele Jugendliche ganz plastisch beschreiben, dass sie den Eindruck haben, von dunklen Kräften geführt zu sein, die sie einerseits in ihrem Inneren lokalisieren und andererseits nicht als zu sich selbst gehörig empfinden. Am deutlichsten ist diese Erfahrung in Krisen der Drogengefährdung, bei der Magersucht, bei Zwangshandlungen, aber auch bei Gewaltexzessen.

84 **Kardinalfehler in der Suchtberatung**

Es gibt nach meiner Beobachtung zwei Kardinalfehler, die in der ambulanten Suchtberatung immer wieder begangen werden. Das eine Extrem besteht darin, sofort Ultimaten zu stellen, den Teufel an die Wand zu malen, «knallhart zu konfrontieren» (manche Therapeuten genießen geradezu das Niedermachen der Hilfesuchenden beim Erstkontakt und versehen ihre Aggressivität mit der Weihe einer Methode), wilde Drohungen auszustoßen. Das andere Extrem ist die lässige und scheintolerante «Man-kann-ja-doch-nicht-in-die-persönliche-Freiheit-eingreifen»-Haltung. Der Berater zieht sich auf den Standpunkt zurück, es sei seine Pflicht, sachlich über Gefahren und Alternativen aufzuklären, aber alles weitere liege dann bei dem Jugendlichen selbst; pädagogische Bemühungen seien eher kontraproduktiv, denn die Drogengefährdeten reagierten gerade darauf hoch allergisch. – Nach meiner Erfahrung gibt es einen dritten Weg zwischen der coolen (oder bequemen?) und der knallharten (oder frustrierten?) Methode. In beiden Haltungen drückt sich die Hilflosigkeit des Helfers aus. Sie dienen in erster Linie seinem Selbstschutz. Meines Erachtens muss der Berater oder Therapeut dazu bereit und fähig sein, ein glaubhaftes (ernst gemeintes) Freundschaftsangebot zu unterbreiten, und sich auf einen längeren, strapaziösen Prozess der Begleitung des Jugendlichen durch alle Höhen und Tiefen einstellen. Der Ausgang ist offen, der Begleiter macht sich angreifbar, riskiert die persönlich schmerzende Niederlage. Aber anders geht es nicht. Während dieses Prozesses können dann quasi-vertragliche Vereinbarungen getroffen werden über das Maß der autoritativen Einflussnahme, die der jugendliche Klient dem erwachsenen Begleiter vorübergehend einräumt. Dann kann man auch eine Art Ultimatum stellen: Du entziehst die Vertrauensgrundlage, wenn du dich nicht an das hältst, was ich dir im Vereinbarungsrahmen nahelege, und das wäre auf Dauer keine Basis der Zusammenarbeit. (Natürlich spreche ich jetzt von Fällen, in denen noch keine akute Gefahr für Leib und Leben besteht.)

85 Zerrüttete Familienverhältnisse – Scheidung

Auch der Ausdruck «zerrüttete Familienverhältnisse» ist (ähnlich wie «emotionale Vernachlässigung») in der Gefahr eines inflationären Bedeutungsschwunds. Das Idyll der allzeit harmonischen, urgemütlichen, blitzsauberen Kleinfamilie gibt es noch in der Rama-Werbung und ganz gelegentlich in der Realität, aber man wird nichts daran ändern können, dass sich die Schicksale immer komplizierter und konfliktträchtiger verstricken und Gemeinschaftsbildung auf allen Ebenen zur permanenten Gestaltungsherausforderung wird, was Interessenkollisionen, Streit und Phasen der Entfremdung einschließt. Die Kinder haben das mitzutragen, ja, aber sie sind in ihren Erwartungen und Ansprüchen viel realistischer, als wir glauben. Was sie ersehnen, ist nicht Konfliktlosigkeit, sondern Konflikt*fähigkeit*. Sie sind ungeheuer ermutigt, wenn sie erleben, dass es möglich ist, Auseinandersetzungen durchzustehen und sich wieder zu versöhnen. Auch wenn sich die Eltern trennen, muss das für die Kinder kein Fiasko sein – vorausgesetzt, es gelingt, die zerbrochene eheliche Beziehung in eine freundschaftliche oder doch wenigstens partnerschaftliche überzuführen. Eine aktuelle Studie der Friedrich-Schiller-Universität Jena hat

342

ergeben, dass Kinder aus emotional zerrütteten und trotzdem aufrechter-
haltenen Ehen stärker leiden als Scheidungskinder (vgl. *Intra – Psychologie
und Gesellschaft,* Heft 43/2000). Letztere bleiben vor allem dann von län-
gerfristigen psychoreaktiven Belastungen verschont, wenn es den Eltern
gelingt, den Trennungsprozess rücksichtsvoll zu gestalten und weiterhin
gemeinsam die erzieherische Verantwortung zu tragen. Es wäre sehr hilfreich, wenn sich ein neues beratendes Dienstleistungsangebot auch antro-
posophischerseits etablieren würde: die Trennungsbegleitung mit besonderer Berücksichtigung der Bedürfnisse der Kinder. – Wenn ich also von
zerrütteten Familienverhältnissen spreche, dann meine ich solche, in denen, um es kurz zu sagen, wirklich die Hölle los ist.

86 Zu diesem Thema leistet Felicitas Vogt maßgebliche Arbeit, z. B. in
*Sucht hat viele Gesichter. Warum der Griff nach Drogen? Verstehen – vor-
beugen – behandeln* (siehe Literatur).

87 Stichworte: Sinnespflege, naturnahes, praxisbezogenes und interaktives
Lernen; Bewegung; soziales Üben; Ermutigung und beispielgebende
Projektentwicklungen in Richtung auf eine Kultur der gegenseitigen
Hilfe; starke Betonung der Kunst; Beziehungskunde; kritische Medien-
kunde; neue Wege der Erzieher- und Lehrerbildung im Hinblick auf
«schwierige» Kinder; Differenzierung der Unterrichtsangebote. Im Prinzip ist allen vernünftigen Leuten klar, worauf es ankäme. Aber der bil-
dungspolitische Kurs geht immer konsequenter in die falsche Richtung.

88 Fest steht, dass sich Geschlechtszugehörigkeit auch bei Kindern nicht
auf biologische Merkmale beschränkt, sondern Knaben und Mädchen
gewissermaßen der Kulturgeschichte ihres Geschlechts nahe stehen und
von vornherein entsprechende Neigungen zeigen bzw. entsprechende
Bilder und Mythen bevorzugen.

89 Das weist immer darauf hin, dass die Verarbeitung von Eindrücken
durch das nachahmend-weltschöpferische Spiel beeinträchtigt ist. Vgl.
dazu meinen Aufsatz «Die schöpferischen Kräfte der Nachahmung» in
Von der Würde des Kindes (siehe Literatur).

90 Vgl. dazu das Kapitel «Die Nachahmung und das Verlangen nach dem
Guten» in *Von ängstlichen, traurigen und unruhigen Kindern* (siehe Literatur).

91 In Arbeit: Eine Studie zum ADS-Problem; als Nächstes geplant: Jugend
und Sexualität.

Literatur

Anders, Günther (1980): *Über die Zerstörung des Lebens im Zeitalter der industriellen Revolution*, C. H. Beck, München.

Armstrong, Thomas (1997): *The Myth of the ADD-Child*, New York, zitiert nach Freed/Parsons (1998).

Artaud, Medhananda und Yvonne (1991): *Der Weg des Horus*, Reihe therapeutische Konzepte Bd. 8, Bonz, Fellbach.

Bärtschi, Christian (1998): *Bewusstseinsgeschichtliche und pädagogische Aspekte im Werk Jean Gebsers*, Vortragsmanuskript, Gebser-Symposium an der Universität Lettlands, Riga (unveröffentlicht).

Beck, Johannes u.a. (1983): *Das Recht auf Ungezogenheit*, rororo-Sachbuch, Reinbek.

Beuys, Joseph (1997): *Beuysnobiscum*, Hrsg. Harald Szeemann, Verlag der Kunst, Amsterdam/Dresden (dort insbes. die Beiträge von Johannes Stüttgen).

Bittner, Günther (1996): *Problemkinder – zur Psychoanalyse kindlicher und jugendlicher Verhaltensauffälligkeiten*, Sammlung Vandenhoeck, Göttingen/Zürich.

– (1996): *Kinder in die Welt, die Welt in die Kinder setzen – eine Einführung in die pädagogische Aufgabe*, Kohlhammer, Stuttgart/Berlin/Köln.

Blättner, Fritz (1973): *Geschichte der Pädagogik*, Quelle & Meyer, Heidelberg.

Böschemeyer, Uwe: Verschiedene Beiträge in der 1999 eingestellten Zeitschrift des Hamburger Instituts für Logotherapie und Existenzanalyse.

Buber, Martin (1997): *Ich und Du*, Lambert Schneider, Heidelberg.

– (1998): *Reden über Erziehung*, Lambert Schneider, Heidelberg.

Denger, Johannes (1992): *Ideal und Wirklichkeit – Versuch über den Umgang mit Idealen am Beispiel der helfenden Berufe*, Freies Geistesleben, Stuttgart.

Dörner, Klaus (1984): *Freispruch der Familie – Angehörige, Patienten und die Psychiatrie*, Psychiatrie-Verlag, Rehberg/Loccum.

344

Esser, Wolfgang / Kothen, Susanne (1998): *Die Seele befreien – Spiritualität für Kinder, ein Praxisbuch,* Kösel, München.

Fehige, Christoph / Meggle, Georg / Wessels, Ulla (Hrsg., 1999): *Der Sinn des Lebens. Philosophische und andere Texte,* dtv, München.

Flitner, Andreas (1996): *Reform der Erziehung – Impulse des 20. Jahrhunderts,* Serie Piper, München.

Fox, Matthew / Sheldrake, Rupert (1996): *Engel, die kosmische Intelligenz,* Kösel, München.

Frankl, Viktor E. (1994): *Ärztliche Seelsorge,* Reihe Geist und Psyche, Fischer-Taschenbuch, Frankfurt a.M.

— (1998): *Der Mensch vor der Frage nach dem Sinn,* Serie Piper, München.

Freed, Jeffrey u. Parsons, Laurie (1998): *Zappelphilipp und Störenfrieda lernen anders – Wie Eltern ihren hyperaktiven Kindern helfen können, die Schule zu meistern,* Campus, Frankfurt a.M./New York.

Gebser, Jean (1986): *Ursprung und Gegenwart,* 3 Bände, dtv, München.

Gerspach, Manfred (1998): *Wohin mit den Störern? – Zur Sozialpädagogik kindlicher Verhaltensauffälligkeiten,* Kohlhammer, Stuttgart/Berlin/Köln.

Gordon, Thomas (1989): *Familienkonferenz – Die Lösung von Konflikten zwischen Eltern und Kind,* Heyne, München.

— (1998): *Das Gordon-Modell – Essays, Interviews und Erfahrungen,* Hrsg. Karlpeter Breuer, Heyne, München.

Gronemeyer, Marianne (1996): *Lernen mit beschränkter Haftung – über das Scheitern der Schule,* Rowohlt, Berlin.

— (1999): «Lernen in der Lernwüste», in: *Leben ist Schwingung,* NÖ-Schriften III (Schriftenreihe der Nordösterreichischen Landesregierung), St. Pölten.

Hartmann, Thom (1997): *Eine andere Art, die Welt zu sehen – das Aufmerksam-keits-Defizit-Syndrom,* Schmidt-Rönhild, Lübeck/Berlin/Essen/Wiesbaden.

Hauck, Rex (1995, Hrsg.): *Engel, die unsichtbaren Boten,* dtv, München.

Haug-Schnabel, Gabriele (1996): *Aggressionen im Kindergarten – Verständnis und Bewältigung,* Herder, Freiburg.

Hellinger, Bert (1997): *Ordnungen der Liebe – ein Kursbuch,* Carl-Auer-Syste-me-Verlag, Heidelberg.

Hellinger, Bert / Prekop, Jirina (1998): *Wenn ihr nur wüsstet, wie ich euch liebe,* Kösel, München.

Hentig, Hartmut von (1993): *Die Schule neu denken,* Hanser, München/Wien.

– (1996): *Bildung,* Hanser, München/Wien.

– (1998): *Ach, die Werte. Über die Erziehung für das 21. Jahrhundert,* Hanser, München/Wien.

– (1998): *Kreativität. Hohe Erwartungen an einen schwachen Begriff,* Hanser, München/Wien.

Hesse, Hermann (1986): Zitate aus *Jedem Anfang wohnt ein Zauber inne* und *Das Leben bestehen.* Themenbezogene Sammelbände aus dem Gesamtwerk, hrsg. von Volker Michels, Suhrkamp Verlag, Frankfurt.

Hicklin, Alois (1990): *Das menschliche Gesicht der Angst,* Kreuz-Verlag, Zürich.

Hillman, James (1998): *Charakter und Bestimmung – Eine Entdeckungsreise zum individuellen Sinn des Lebens,* Goldmann, München.

– (1996): Interview in der Zeitschrift *Psychologie Heute.*

Hillman, James / Ventura, Michael (1993): *Hundert Jahre Psychotherapie und der Welt geht's immer schlechter,* Walter, Solothurn/Düsseldorf.

Hitsch, Christian / Matthiessen, Johannes / Richter, Tobias (1995): *Die Kunst als Quelle der Pädagogik,* Urachhaus, Stuttgart.

Honig, Michael-Sebastian (1999): *Entwurf einer Theorie der Kindheit,* Suhrkamp, Frankfurt a.M.

Illich, Ivan (1970): *Entschulung der Gesellschaft,* $C.H. Beck, München.

– (1972): *Schulen helfen nicht,* Rowohlt, Reinbek.

Jaspers, Karl (1999): *Was ist Erziehung?,* Hrsg. Hermann Horn, Piper, München.

Jungk, Robert / Müllert, Norbert R. (1981): *Zukunftswerkstätten,* Hoffmann und Campe, Hamburg.

Kalisch, Michael (1998): *Das Böse. Polarität und Steigerung,* Freies Geistesleben, Stuttgart.

Kirchner, Michael (1997): *Von Angesicht zu Angesicht – Janusz Korczak und das Kind,* Dieck, Heinsberg.

Klenner, Wolfgang (1979): *Heilpädagogik als Handlungswissenschaft,* Luzern, zitiert nach Lotz 1997.

Köhler, Henning (1995): *Von ängstlichen, traurigen und unruhigen Kindern. Grundlagen einer spirituellen Erziehungspraxis,* Freies Geistesleben, Stuttgart.

– (1995): *Die stille Sehnsucht nach Heimkehr. Zum menschenkundlichen Verständnis der Pubertätsmagersucht,* Freies Geistesleben, Stuttgart.

– (1995): *Der Mensch im Spannungsfeld zwischen Selbstgestaltung und Anpassung,* Gesundheitspflege initiativ, Esslingen.

– (1998): *«Schwierige» Kinder gibt es nicht. Plädoyer für eine Umwandlung des pädagogischen Denkens,* Freies Geistesleben, Stuttgart.

– (1998): *Das biografische Urphänomen. Vom Geheimnis des menschlichen Lebenslaufes,* Gesundheitspflege initiativ, Esslingen.

– (1998): *Eros als Qualität des Verstehens,* FIU, Wangen.

– (1998): *Vom Ursprung der Sehnsucht. Die Heilkraft von Kreativität und Zärtlichkeit,* Freies Geistesleben, Stuttgart.

– (1999): «Die schöpferischen Kräfte der Nachahmung», in: *Von der Würde des Kindes,* Hrsg. Martin Lintz, Freies Geistesleben, Stuttgart.

– (1999): *Jugend im Zwiespalt. Eine Psychologie der Pubertät für Eltern und Erzieher,* Freies Geistesleben, Stuttgart.

– (2000): *Vom Rätsel der Angst,* Freies Geistesleben, Stuttgart.

– (2000): *Vom Wunder des Kindseins,* Freies Geistesleben, Stuttgart.

Korczak, Janusz (1995): *Wie man ein Kind lieben soll,* Vandenhoeck & Ruprecht, Göttingen.

– (1996): *Von Kindern und anderen Vorbildern,* Gütersloher Verlagshaus, Gütersloh.

– (1998): *Kinder achten und lieben,* Hrsg. Annelie Öhlschläger, Herder, Freiburg/Basel/Wien.

Korinek, Walter (2000): *Über Menschenbilder in der Erziehung,* Schulmanagement, Heft 4/2000.

Kotler, Arnold (1999), Hrsg.: *Mitgefühl leben. Engagierter Buddhismus heute,* dort Jack Kornfield: «Spirituelle Praxis und soziales Handeln», S. Fischer, Frankfurt a.M.

Kühlewind, Georg (1991: *Der sprechende Mensch. Ein Menschenbild aufgrund des Sprachphänomens,* Vittorio Klostermann, Frankfurt a.M.

– (1998): *Aufmerksamkeit und Hingabe. Die Wissenschaft des Ich,* Freies Geistesleben, Stuttgart.

– (2000): *Der sanfte Wille. Vom Gedachten zum Denken, vom Gefühlten zum Fühlen,* Freies Geistesleben, Stuttgart.

Lang, Peter / Pühler, Susanne (1999): «Kindheit in Gefahr», in: *Von der Würde des Kindes,* Hrsg. Martin Lintz, Freies Geistesleben, Stuttgart.

Largo, Remo H. (1999): *Kinderjahre. Die Individualität des Kindes als erzieherische Herausforderung,* Piper, München.

Lévinas, Emmanuel (1988): *Wenn Gott ins Denken einfällt,* Karl Alber, Freiburg/Br./München.

– (1993): *Totalität und Unendlichkeit,* Karl Alber, Freiburg/Br./München.

– (1995): *Zwischen uns. Versuche über das Denken an den Anderen,* Edition Akzente bei Hanser, München.

Linde, Frank (1998): *Die Impulse des Bösen am Jahrtausendende,* Flensburger Hefte 60, Flensburg.

Litt, Theodor (1927): zitiert nach Preuß.

Lotz, Dieter (1997): *Heilpädagogische Übungsbehandlung als Suche nach Sinn,* Kleine Verlag, Bielefeld.

Lukas, Elisabeth (1993): *Psychologische Seelsorge. Logotherapie, die Wende zu einer menschenwürdigen Psychologie,* Herder, Freiburg/Basel/Wien.

– (1998): *Spirituelle Psychologie. Quellen sinnvollen Lebens,* Kösel, München.

Lyotard, Jean-François (1986): *Das postmoderne Wissen,* Edition Passagen, Graz/Wien.

Mann, Karl F.: Quellennachweis im Text.

Meijs, Jeanne (1996): *Problemkindern helfen durch Spielen, Malen und Erzählen,* Urachhaus, Stuttgart.

Menze, C. (1970): *Handbuch der pädagogischen Grundbegriffe,* München. Zitiert nach Bittner 1996.

Milani-Comparetti, A. (1997): *Zeitschrift für Behindertenpädagogik,* 3/1987, zitiert nach Gerspach 1998.

Minh-has, Trinh T.: Quellennachweis im Text.

Modersohn-Becker, Paula (1979): *Briefe und Tagebücher,* Hrsg. Günter Busch und Liselotte von Reinken, Frankfurt a.M.

Montessori, Maria (1987): *Kinder sind anders,* dtv, München.

– (1998): *Wie Kinder zu Konzentration und Stille finden,* Hrsg. Ingeborg Becker-Textor, Herder, Freiburg/Basel/Wien.

Moor, Paul (1974): *Heilpädagogik,* Bern, zitiert nach Lotz 1997.

Moritz, Hans (1996): *Waldorfpädagogik und Existenzanalyse,* Helmut Seubert Verlag, Nürnberg.

Müller-Wiedemann, Hans (1994): *Menschenbild und Menschenbildung. Aufsätze und Vorträge zur Heilpädagogik, Menschenkunde und zum sozialen Leben,* Freies Geistesleben, Stuttgart.

– (1999): *Mitte der Kindheit. Das neunte bis zwölfte Lebensjahr. Beiträge zu einer anthroposophischen Entwicklungspsychologie,* 5. Aufl., Freies Geistesleben, Stuttgart.

Neumann, Erich (1995): *Der schöpferische Mensch,* Reihe Geist und Psyche, Fischer-Taschenbuch, Frankfurt a.M.

Nuber, Ursula (1995): *Der Mythos vom frühen Trauma. Über Macht und Einfluss der Kindheit,* S. Fischer, Frankfurt a.M.

Oelkers, Jürgen (1992): *Pädagogische Ethik,* Weinheim/München, zitiert nach Honig 1999.

Orbach, Susie (1987): *Magersucht. Ursachen und Wege der Heilung,* Econ, Düsseldorf/München.

Pongratz, L. A. (1986): *Bildung und Subjektivität,* Weinheim/Basel. Zitiert nach Bittner 1996.

Postman, Neil (1995): *Keine Götter mehr. Das Ende der Erziehung,* Berlin Verlag, Berlin.

Postman, Neil / Richter, Tobias (1998): *Der Auftrag der Schule heute. Wirklichkeit und Unwirklichkeit in der Erziehung,* Meyer, Stuttgart/Berlin.

Preuss, Otmar (1990): *Die Überwindung der Erziehung,* Vortrag auf dem XII. Internationalen Gebser-Symposium in Schaffhausen (unveröffentlicht).

– (2000): Aus einem unveröffentlichen Manuskript, das demnächst unter dem Titel *Schule halten* erscheinen wird.

Raffauf, Elisabeth (1998): *Mein Kind macht, was es will,* Midena Verlag, Augsburg.

Reichel, René und Scala, Eva (1999): *Das ist Gestaltpädagogik,* Öktopia-Verlag, München.

Richter, Horst-Eberhard (1992): *Umgang mit Angst,* Hoffmann und Campe, Hamburg.

Sartre, Jean-Paul (1994): «Der Existenzialismus ist ein Humanismus», in: *Gesammelte Werke,* Philosophische Schriften I, Bd. 4, Rowohlt, Reinbek.

Schiffer, Eckhard (1997: *Der kleine Prinz in Las Vegas. Spielerische Intelligenz gegen Krankheit und Resignation,* Beltz-Quadriga, Weinheim/Berlin.

Schiller, Friedrich (1795): *Über die ästhetische Erziehung des Menschen,* diverse Ausgaben.

Schön, Bärbel (1993): *Therapie statt Erziehung? Chancen und Probleme der Therapeutisierung pädagogischer und sozialer Arbeit,* Verlag für Akademische Schriften, Frankfurt a.M.

Schulte, Günter (1997): *Philosophie der letzten Dinge. Liebe und Tod als Grund und Abgrund des Denkens,* Diederichs, München.

Schroeder, Hans-Werner (1999): *Mensch und Engel. Die Wirklichkeit der Hierarchien,* Urachhaus, Stuttgart.

Shapiro, Lawrence E. (1999): *EQ für Kinder. Wie Eltern die Emotionale Intelligenz ihrer Kinder fördern können,* dtv, München.

Sigusch, Volkmar (1997), Zeitschrift *Psyche* 9/10, zitiert nach Gerspach 1998.

Singer, Kurt (1998): *Die Würde des Schülers ist antastbar. Vom Alltag in unseren Schulen und wie wir ihn verändern können,* rororo, Reinbek.

Sloterdijk, Peter (1998): *Zur Welt kommen – zur Sprache kommen,* Suhrkamp, Frankfurt a.M., zitiert nach Bittner 1996.

– (2000): Aus einem Interview mit H. J. Heinrichs, «Die Sonne und der Tod», in *Lettre Internationale,* 48.

Sölle, Dorothee: Siehe «sonstige Nachweise».

Spaleck, Gottfried (1999): Aus einem zur späteren Veröffentlichung bestimmten Briefwechsel mit H. Köhler über Gemeinsamkeiten und Unterschiede zwischen anthroposophisch orientierten und existenzanalytischen Therapieansätzen.

– (2000): *Wo liegt Morgenland? Personale Aspekte der Wandlung in Hermann Hesses ‹Morgenlandfahrer›.* Unveröffentlicher Vortrag im Rahmen der 1. Silser Hesse-Tage vom 22. bis 25. Juli 2000.

Steiner, Rudolf (das Gesamtwerk – GA – erscheint im Rudolf Steiner Verlag, Dornach/Schweiz):

– *Die Philosophie der Freiheit,* GA 4.

– *Wie erlangt man Erkenntnisse der höheren Welten,* GA 10.

– *Ein Weg zur Selbsterkenntnis des Menschen – in acht Meditationen,* GA 16.

– *Die Schwelle der geistigen Welt – Aphoristische Ausführungen,* GA 17.

– *Philosophie und Anthroposophie. Gesammelte Aufsätze 1904–1923,* GA 35.

– *Das Prinzip der spirituellen Ökonomie im Zusammenhang mit Wiederverkörperungsfragen,* GA 109.

– *Das Lukas-Evangelium,* GA 114.

– *Die Welt des Geistes und ihr Hereinragen in das physische Dasein. Das Einwirken der Toten in die Welt der Lebenden,* GA 150.

– *Der innere Aspekt des sozialen Rätsels. Luziferische Vergangenheit und ahrimanische Zukunft,* GA 193.

- *Geisteswissenschaft als Erkenntnis der Grundimpulse sozialer Gestaltung,* GA 199.
- *Esoterische Betrachtungen karmischer Zusammenhänge,* Bd. 2, GA 236.
- *Die Erziehungsfrage als soziale Frage. Die spirituellen, kulturgeschichtlichen und sozialen Hintergründe der Waldorfschul-Pädagogik,* GA 296.
- *Die Erneuerung der pädagogisch-didaktischen Kunst durch Geisteswissenschaft,* GA 301.
- *Die Methodik des Lehrens und die Lebensbedingungen des Erziehens,* GA 308.
- *Die Kunst des Erziehens aus dem Erfassen der Menschenwesenheit,* GA 311.
- *Heilpädagogischer Kurs,* GA 317.

Stirner, Max (1997): *Das unwahre Prinzip unserer Erziehung oder: Der Humanismus und Realismus,* Verlag am Goetheanum (Geering-Verlag), Dornach.

Stüttgen, Johannes (1988): *Zeitstau. Im Kraftfeld des erweiterten Kunstbegriffs von Joseph Beuys.* Verlag Urachhaus, Stuttgart.

Struck, Peter (1997): *Erziehung von gestern, Schüler von heute, Schule von morgen,* Hanser, München/Wien.

Taitz, Sonja (1998): *Das Buch für die perfekte Mutter. Vom richtigen Umgang mit guten Ratschlägen,* Goldmann, München.

Tellenbach, Hans (1985): «Anthropologie der Reifung», in: *Psychiatrie des Pubertätsalters,* Hrsg. Gerhard Nissen, Verlag Hans Huber, Bern/Stuttgart/Wien.

Thorn, Michael (1989): *Aufweis pädagogischer und anthropologischer Grundkategorien einer «Appellativen Pädagogik»,* Dissertation, Landau, zitiert nach Moritz 1996.

Train, Allan (1998): *Ablachen, Fertigmachen, Draufsatteln. Strategien gegen die Gewalt unter Kindern,* Beust, München.

Vogt, Felicitas (2000): *Sucht hat viele Gesichter. Warum der Griff nach Drogen? Verstehen – vorbeugen – behandeln.* Aethera, Stuttgart.

Von der Würde des Kindes. Die Kindheit verstehen und schützen (1999), Hrsg. Martin Lintz, Freies Geistesleben, Stuttgart.

Wisser, Richard (1997): *Kein Mensch ist einerlei. Spektrum und Aspekte «kritisch-krisischer Anthropologie»,* Königshausen & Neumann, Würzburg.

Witzenmann, Herbert (1982): *Anthroposophie und Parapsychologie,* Gideon Spicker Verlag, Dornach.

Sonstige Nachweise

Die biografischen Schlaglichter ohne Quellenangabe sind den Büchern *Charakter und Bestimmung* von James Hillman (siehe Literatur), *Frauen, Porträts aus zwei Jahrhunderten* (Kreuz-Verlag), *Erinnerungen, Träume, Gedanken* von C.G. Jung (Walter-Verlag), *Die Würde des Schülers ist antastbar* von Kurt Singer (siehe Literatur) sowie verschiedenen rororo-Bildmonografien (darunter Johannes Hemleben über Pierre Teilhard de Chardin) und in zwei Fällen (Andrea Jäger, Wolfgang Sternstein) Berichten der *Stuttgarter Zeitung* entnommen. Einige Zitate verdanke ich der voluminösen Sammlung *Zitate* von Dr. Christian Greiff (Pawlak, ohne Jahresangabe) und dem erwähnten Buch *Frauen* … Werner Kuhfuß ist sinngemäß, aber korrekt aus der Erinnerung an ein vor Jahren gelesenes Manuskript (Privatdruck) zitiert. Die poetischen und aphoristischen Miniaturen der Intermezzi «Zum Verweilen» stammen, wenn kein Autor angegeben ist, von Henning Köhler.